# 독자의 1초를 아껴 주는 정성!

세상이 아무리 바쁘게 돌아가더라도
책까지 아무렇게나 빨리 만들 수는 없습니다.
인스턴트 식품 같은 책보다는
오래 익힌 술이나 장맛이 밴 책을 만들고 싶습니다.

길벗이지톡은 독자 여러분이
우리를 믿는다고 할 때 가장 행복합니다.
나를 아껴 주는 어학 도서,
길벗이지톡의 책을 만나보십시오.

독자의 1초를 아껴 주는

정성을 만나보십시오.

미리 책을 읽고 따라 해 본 2만 베타테스터 여러분과
무따기 체험단, 길벗스쿨 엄마 2% 기획단,
시나공 평가단, 토익 배틀, 대학생 기자단까지!
믿을 수 있는 책을 함께 만들어 주신 독자 여러분께 감사드립니다.

홈페이지의 '독자마당'에 오시면
책을 함께 만들 수 있습니다.

(주)도서출판 길벗 www.gilbut.co.kr
길벗이지톡 www.gilbut.co.kr
길벗스쿨 www.gilbutschool.co.kr

# 영작문

## 핵심패턴

## 233

길벗
이지:톡

# 영작문 핵심패턴 233

233 Essential English Patterns for Writing

**초판 1쇄 발행** · 2014년 2월 10일
**초판 7쇄 발행** · 2021년 3월 30일

**지은이** · 정은순
**발행인** · 이종원
**발행처** · (주)도서출판 길벗
**브랜드** · 길벗이지톡
**출판사 등록일** · 1990년 12월 24일
**주소** · 서울시 마포구 월드컵로 10길 56(서교동)
**대표 전화** · 02)332-0931 | **팩스** · 02)323-0586
**홈페이지** · www.gilbut.co.kr | **이메일** · eztok@gilbut.co.kr

**기획 및 책임 편집** · 임명진(jinny4u@gilbut.co.kr) | **본문 디자인** · 신미연 | **제작** · 이준호, 손일순
**영업마케팅** · 김학흥, 장봉석 | **웹마케팅** · 이수미, 최소영 | **영업관리** · 김명자, 심선숙 | **독자지원** · 송혜란, 윤정아

**편집진행 및 교정** · 김현정 | **전산편집** · 조영라 | **오디오 녹음 및 편집** · 와이알 미디어
**CTP 출력 및 인쇄** · 북토리 | **제본** · 신정문화사

ISBN 978-89-6047-826-8  03740  (길벗 도서번호 300711)

이 도서의 국립중앙도서관 출판사도서목록(CIP)은 서지정보유통지원시스템 홈페이지(http://seoji.nl.go.kr)와
국가자료공동목록시스템(http://www.nl.go.kr/kolisnet)에서 이용하실 수 있습니다. (CIP제어번호: CIP2014001624)

정가 15,800원

**독자의 1초까지 아껴주는 정성 길벗출판사**
**길벗** | IT실용, IT/일반 수험서, IT전문서, 경제경영서, 취미실용서, 건강실용서, 자녀교육서
**더퀘스트** | 인문교양서, 비즈니스서
**길벗이지톡** | 어학단행본, 어학수험서
**길벗스쿨** | 국어학습서, 수학학습서, 유아학습서, 어학학습서, 어린이교양서, 교과서

**페이스북** · www.facebook.com/gilbuteztok
**네이버 포스트** · http://post.naver.com/gilbuteztok
**유튜브** · https://www.youtube.com/gilbuteztok

233개 패턴으로 어떤 글이든 막힘없이 술술 써진다!

# 영작문

# 핵심패턴

# 233

정은순(Esther Chung) 지음

갈벗
이지:톡

# 233개 패턴으로 어떤 글이든 막힘없이 자신 있게!

"이메일 한 통 쓰느라 오전 업무시간이 훌쩍 지났어요."
"영어공부를 아무리 해도 스피킹/라이팅 시험에서 좋은 점수가 안 나와요."

강의 현장에서 학생들과 상담할 때 이런 고민들을 많이 듣게 됩니다. 요즘은 토익 점수만으로는 취업을 할 수 없는 시대이고, 설령 취업한다고 해도 문서 작성이나 회의 등 직장에서 영어로 처리해야 하는 업무 때문에 힘겨운 시간을 보내는 분들이 많습니다. 스펙을 쌓거나 승진을 하기 위해 스피킹/라이팅 시험에 눈을 돌리지만, 막상 공부를 해도 원하는 실력을 갖추는 길은 결코 쉽지 않습니다.

그런데 실제로 '난 영어가 안 된다'고 생각하는 분들을 만나 확인해 보면, 어휘와 문법 실력에 있어서는 영어 능통자들과 큰 차이가 없는 경우가 많습니다. 다만, 영어 실력이 취약한 분들에게는 몇 가지 공통점을 찾을 수 있는데요. 그중 가장 도드라지는 것이 바로 '어순에 대한 이해가 부족하다'는 점입니다. 우리말에서는 '우리는 밥을 숟가락으로 먹는다', '우리는 숟가락으로 밥을 먹는다', '밥을 우리는 숟가락으로 먹는다'가 모두 말이 됩니다. 하지만 영어에서는 단어마다 정해진 자리(주어, 동사, 목적어 등)가 있고 그 자리를 벗어나면 틀린 문장이 됩니다.

## 영작의 기본부터 제대로 잡고 가자!

어순이 제대로 잡히지 않은 상태에서는 간단한 이메일 작성조차 힘에 부치고, 스피킹/라이팅 시험에서 좋은 결과를 기대하기도 어렵습니다. 그럼 문법부터 다시 시작해야 하냐고요? 물론 문법의 기초가 탄탄하고 아는 단어가 많다면 영어로 글을 쓰는 데 유리할 것입니다. 하지만 당장 영작이 급한 분들에게 문법책을 독파하고 단어를 달달 암기하는 것은 권하지 않습니다. 학습하기에도 부담스럽고 정작 영어로 글을 써보기도 전에 지쳐버리게 되니까요.

일단 영어로 문장을 완성하는 데에 필요한 최소한의 내용만 익히세요. 이 책에는 제가 수많은 대학생과 직장인들의 글을 첨삭하는 과정에서 정리한 데이터를 바탕으로 학습자들이 가장 많이 실수하는 사항들과 영작을 위해 알아두어야 할 핵심만을 담았습니다. 여기에 정리된 내용만 제대로 숙지해도 영어 문장의 구조를 이해하고 문장을 만드는 데 도움이 될 것입니다.

거래처에 내일까지 영문 이메일을 보내야 해서, 영어 프레젠테이션이 바로 일주일 앞이라 영어 글쓰기를 시작합니다. 온라인 사전으로 표현을 검색하고, 이 자리에 to부정사가 와야 하나 접속사는 어디에 붙여야 하나 고민을 하지요. 그러다 보면 몇 시간이 훌쩍 지나고 그러다 문득 이런 생각이 듭니다. '아, 영작은 어렵구나. 그냥 포기해 버릴까…?'

## 233개 패턴으로 생활 영작부터 비즈니스, 라이팅&스피킹 시험까지!

말을 하거나 글을 쓸 때는 일정한 규칙이 있는데, 이것을 패턴(pattern)이라고 합니다. 이 책에는 영어로 글을 쓸 때 자주 나오는 대표적인 영작패턴 233개를 엄선하여 담았습니다. 영어일기, 문자메시지 같은 생활 영작부터 비즈니스 이메일, 프레젠테이션 등 실무 영작은 물론 스피킹/라이팅 시험까지 대비할 수 있는 패턴들입니다.

친구와 문자메시지로 요즘 떠도는 소문에 대한 얘기를 주고받고(Rumor has it that ~라는 소문이 있다), 업무상 이메일을 작성하고(I'm writing this email to ~하기 위해서 이 메일을 씁니다), 프레젠테이션에서 발표하는(From the figures above, we can draw the conclusion that 위의 수치로부터 ~라고 결론을 내릴 수 있다) 등 우리의 실생활 속에서 바로 쓸 수 있는 활용 100% 패턴과 예문이 준비되어 있습니다.

일상 영어! 비즈니스 영어! 스피킹/라이팅 시험공부! 안 그래도 바쁜 세상에 이들을 따로 공부하는 건 시간이 아깝죠. 그래서 이 책에는 토익, 아이엘츠, 오픽 등 많은 학생들이 응시하는 스피킹/라이팅 시험까지 대비할 수 있도록 했습니다. 헷갈리고 어려운 시험 영어도 패턴으로 정리하니까 자신 있게 술술 풀립니다.

이 책을 공부하는 여러분들에게 솔로몬과 같은 지혜가 함께하기를 기도합니다. 책을 위해 같이 고민하고 애써주신 길벗 출판사 편집진, 저에게 에너지를 주는 YBM 제자들과 조교들, 그리고 저를 위해 항상 기도해 주시는 부모님들, 사랑하는 남편과 아들에게 고맙다는 이야기를 꼭 전하고 싶습니다.

2014년

Esther(정은순)

이 책에는 영어일기, 문자메시지, 비즈니스 이메일, 프레젠테이션, 라이팅 시험까지 다양한 영어 글쓰기에 활용할 수 있는 233개의 실용 영작 패턴들이 담겨 있습니다. 영작에 필요한 기초부터 실전 영작까지 단계별로 정리되어 있지만, 그렇다고 순서대로 공부할 필요는 없습니다. 여러분의 영어 수준과 취향, 목적에 맞게 학습 순서를 정해 보세요.

**Part 1** 영작 기본 패턴 – 문장의 형식, 시제

영작을 시작하기 위해서는 우선 영어 문장의 구조를 이해해야 합니다. Part 1에서는 문장의 형식과 시제 등 영작의 첫 단추를 끼워줄 기본 패턴들이 정리되어 있습니다. 쉬운 패턴으로 영작의 기초부터 탄탄하게 세우세요.

**Part 2** 생활 영작 패턴 – 영어일기, 문자메시지

영작패턴을 제대로 익히고 활용하려면 많이 써보는 것이 좋습니다. Part 2에서는 영어일기와 문자메시지에 단골로 등장하는 패턴들을 모았습니다. 예문들이 우리가 일상에서 자주 접할 만한 상황과 표현으로 이뤄져 있기 때문에 꾸준히 연습한다면 영작은 물론 스피킹에도 큰 도움이 될 거예요. 활용도 100% 생활 영작 패턴을 익혀 보세요.

나의 학습 플랜

( ) 일 완성

Part [        ]
시작일 ( )월 ( )일

Part [        ]
시작일 ( )월 ( )일

**Part 3** 스피킹 시험 패턴 – 토익 스피킹, 오픽

취업에서나 직장에서나 영어 말하기 능력이 중요한 평가 기준이 되면서 스피킹 시험에 대한 관심도 뜨겁습니다. 대표적인 시험이 토익 스피킹과 오픽인데요. Part 3에서는 영작이 안 되면 말할 수 없는 스피킹 시험의 빈출 패턴들을 수록했습니다. 스피킹 시험이라도 정확한 어순으로 논리적으로 답변해야 고득점을 얻을 수 있으므로 스스로 문장을 만들어보는 영작 연습이 꼭 필요합니다.

**Part 4** 라이팅 시험 패턴 – 토익 라이팅, 아이엘츠

요즘은 스피킹 시험 못지않게 라이팅 시험의 인기도 높습니다. Part 4에서는 영작이 안 되면 쓸 수 없는 라이팅 시험 빈출 패턴들이 수록되어 있습니다. 토익 라이팅은 영어 비즈니스 능력을 측정하는 시험이고, 아이엘츠는 영어권으로 유학 및 이민을 갈 때 필요한 시험입니다. 두 시험 모두 문법·어휘·표현·어순을 정확하게 써야 좋은 점수를 얻을 수 있으므로, 유용한 패턴을 많이 익혀두면 유리합니다.

**Part 5** 비즈니스 패턴 – 비즈니스 이메일, 프레젠테이션

직장에서 영어로 이메일을 작성하고 프레젠테이션만 제대로 할 수 있어도 업무에 큰 도움이 됩니다. 이메일과 프레젠테이션은 둘 다 특정한 형식이 있는데, 이 책에 수록된 패턴들만 제대로 활용한다면 어려운 용어나 표현도 쉽게 익힐 수 있을 겁니다.

Part _____ | Part _____ | Part _____

시작일 ◯ 월 ◯ 일 | 시작일 ◯ 월 ◯ 일 | 시작일 ◯ 월 ◯ 일

이 책에 수록된 영작문 핵심패턴 233개는 다음과 같은 구성으로 정리되어 있습니다.

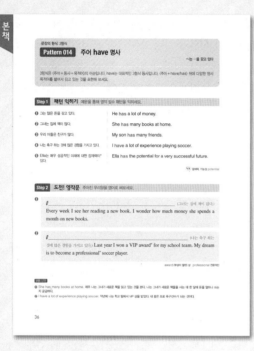

## 핵심패턴

영작 핵심패턴을 소개하는 코너입니다. 해당 패턴이 어떤 의미로 어떤 상황에서 쓰이는지 영작에 초점을 맞춰 설명했습니다.

## Step 1  패턴 익히기

예문을 통해 영작 필수 패턴을 익히는 코너입니다. 눈으로 읽는 것보다 입으로 따라하고 손으로 써보면 더욱 효과적입니다. 영어로 바꾸기 어려운 표현은 아래에 제시된 힌트를 참고해 주세요.

## Step 2  도전! 영작문

Step 1의 예문을 통해 패턴에 익숙해졌으면, 이번에는 영작문에 도전하세요. 앞에서 배운 패턴을 적용하여 주어진 우리말에 해당하는 영어 문장을 완성해 보세요. 영어로 된 다른 문장의 의미도 파악하면서 실전 영작에 대한 감을 확실하게 길러 보세요.

## 훈련용 소책자

언제 어디서나 들고 다니며 영작 훈련을 할 수 있는 소책자입니다. 각 패턴의 Step 1 문장들이 우리말로 제시되어 있고 영어로 직접 써볼 수 있도록 구성했습니다. 영작하면서 잘 안 되거나 틀린 패턴들은 체크해 두고 반복하여 훈련하세요.

# 영작의 기본! 문장의 뼈대를 잡는
## 기본 패턴 60

## Unit 2 시제

**Part 2**

활용도 100%! 실생활에 바로 쓰는
활용 패턴 42

**Unit 1** 영어일기

### Unit 2  문자메시지

**Part 3**

영작이 안 되면 말할 수 없는
스피킹 시험 패턴 46

Part 4

영작이 안 되면 쓸 수 없는
라이팅 시험 패턴 44

**Unit 1** TOEIC 라이팅

# Part 5

## 번역기는 가라! 급할 때 바로 쓰는
## 비즈니스 패턴 41

# Part 1

# 영작의 기본!

문장의 뼈대를 잡는
**기본 패턴 60**

## Part 1

## 영작의 기본! 문장의 뼈대를 잡는
## 기본 패턴 60

영작을 시작하기 위해서는 우선 영어 문장의 기본 구조를 이해해야 합니다.

영어와 우리말의 가장 큰 차이는 바로 어순, 즉 단어의 배열 순서입니다.

우리말은 단어의 위치가 자유로운 편이지만, 영어는 단어마다 정해진 자리가 있어서

그에 맞게 배열해야 합니다. 그나마 다행인 것은 단어 배열의 순서가 딱 5가지라는 점!

어순과 함께 영어의 시제도 문장의 뼈대를 잡는 데 중요합니다.

영작의 첫 단추를 끼워줄 문장의 5형식과 시제를 패턴으로 부담 없이 익혀 보세요.

**Unit 1** 문장의 형식

**Unit 2** 시제

영어 문장에서 단어가 배열되는 순서는 크게 5가지입니다.
이 5가지 순서만 알고 있으면 어떤 문장이든 자유자재로 만들 수 있어요.
우리말은 동사가 문장의 마지막에 오지만 영어에서는 보통 주어 다음에 동사가 옵니다.
문장의 5형식은 동사 뒤에 오는 단어가 어떤 종류인지에 따라 구분됩니다.

## ✔ 영작문 포인트 정리

### 1형식  주어 + 동사 (완전 자동사)

주어와 동사만 있어도 문장이 완성됩니다.
동사 뒤에는 부사나 전치사구가 올 때가 많습니다.

Everything  changes  so fast.  모든 것이 무척 빨리 변한다.
　주어　　　　동사　　　부사

A bird  sings  in the tree  in the morning.  새는 아침에 나무에서 노래한다.
　주어　　동사　　전치사구　　　　전치사구

### 2형식  주어 + 동사 (불완전 자동사) + 보어

주어와 동사만으로는 부족하기 때문에 주어를 보충하는 보어(주격 보어)가 필요합니다.
보어 자리에는 명사, 형용사, 명사절이 옵니다.

I  am  a member of your team.  나는 너희 팀의 멤버이다.
주어 동사　　　보어(명사)

My manager  looks  young  for his age.  우리 부장님은 나이에 비해 어려 보인다.
　주어　　　　동사　　보어(형용사)

### 3형식  주어 + 동사 (완전 타동사) + 목적어

〈주어 + 동사〉 뒤에 반드시 목적어가 필요합니다.
목적어 자리에는 명사, 대명사, 명사절, to부정사, 동명사 등이 옵니다.

I  like  Esther.  나는 에스더를 좋아한다.
주어 동사 목적어(명사)

I think that he is tall. 나는 그가 키가 크다고 생각한다.
주어 동사    목적어(명사절)

I enjoy reading a book at night. 나는 밤에 책 읽는 것을 즐긴다.
주어  동사  목적어(동명사)

**4형식** 주어 + 동사 + 간접목적어 + 직접목적어

목적어가 두 개라는 점이 중요합니다.
'주어 동사가 ~에게(간목) ~을(직목)' 어순으로 기억하세요.

My sister teaches me English. 우리 언니는 나에게 영어를 가르쳐 준다.
　　주어　　　동사　　간목　 직목

He asked me a question. 그는 나에게 질문을 했다.
주어　동사　간목　　직목

**5형식** 주어 + 동사 (불완전 타동사) + 목적어 + 보어

목적어 뒤에 목적 보어가 오는 어순입니다.
목적 보어로는 명사, 형용사, 과거분사, 현재분사, to부정사, 동사원형 등이 옵니다.

They elected her president. 그들은 그녀를 대통령으로 선출했다.
　주어　　　동사　 목적어　목적 보어(명사)

The schedule made me exhausted. 그 스케줄 때문에 나는 무척 피곤해졌다.
　　주어　　　　동사　 목적어 목적 보어(형용사)

I saw a car damaged by the accident. 나는 사고로 손상된 자동차를 봤다.
주어 동사　목적어　목적 보어(과거분사)

My mother wants me to get a job. 우리 엄마는 내가 취업하기를 원하신다.
　주어　　　동사　목적어 목적 보어(to부정사)

## Pattern 001  주어 **live in** 장소

~는 …에 산다

1형식은 〈주어 + 동사〉만으로 완벽한 문장이 되지만, 뒤에 부사(구)나 전치사구를 붙여서 더 길고 정확한 문장을 만들 수 있습니다. 전치사구는 〈전치사 + 명사〉의 구조로 자주 표현됩니다. live는 대표적인 1형식 동사로서, 사는 곳을 말할 때는 〈주어 + live〉 뒤에 〈in 장소〉를 붙여서 표현하면 됩니다.

---

**Step 1**  **패턴 익히기**  예문을 통해 영작 필수 패턴을 익히세요.

❶ 우리 언니는 서울에 산다.  My sister **lives in** Seoul.

❷ 그는 부산에 살았다.  He **lived in** Busan.

❸ 그들은 시골에서* 살았다.  They **lived in** the countryside.

❹ 대도시에는* 많은 사람들이 산다.  Many people **live in** a big city.

❺ 나는 언젠가 미국에서 살 수 있기를 바란다.  I hope I can **live in** America one day.

힌트 시골 지역 countryside  대도시 big city

---

**Step 2**  **도전! 영작문**  주어진 우리말을 영어로 써보세요.

❶

✎_____ (우리 언니는 서울에 산다.) I love visiting her during my summer vacations. She always buys me delicious food and takes me to all of the famous tourist attractions.*

tourist attraction 관광 명소

❷

✎_____
(나는 언젠가 미국에서 살 수 있기를 바란다.) It would be nice to* have more time to do the things I want instead of studying all the time.

It would be nice to... ~하면 좋을 것 같다

---

모범 답안

❶ My sister lives in Seoul. 나는 여름방학 동안 그녀를 방문하는 것을 좋아한다. 그녀는 항상 맛있는 음식을 사 주고, 유명한 모든 관광지에 나를 데려간다.
❷ I hope I can live in America one day. 항상 공부만 하는 것 대신에 내가 원하는 것들을 하면서 좀 더 많은 시간을 가지면 좋을 것 같다.

23

## Pattern 002   주어 go to 장소

~가 …로 가다

'~에 가다'라고 할 때는 〈주어 + go〉 뒤에 〈to 장소〉를 붙여요. '~에 갔다'라고 할 때는 〈주어 + went〉 뒤에 〈to 장소〉를 붙이고요. 이때 '~로'라는 뜻의 전치사 to를 사용하는데, 경우에 따라 to를 쓰지 않을 때도 있어요. 예를 들어 go 뒤에 there, here, upstairs, downstairs, downtown 등을 쓸 때는 to를 쓰지 않아요.

### Step 1   패턴 익히기  예문을 통해 영작 필수 패턴을 익히세요.

❶ 나는 3년 전에 캐나다에 갔다.

I **went to** Canada 3 years ago.

❷ 빌은 지난주에 필리핀에 갔다.

Bill **went to** the Philippines last week.

❸ 우리는 어젯밤에 시내로* 나갔다.

We **went** downtown last night.

❹ 제가 오후 3시에 당신의 사무실로 갈게요.

I will **go to** your office at 3 p.m.

❺ 그녀는 자신의 집 가까이에 있는 산에 가고 있어요.

She is **going to** a mountain near her house.

힌트 시내에, 시내로 downtown

### Step 2   도전! 영작문  주어진 우리말을 영어로 써보세요.

❶

I think we should talk about our problem. ✎_____

_____ (제가 오후 3시에 당신의 사무실로 갈게요.)

❷

My American friend visited Korea two days ago. ✎_____
(우리는 시내로 나갔다) because I wanted to show him many things.

---

**모범 답안**

❶ 우리의 문제에 대해 얘기 좀 해야겠어요. I will go to your office at 3 p.m.
❷ 미국인 친구가 이틀 전에 한국에 왔다. We went downtown 그 친구에게 많은 것들을 보여 주고 싶었기 때문에.

## Pattern 003    주어 come to 장소

~가 …로 오다

'~에 오다'라고 할 때는 〈주어＋come〉 뒤에 〈to 장소〉를 붙입니다. 과거일 경우 〈주어＋came〉 뒤에 〈to 장소〉를 붙이고
요. come my office와 같이 come 뒤에 to를 빠뜨리는 실수를 하지 않도록 주의하세요.

---

**Step 1**    **패턴 익히기**   예문을 통해 영작 필수 패턴을 익히세요.

❶ 그녀가 어제 우리 사무실에 왔다.

She **came to** our office yesterday.

❷ 그는 버스를 타고 학교에 온다.

He **comes to** school by bus.

❸ 나는 선생님을 뵙기 위해 학교에 왔다.

I **came to** school to visit my teacher.

❹ 그녀의 친구는 지하철을* 타고 도서관에 온다.

Her friend **comes to** library by subway.

❺ 내 여동생은 이 병원으로 올 것이다.

My sister will **come to** this hospital.

힌트 지하철 subway

---

**Step 2**    **도전! 영작문**   주어진 우리말을 영어로 써보세요.

❶

🖊_____ (그녀가 어제 우리 사무실에 왔다)

looking for Mr. Smith. I told her to come back on Friday because he is away on
business* right now.

away on business 출장 중인

❷

🖊_____ (그는 버스를 타고 학교에 온다.) It usually

takes him about 30 minutes from home, although sometimes with traffic* it takes a
little longer.

traffic 교통, 교통량

---

모범 답안

❶ She came to our office yesterday Smith씨를 찾으려고. 나는 그녀에게 그가 지금 출장 중이기 때문에 금요일에 다시 오라고 말했다.
❷ He comes to school by bus. 가끔 차가 막히면 좀 더 오래 걸리기는 하지만, 보통 집에서 30분 정도 걸린다.

## Pattern 004　주어 walk in 장소

~가 …에서 걷다

'~를 걷다'라고 말할 때는 〈주어 + walk〉 뒤에 〈in 장소〉를 붙입니다. 어딘가의 주변을 걷는다면 in 대신 around를 붙여서 walk around라고 합니다. 간단히 부사를 붙여서 walk slowly(느리게 걷다), walk fast(빠르게 걷다)와 같이 써도 됩니다.

---

**Step 1　패턴 익히기** 예문을 통해 영작 필수 패턴을 익히세요.

| | |
|---|---|
| ❶ 나는 점심식사 후에 정원을 걷는다. | I **walk in** the garden after lunch. |
| ❷ 그는 매일 숲* 속을 걷는다. | He **walks in** the woods every day. |
| ❸ 그녀는 자신의 개들과 함께 공원을 걸었다. | She **walked in** the park with her dogs. |
| ❹ 우리 부모님은 주로 밤에 집 주변을* 걷는다. | My parents usually **walk around** the neighborhood at night. |
| ❺ 나는 역에서부터 천천히 걸어갔다. | I **walked slowly** from the station. |

힌트 숲 woods 근처, 인근 neighborhood

---

**Step 2　도전! 영작문** 주어진 우리말을 영어로 써보세요.

❶

✎_____ (그는 매일 숲 속을 걷는다.)

There are not many people, so it is very quiet and peaceful. He also likes taking pictures of* different kinds of animals and plants he sees while walking around.

take pictures of ~의 사진들을 찍다

❷

✎_____ (우리 부모님은 주로 밤에 집 주변을 걷는다.) They like to spend time together after dinner because they are both very busy during the day.

---

모범 답안

❶ He walks in the woods every day. 사람들이 많지 않아서 그곳은 매우 조용하고 평화롭다. 그는 걸어 다니는 동안 보이는 여러 종류의 동물들과 식물들의 사진을 찍는 것 또한 좋아한다.

❷ My parents usually walk around the neighborhood at night. 부모님은 두 분 다 낮에는 매우 바쁘기 때문에 저녁식사 후에 시간을 함께 보내는 것을 좋아하신다.

## Pattern 005  There is 단수명사 / There are 복수명사

~이 있다

1형식의 대표 패턴으로 활용도가 매우 높습니다. '~이 있다'라는 말을 자주 쓰는데 이때 사용하는 패턴입니다. There 는 문장 맨 앞에 쓰는 유도부사로서 〈There + 동사 + 주어〉의 순서로 사용합니다. There is 뒤에는 '단수 명사'를 쓰고, There are 뒤에는 '복수 명사'를 쓴다는 것에 주의하세요.

---

### Step 1  패턴 익히기  예문을 통해 영작 필수 패턴을 익히세요.

❶ 그의 책상 위에 편지가 있어요.          **There is** a letter on his desk.

❷ 식탁 위에 음식이 있어요.               **There is** food on the table.

❸ 인터넷에는 많은 정보가* 있다.           **There is** a lot of information on the Internet.

❹ 가방이 두 개 있어요.                   **There are** two bags.

❺ 그의 가방에는 많은 책이 있어요.         **There are** a lot of books in his bag.

힌트 정보 information

---

### Step 2  도전! 영작문  주어진 우리말을 영어로 써보세요.

❶

✏_____ (그의 가방 안에는 많은 책이

있어요.) I think he studies hard.

❷

My hobby is to surf the Internet.* ✏_____

_____ (인터넷에는 많은 정보가 있다.) When I want to know something, I search for*

information on the Internet.

surf the Internet 인터넷을 검색하다   search for ~을 찾다

---

모범 답안

❶ There are a lot of books in his bag. 그는 공부를 열심히 하는 것 같아요.
❷ 내 취미는 인터넷 검색이다. There is a lot of information on the Internet. 나는 뭔가를 알고 싶을 때, 인터넷에서 정보를 찾는다.

## Pattern 006　Here is 단수명사 / Here are 복수명사

여기 ~이 있다

물건을 건네줄 때 사용하면 좋은 표현입니다. Here도 유도부사이므로 〈Here + 동사 + 주어〉의 순서로 사용합니다. 건네주는 것이 단수일 때는 Here is...를 쓰고, 건네주는 것이 복수일 때는 Here are...를 사용해요.

---

### Step 1　패턴 익히기　예문을 통해 영작 필수 패턴을 익히세요.

❶ 여기 메뉴판 있습니다.　　　　　　　　**Here is** the menu.

❷ 여기 영수증* 있습니다.　　　　　　　　**Here is** your receipt.

❸ 여기 제 명함입니다.*　　　　　　　　　**Here is** my business card.

❹ 여기 제 이력서와* 자기소개서입니다.*　**Here is** my resume and cover letter.

❺ 여기 몇 개의 파일들이 있어요.　　　　　**Here are** some files.

힌트 영수증 receipt　명함 business card　이력서 resume　자기소개서 cover letter

---

### Step 2　도전! 영작문　주어진 우리말을 영어로 써보세요.

❶

Thank you for your purchase.* ✎_____ (여기 영수증 있습니다.) If you want to get a refund,* please bring it with your product.

purchase 구매　refund 환불

❷

✎_____ (여기 제 명함입니다.) If you have any questions, please call me anytime.

---

**모범 답안**

❶ 구매해 주셔서 감사합니다. Here is your receipt. 만약 환불을 원하시면, 제품과 함께 영수증을 가져오세요.
❷ Here is my business card. 만약 질문이 있으시면, 아무 때나 연락 주세요.

## Pattern 007 주어 + be동사 + 명사

~는 …이다

2형식(주어 + 동사 + 주격 보어)의 대표적인 패턴입니다. 명사를 이용해서 주어에 대해 설명할 때 사용합니다. 〈This is 명사〉(이것은 ~이다), 〈They are 명사〉(그들은 ~이다)와 같이 주어에 어울리는 be동사를 쓰고, 그 뒤에 주어에 대해 설명하는 명사를 붙이면 됩니다.

**Step 1** 패턴 익히기 예문을 통해 영작 필수 패턴을 익히세요.

❶ 이쪽이 저희 선생님이세요.　　　　　　　**This is** my teacher.

❷ 그들은 제 반 친구들이에요.*　　　　　　**They are** my classmates.

❸ 그는 저의 직장 동료예요.*　　　　　　　**He is** my coworker.

❹ 그녀는 저의 전 여자 친구예요.　　　　　**She is** my ex-girlfriend.

❺ 저분은 현재* 저희 사장님입니다.　　　　**That is** my current boss.

힌트 반 친구 classmate　직장 동료 coworker　현재의, 지금의 current

**Step 2** 도전! 영작문 주어진 우리말을 영어로 써보세요.

❶

✏＿＿＿＿＿＿＿＿＿＿＿＿＿＿＿＿＿＿＿＿＿＿ (이쪽이 저희 사장님이세요.) He has a lot of experience in this field, and he is interested in your product. He would like to meet you.

field 분야

❷

✏＿＿＿＿＿＿＿＿＿＿＿＿＿＿＿＿＿＿＿＿＿＿ (그는 제 직장 동료입니다.) He has experience working abroad and can work using English. He also won a contract* with a group of foreign buyers last year.

win a contract 계약을 따 내다

모범 답안

❶ This is my boss. 그는 이 분야에 경험이 많고, 귀사의 상품에 관심을 갖고 있습니다. 당신을 만나고 싶어 하세요.
❷ He is my coworker. 그는 해외근무 경험이 있어서 영어로 업무를 할 수 있습니다. 작년에도 외국 바이어들과 계약을 맺었어요.

# Pattern 008  주어＋be동사＋형용사

~는 …하다

형용사를 이용해서 주어의 상태나 감정을 설명할 때 사용합니다. 〈He is 형용사〉(그는 ~하다), 〈I am 형용사〉(나는 ~하다)와 같이 주어에 어울리는 be동사를 쓰고, 그 뒤에 주어에 대해 설명하는 형용사를 붙이면 됩니다. 다양한 형용사를 암기해 두어 자주 활용해 보세요.

## Step 1  패턴 익히기  예문을 통해 영작 필수 패턴을 익히세요.

❶ 그는 피곤하다.

**He is** tired.

❷ 나는 매우 행복하다.

**I am** so happy.

❸ 그녀는 매우 친절하다.

**She is** very friendly.

❹ 그녀는 다른 사람들의 의견에 민감하다.*

**She is** sensitive to other people's opinions.

❺ 우리 부장님은 매우 수다스럽다.*

**My manager is** very talkative.

힌트 민감한 sensitive  수다스러운 talkative

## Step 2  도전! 영작문  주어진 우리말을 영어로 써보세요.

❶

_____ (우리 부장님은 매우 수다스럽다.)
He loves talking to all of his employees about their lives and hobbies. Thanks to his positive attitude,* everyone seems to be very happy at work.

positive attitude 긍정적인 태도

❷

_____ (그녀는 다른 사람들의 의견에 민감하다.) She is always worried about whether or not other people like her and agree with what she does. I think this way of thinking* makes her unhappy.

way of thinking 사고방식

모범 답안

❶ My manager is very talkative. 그는 모든 직원들과 그들의 삶과 취미에 대해 이야기하는 것을 무척 좋아한다. 그의 긍정적인 태도 덕분에 모두들 직장에서 매우 행복한 것 같다.

❷ She is sensitive to other people's opinions. 그녀는 항상 다른 사람들이 그녀를 좋아하는지 아닌지, 그리고 그녀가 하는 것에 동의를 하는지 안 하는지 걱정한다. 나는 이러한 사고방식이 그녀를 불행하게 만든다고 생각한다.

# Pattern 009 주어 seem 형용사

~는 …인 것 같다

seem은 한국 학생들이 영작에서 많이 쓰는 단어 중 하나입니다. 뭔가에 대해 '~인 것 같다'고 말할 때는 〈주어＋seem〉 뒤에 형용사를 붙여요. seem 뒤에 문장을 붙일 때는 like를 넣어서 〈주어＋seem like＋주어＋동사〉 형태로 쓰면 됩니다.

---

**Step 1** 패턴 익히기 예문을 통해 영작 필수 패턴을 익히세요.

❶ 이 상자는 무거운 것 같아.      This box **seems** heavy.

❷ 그녀는 요즘* 바쁜 것 같아.      She **seems** busy these days.

❸ 그것은 가능할 것 같지 않다.      It doesn't **seem** possible.

❹ 이 셔츠는 그에게 잘 어울릴 것 같아.*      This shirt **seems like** it will look good on him.

❺ 그는 아주 행복해 보이지는 않았다.      He didn't **seem like** he was really happy.

힌트 요즘 these days　~에게 잘 어울리다 look good on

---

**Step 2** 도전! 영작문 주어진 우리말을 영어로 써보세요.

❶ Our executives* decided to promote* our new product on TV. However, ✏_____
_____ (그것은 가능할 것 같지 않다) because we need
a lot of money and time.

executive 경영진　promote 홍보하다

❷ Next Friday is my boyfriend's birthday. I looked for* a shirt for 2 hours. ✏_____
_____ (이 셔츠는 그에게 잘
어울릴 것 같아.) I will buy this for him.

look for ~을 찾다

---

모범 답안
❶ 경영진들은 우리의 신상품을 TV에 광고하기로 결정했다. 하지만 it doesn't seem possible 왜냐하면 우리는 많은 돈과 시간이 필요하기 때문이다.
❷ 다음 주 금요일이 내 남자 친구 생일이야. 나는 2시간 동안 셔츠를 찾았어. This shirt seems like it will look good on him. 나는 그를 위해 이것을 살 거야.

# Pattern 010 주어 look 형용사

~는 …해 보인다

look은 '보다'뿐만 아니라, 뒤에 형용사를 붙여서 '~해 보인다'라는 뜻으로도 많이 쓰입니다. look 뒤에 바로 명사를 쓰는 실수를 많이 하는데, 명사를 쓰고 싶으면 look like(~처럼 보인다), look for(~을 찾다), look at(~을 보다), look after(~을 돌보다)와 같이 look 뒤에 전치사를 넣어 줘야 합니다.

## Step 1 패턴 익히기 예문을 통해 영작 필수 패턴을 익히세요.

❶ 그녀는 바빠 보였다.

She **looked** busy.

❷ 그것은 시간낭비처럼* 보인다.

It **looks** time-consuming.

❸ 면접에 통과하기는 어려워 보인다.

It **looks** difficult to pass the interview.

❹ 그는 선생님처럼 보인다.

He **looks like** a teacher.

❺ 그것들은 선인장처럼* 보인다.

They **look like** cactus.

힌트 시간이 많이 걸리는 time-consuming   선인장 cactus

## Step 2 도전! 영작문 주어진 우리말을 영어로 써보세요.

❶

We need to look for an alternative* ✏_____

_____ (그것은 시간낭비처럼 보이기 때문에.) So we will have a meeting this evening.

alternative 대안

❷

I wanted to ask my teacher a question, but I didn't ✏_____

_____ (선생님이 바빠 보이셔서.)

모범 답안
❶ 우리는 대안을 찾아야 합니다 because it looks time-consuming. 그래서 우리는 오늘 저녁에 회의를 할 겁니다.
❷ 나는 선생님에게 질문을 하고 싶었지만 묻지 않았다 because she looked busy.

# Pattern 011 주어 sound 형용사

~는 …하게 들린다

'~처럼 들린다'를 영작할 때 listen to나 hear를 떠올리시나요? 이 단어들은 뒤에 명사를 써서 '~을 듣다'라는 뜻으로 사용됩니다. '~처럼 들린다'의 의미일 때는 sound 뒤에 형용사를 붙여서 표현하세요. sound 뒤에 명사를 쓸 때는 like를 넣어서 〈주어＋sound like＋명사〉의 어순이 됩니다.

---

**Step 1** 패턴 익히기 예문을 통해 영작 필수 패턴을 익히세요.

❶ 그것은 꽤 어렵게 들린다.           It **sounds** quite difficult.

❷ 네 제안은 이상하게* 들린다.      Your proposal **sounds** weird.

❸ 그가 말한 것이 진실처럼 들리지 않았다.      What he said didn't **sound** true.

❹ 이건 슬픈 이야기처럼 들리네요.      It **sounds like** a sad story.

❺ 이건 우리 아이들 소리처럼 들리지 않아요.      It doesn't **sound like** one of my kids.

힌트 이상한 weird

---

**Step 2** 도전! 영작문 주어진 우리말을 영어로 써보세요.

❶

A: Did you know that there are many more competitors* this year than last year?

B: Really? ✎_____ (그것은 꽤 어렵게 들리네요.)
That means that we should try harder to improve our sales.

competitor 경쟁자

❷

Since I know that he has a bad habit of lying, ✎_____
_____ (그가 말한 것이 진실처럼 들리지 않았다.)

---

모범 답안

❶ A: 작년보다 올해 경쟁자가 더 많다는 것을 알고 있었나요?
　B: 그래요? It sounds quite difficult. 그렇다면 매출을 높이기 위해 더 열심히 노력해야겠네요.

❷ 나는 그가 거짓말하는 나쁜 습관이 있다는 것을 알고 있기 때문에, what he said didn't sound true.

33

## Pattern 012  주어 get 형용사

~가 (상태)가 되다

사람의 기분이나 상태의 변화를 나타낼 때 동사 get을 자주 사용합니다. 그래서 get을 '상태변화동사'라고 부르기도 합니다. get 뒤에 형용사를 붙여서 상태가 변하는 것을 표현해 보세요.

---

**Step 1**  패턴 익히기  예문을 통해 영작 필수 패턴을 익히세요.

❶ 밤에는 추워진다.

It **gets** cold at night.

❷ 그 수업을 들을 때마다, 나는 항상 지루해진다.

Whenever I am in the class, I always **get** bored.

❸ 우리 아들은 밖에서 놀고 난 후 졸려 한다.

My son **gets** sleepy after playing outside.

❹ 너는 점점 좋아지고 있어.

You're **getting** better and better.

❺ 그녀는 우리가 디즈니랜드에 간다는 것을 듣고 신나 했다.

She **got** excited when she heard we were going to Disneyland.

---

**Step 2**  도전! 영작문  주어진 우리말을 영어로 써보세요.

❶

Whenever I am in the class, ✎_____ (나는 항상 지루해진다.)
So I often skip* this class. I regret signing up for* it.

skip (수업을) 빠지다   sign up for ~을 등록하다

❷

Last night I told my sister about our plans for Christmas. ✎_____
_____ (그녀는 우리가 디즈니랜드에 간다는 것을 들었을 때 신나 했다.)
We are both really looking forward to* our trip together.

look forward to ~을 기대하다

---

모범 답안

❶ 그 수업을 들을 때마다, I always get bored. 그래서 난 자주 이 수업을 빠진다. 나는 그것을 등록한 것을 후회한다.
❷ 지난 밤, 나는 동생에게 우리의 크리스마스 계획에 대해 말했다. She got excited when she heard we were going to Disneyland. 우리는 둘 다 함께하는 여행이 매우 기대된다.

# Pattern 013 주어 turn 색깔

(색깔이) ~로 변하다

turn을 '~로 방향을 바꾸다'의 의미로 많이 알고 있을 겁니다. 하지만 turn 뒤에 색깔을 뜻하는 단어(형용사)가 올 때 turn은 '(색깔이) ~로 변하다'의 뜻이 됩니다.

---

**Step 1** **패턴 익히기** 예문을 통해 영작 필수 패턴을 익히세요.

❶ 내 얼굴이 빨개졌다.

My face **turned** red.

❷ 그의 치아는 노랗게 변했다.

His teeth **turned** yellow.

❸ 그녀는 귀신을 본 후 얼굴이 하얘졌다.

Her face **turned** white after she saw the ghost.

❹ 나는 나뭇잎이 빨갛고 노랗게 물드는 가을을 좋아한다.

I like fall because the leaves **turn** red and yellow.

❺ 그녀는 술 마실 때마다 얼굴이 항상 빨개진다.

Her face always **turns** red whenever she drinks.

---

**Step 2** **도전! 영작문** 주어진 우리말을 영어로 써보세요.

❶

My father was a heavy smoker* ✎_____

(그래서 그의 치아는 노랗게 변했다.) He quit smoking because of his teeth.

heavy smoker 심한 흡연자, 골초

❷

Whenever my teacher asks me a question, ✎_____

(내 얼굴은 항상 빨개진다.) I think I should study harder.

---

모범 답안

❶ 우리 아빠는 심한 흡연자였다 so his teeth turned yellow. 그는 치아 때문에 담배를 끊었다.
❷ 우리 선생님이 나에게 질문을 할 때마다, my face always turns red. 나는 더 열심히 공부해야 할 것 같다.

## Pattern 014 주어 have 명사

~는 …을 갖고 있다

3형식은 〈주어＋동사＋목적어〉의 어순입니다. have는 대표적인 3형식 동사입니다. 〈주어＋have/has〉 뒤에 다양한 명사 목적어를 붙여서 갖고 있는 것을 표현해 보세요.

### Step 1 패턴 익히기 예문을 통해 영작 필수 패턴을 익히세요.

❶ 그는 많은 돈을 갖고 있다.

He **has** a lot of money.

❷ 그녀는 집에 책이 많다.

She **has** many books at home.

❸ 우리 아들은 친구가 많다.

My son **has** many friends.

❹ 나는 축구 하는 것에 많은 경험을 가지고 있다.

I **have** a lot of experience playing soccer.

❺ Ella는 매우 성공적인 미래에 대한 잠재력이* 있다.

Ella **has** the potential for a very successful future.

힌트 잠재력, 가능성 potential

### Step 2 도전! 영작문 주어진 우리말을 영어로 써보세요.

❶

_____ (그녀는 집에 책이 많다.)

Every week I see her reading a new book. I wonder how much money she spends a month on new books.

❷

_____ (나는 축구 하는

것에 많은 경험을 가지고 있다.) Last year I won a VIP award* for my school team. My dream is to become a professional* soccer player.

award (부상이 딸린) 상  professional 전문적인

모범 답안

❶ She has many books at home. 매주 나는 그녀가 새로운 책을 읽고 있는 것을 본다. 나는 그녀가 새로운 책들을 사는 데 한 달에 돈을 얼마나 쓰는지 궁금하다.

❷ I have a lot of experience playing soccer. 작년에 나는 학교 팀에서 VIP 상을 받았다. 내 꿈은 프로 축구선수가 되는 것이다.

# Pattern 015 주어 need 명사

~는 ···가 필요하다

'~가 필요하다'는 말을 자주 사용하지요? 이 경우 〈주어＋need〉 뒤에 명사 목적어를 붙이면 됩니다. need도 3형식 동사 거든요. '그녀는 시간이 필요해.'라고 하려면 She needs time.이라고 하면 됩니다.

## Step 1  패턴 익히기  예문을 통해 영작 필수 패턴을 익히세요.

❶ 우리는 너의 도움이 필요해.      We **need** your help.

❷ 그녀는 그녀의 일을 끝낼 시간이 필요하다.      She **needs** time to finish her work.

❸ 나는 수업에서 나를 도와줄 누군가가 필요하다.      I **need** someone in class to help me.

❹ 그들은 높은 점수를 받기* 위해 좋은 선생님이 필요하다.      They **need** a good teacher to get a high score.

❺ 그는 프랑스어 말하기를 연습할 시간이 필요하다.      He **needs** time to practice speaking French.

힌트 높은 점수를 받다 get a high score

## Step 2  도전! 영작문  주어진 우리말을 영어로 써보세요.

❶ _____ (나는 수업에서 나를 도와줄 누군가가 필요해.) I think it will only take about an hour to finish it. Is anyone available after class?

available 시간이 있는

❷ These days my friend is trying to learn French. I think ✏_____ _____ (그가 프랑스어 말하기를 연습할 시간이 필요하다고.)

---

모범 답안

❶ I need someone in class to help me. 내 생각에 그걸 끝내는 데 한 시간밖에 안 걸릴 거 같아. 수업 끝나고 시간 되는 사람 있어?
❷ 요즘 내 친구는 프랑스어를 배우려고 노력하고 있어. 나는 생각해 he needs time to practice speaking French.

## Pattern 016 　주어 like 명사

~는 …을 좋아한다

좋아하는 것을 말할 때는 〈주어+like〉 뒤에 명사 목적어를 붙이면 됩니다. 만약 '~하는 것'을 좋아할 때는 동사 목적어를 써야 하는데, 이때는 to부정사나 동명사의 형태로 붙이면 됩니다.

---

**Step 1**　**패턴 익히기**　예문을 통해 영작 필수 패턴을 익히세요.

❶ 우리 엄마는 꽃을 좋아한다.

My mother **likes** flowers.

❷ 그녀는 그녀의 직업을 좋아한다.

She **likes** her job.

❸ 그는 여가시간에* 독서하는 것을 좋아한다.

He **likes to** read books in his spare time.

❹ 내 남자친구는 게임하는 것을 좋아한다.

My boyfriend **likes to** play games.

❺ 나는 우리 사장님과 얘기하는 것을 좋아하지 않는다.

I don't **like to** talk to my boss.

힌트 여가시간 spare time

---

**Step 2**　**도전! 영작문**　주어진 우리말을 영어로 써보세요.

❶

✎_____ (엄마는 꽃을 좋아한다.)

Her favorite flowers are lilies.* Every year I buy her a large bouquet* of them for Mother's Day.

lily 백합　bouquet 꽃다발

❷

✎_____ (내 남자친구는 게임하는

것을 좋아한다.) I hate playing with him because he is so competitive* whenever he plays.

competitive 경쟁심이 강한

---

모범 답안

❶ My mother likes flowers. 그녀가 가장 좋아하는 꽃은 백합이다. 매년 나는 어머니날을 위해 큰 백합 꽃다발을 엄마에게 사 드린다.
❷ My boyfriend likes to play games. 나는 그와 게임하는 것을 싫어한다. 왜냐하면 그는 게임을 할 때마다 너무 경쟁심이 강하기 때문이다.

## Pattern 017 · 주어 know 명사(절)

~는 …을 알고 있다

알고 있는 것을 말할 때는 〈주어 + know〉 뒤에 목적어를 붙입니다. 이때 목적어의 형태로는 secret(비밀), name(이름)과 같은 간단한 명사뿐만 아니라, that절과 의문사절도 올 수 있어요.

---

### Step 1 · 패턴 익히기 · 예문을 통해 영작 필수 패턴을 익히세요.

❶ 나는 그의 비밀을 알고 있다.　　　　　　　I **know** his secret.

❷ 우리 선생님께서는 내 이름을 알고 계셨다.　My teacher **knew** my name.

❸ 나는 거기에 어떻게 가는지 알고 있다.　　　I **know how** to get there.

❹ 그는 그의 사장님이 어디에 사는지 알고 있다.　He **knows where** his boss lives.

❺ 우리 엄마는 내가 친구 집에 간 것을 알고 있다.　My mom **knows that** I went to my friend's house.

---

### Step 2 · 도전! 영작문 · 주어진 우리말을 영어로 써보세요.

❶
　✎＿＿＿＿＿＿＿＿＿＿＿＿＿＿＿＿＿＿＿＿＿＿＿ (우리 선생님께서는 내 이름을 알고 계셨다.)

I was so surprised since today was the first day of school. She must really care about*
all of her students.

care about ~에 마음을 쓰다, 관심을 가지다

❷
　✎＿＿＿＿＿＿＿＿＿＿＿＿＿＿＿＿＿＿＿＿＿ (나는 거기에 어떻게 가는지 알고 있어.)

I can draw a map for you if you need directions.*

direction 방향, 길 안내

---

모범 답안

❶ My teacher knew my name. 오늘이 학교 첫날이었기 때문에 나는 무척 놀랐다. 그녀는 모든 학생들한테 많은 관심을 갖고 있는 것이 틀림없다.

❷ I know how to get there. 만약 네가 길 안내가 필요하면 널 위해서 지도를 그려줄 수 있어.

## Pattern 018 주어 want to 동사원형

~는 …하기를 원한다

want(원하다)는 영어일기부터 스피킹 시험까지 아주 많이 쓰이는 단어입니다. want 뒤에 원하는 목적어를 붙여 보세요. 목적어가 명사일 때는 want 뒤에 바로 붙이면 되지만, 목적어가 동사일 때는 to를 넣어 to부정사 형태로 붙여 주세요.

---

**Step 1** 패턴 익히기 예문을 통해 영작 필수 패턴을 익히세요.

❶ 나는 이번 달에 취업하기를* 원한다.     I **want to** get a job this month.

❷ 그녀는 캐나다에 가기를 원한다.     She **wants to** go to Canada.

❸ 그는 영어실력을 향상시키고* 싶어 하니?     Does he **want to** improve his English skills?

❹ 대부분의 사람들은 팀으로 일하는 것을 원한다.     Most people **want to** work in a team.

❺ 학생들은 하루 종일* 공부하는 것을 원하지 않는다.     Students don't **want to** study all day long.

힌트 취업하다 get a job   향상시키다 improve   하루 종일 all day long

---

**Step 2** 도전! 영작문 주어진 우리말을 영어로 써보세요.

❶ _____ (학생들은 하루 종일 공부하는 것을 원하지 않는다.) However, they stay in school for more than 10 hours and then go to institutes* after school because of their parents.

institute 교육기관, 학원

❷ _____ (대부분의 사람들은 팀으로 일하는 것을 원한다) because they can get some help from others when they face* a big problem.

face 직면하다, 닥쳐오다

---

모범 답안

❶ Students don't want to study all day long. 하지만 그들은 10시간 이상 학교에 있고, 학교가 끝나면 부모님 때문에 학원에 간다.
❷ Most people want to work in a team 왜냐하면 그들이 큰 문제에 부딪혔을 때, 다른 사람들로부터 도움을 받을 수 있기 때문이다.

# Pattern 019 주어 discuss 명사

~는 …에 대해 논의하다

discuss는 영작할 때 많이 틀리는 단어 중 하나입니다. 우리말로는 '~에 대해서 토론하다'이기 때문에 discuss 뒤에 전치사 about을 붙이는 실수를 자주 합니다. 하지만 discuss는 전치사 없이 바로 목적어를 쓴다는 점을 꼭 기억해 두세요.

---

## Step 1 패턴 익히기 예문을 통해 영작 필수 패턴을 익히세요.

❶ 우리는 우리 회사의 재활용에* 대해 의논했다.

We **discussed** the issue of recycling in my company.

❷ 매니저들은 우리의 서비스 태도에* 대해 의논했다.

My managers **discussed** our service attitude.

❸ 그들은 오늘 몇 개의 안건을 의논할 필요가 있다.

They need to **discuss** some issues today.

❹ 나는 내 친구들과 시사에* 대해 전혀 논의할 수 없었다.

I couldn't **discuss** any current issues with my friends.

❺ 내 팀원들은 회의 동안에 사소한 것조차도 의논하기를 원한다.

My team members want to **discuss** even small things during our meetings.

힌트 재활용 recycling   태도 attitude   현안, 시사 current issue

---

## Step 2 도전! 영작문 주어진 우리말을 영어로 써보세요.

❶

_____

(나는 내 친구들과 시사에 대해 전혀 논의할 수 없었다.) Most of them only wanted to talk about entertainment* news and gossip.*

entertainment 오락, 연예   gossip (남의 사생활에 대한 좋지 않은) 소문, 험담

❷

_____

_____ (내 팀원들은 회의 동안에 사소한 것조차도 의논하기를 원한다.) Our meetings usually take about 2 hours because everyone starts talking about their own topics.

---

모범 답안

❶ I couldn't discuss any current issues with my friends. 그들 대부분은 연예뉴스나 험담에 대해서만 이야기하기를 원했다.

❷ My team members want to discuss even small things during our meetings. 우리 회의는 대개 2시간 정도 걸리는데, 왜냐하면 모두 자기들 주제에 대해 말하기 시작하기 때문이다.

## Pattern 020 주어 announce 명사(절)

~가 …을 발표하다

announce는 '~을 알리다'라는 표현입니다. 목적어로는 명사뿐만 아니라 that절도 사용됩니다. announce 뒤에 전치사 about을 쓰는 실수를 하는 사람들이 많습니다. 전치사 없이 바로 목적어를 쓰는 점을 꼭 기억해 두세요.

### Step 1 패턴 익히기 예문을 통해 영작 필수 패턴을 익히세요.

❶ 그들은 그들의 결혼을* 발표했다.

They **announced** their marriage.

❷ 그는 새해에 대한 그의 계획들을 발표했다.

He **announced** his plans for the New Year.

❸ 사장님은 우리의 새 프로젝트를 발표할 것이다.

My boss will **announce** our new project.

❹ 경찰은 이곳이 출입금지* 구역이라고 발표했다.

The police officer **announced that** this area is off limits.

❺ 우리 사장님은 오늘 우리가 다음 달에 휴가를 갈 거라고 발표했다.

Our boss **announced** today **that** we will have a vacation next month.

힌트 결혼 marriage  출입금지 off limits

### Step 2 도전! 영작문 주어진 우리말을 영어로 써보세요.

❶

My two best friends called me last night to give me the big news.* ✎_____

_____ (그들은 그들의 결혼을 발표했고,) and invited me

to their wedding. It will be held* on the beach next October.

give the big news 중요한 소식을 알려주다  be held 열리다

❷

✎_____

(우리 사장님은 오늘 우리가 다음 달에 휴가를 갈 거라고 발표했다.) I am planning to go visit my

friends in Australia. It is my first overseas trip,* so I am very excited.

overseas trip 해외여행

모범 답안

❶ 나의 가장 친한 친구 두 명이 나에게 중대한 뉴스를 알려 주기 위해 지난밤에 전화를 했다. They announced their marriage, 나를 그들의 결혼식에 초대했다. 결혼식은 다음 10월에 해변에서 열릴 것이다.

❷ Our boss announced today that we will have a vacation next month. 나는 오스트레일리아에 있는 내 친구에게 가려고 계획하고 있다. 나의 첫 번째 해외여행이라서 나는 정말 신이 난다.

## Pattern 021 주어 introduce 명사 to 사람

~가 …에게 ~를 소개하다

introduce는 3형식만 고집하는 단어입니다. 누군가를 소개할 때는 introduce A to B(B에게 A를 소개하다) 형태로 사용합니다. A 자리에 소개할 사람을 쓴다는 것과 B 앞에 항상 전치사 to를 쓴다는 것을 기억해 두세요.

---

**Step 1** **패턴 익히기** 예문을 통해 영작 필수 패턴을 익히세요.

❶ 나는 내 남자 친구를 엄마에게 소개했다.     I **introduced** my boyfriend **to** my mother.

❷ 그녀는 그녀의 남편을 나에게 소개했다.     She **introduced** her husband **to** me.

❸ 선생님은 그 책을 나에게 소개해 줬다.     My teacher **introduced** the book **to** me.

❹ 나를 너의 친구에게 소개시켜 줄래?     Can you please **introduce** me **to** your friend?

❺ 나는 너를 내 여동생에게 소개해 주고 싶어.     I want to **introduce** you **to** my sister.

---

**Step 2** **도전! 영작문** 주어진 우리말을 영어로 써보세요.

❶ Last night ✎_____ (나는 내 남자 친구를 엄마에게 소개했다.) Although my boyfriend was very nervous, my mother seemed to like him. She even asked him to eat dinner with us.

❷ ✎_____ (나는 너를 내 여동생에게 소개해 주고 싶어.) She is very friendly and can speak English very well. I think you two will be great friends.

---

**모범 답안**

❶ 지난 밤 I introduced my boyfriend to my mother. 비록 내 남자 친구가 많이 긴장했지만, 우리 엄마는 그를 좋아하는 것 같았다. 그녀는 심지어 그에게 우리와 함께 저녁을 먹자고 요청했다.

❷ I want to introduce you to my sister. 그녀는 매우 친절하고 영어도 아주 잘해. 내 생각에 너희 둘은 좋은 친구가 될 것 같아.

## Pattern 022 주어 explain 명사 to 사람

~가 …에게 ~을 설명하다

explain(설명하다)은 가벼운 글에서부터 토익 스피킹의 사진 묘사까지 매우 활용도 높게 사용할 수 있는 단어입니다. 3형식으로 쓰이는 단어이기 때문에, 해석에 따라 4형식으로 쓰지 않도록 주의하세요.

---

### Step 1 패턴 익히기 예문을 통해 영작 필수 패턴을 익히세요.

❶ 나는 그에게 스케줄을 설명했다.

I **explained** the schedule **to** him.

❷ 선생님은 학생들에게 그 과제를* 설명했다.

The teacher **explained** the assignment **to** the students.

❸ 그는 어떻게 그곳에 가는지 너에게 설명할 수 있다.

He can **explain to** you how to get there.

❹ 나에게 이 문제를 설명해 줄래?

Can you **explain** this problem **to** me?

❺ 내 남동생은 전에 그 이야기를 나에게 설명해 줬다.

My brother **explained** the story **to** me before.

힌트 과제 assignment

---

### Step 2 도전! 영작문 주어진 우리말을 영어로 써보세요.

❶
Have you read this book? Please tell me what it is about. ✎_____

_____ (내 동생이 전에 그 이야기를 나에게 설명해 줬어,) but I

forgot what he said.

❷
I am not too sure exactly how to get there. Please wait a minute and I will go get my

friend. ✎_____ (그는 그곳에 가는

방법을 당신에게 설명해 줄 수 있어요.)

---

모범 답안

❶ 이 책을 읽어 본 적 있어? 무엇에 관한 건지 얘기 좀 해줘. My brother explained the story to me before, 그런데 그가 뭐라고 했는지 잊어버렸어.
❷ 저는 그곳에 어떻게 가는지 정확히 모르겠어요. 잠시만 기다려 주세요. 가서 친구를 데려 올게요. He can explain to you how to get there.

# Pattern 023 주어 give 사람＋사물

~가 …에게 ~을 주다

give는 '~에게 …을 주다'로 자주 표현되는 동사로서, 3형식과 4형식으로 모두 사용되는 단어입니다. 4형식으로 쓸 경우 특별한 전치사 없이 목적어를 쭉 나열하면 됩니다. 즉 'A에게 B를 주다'라고 할 때 〈give A B〉의 순서로 쓰면 됩니다.

---

**Step 1** **패턴 익히기** 예문을 통해 영작 필수 패턴을 익히세요.

❶ 귀사의 제품에 대한 브로슈어를* 저에게 보내 주세요.

Please **give** me a brochure about your products.

❷ 그녀는 수업시간에 자신의 학생들에게 마실 것을 주었다.

She **gave** her students some drinks during the class.

❸ 그는 그 결과를 아직 나에게 주지 않았다.

He hasn't **given** me the result yet.

❹ 저에게 할인해* 주실 수 있나요?

Can you **give** me a discount?

❺ 퇴근하기* 전까지 너는 그녀에게 정보를 줘야 해.

You should **give** her some information before you leave work.

(힌트) 브로슈어, 안내책자 brochure   할인 discount   퇴근하다 leave work

---

**Step 2** **도전! 영작문** 주어진 우리말을 영어로 써보세요.

❶ It was too hot for students to focus on* the class ✎_____
_____ (그녀는 수업시간에 자신의 학생들에게
마실 것을 주었다.)

focus on ~에 집중하다

❷ I'd like to order* more than 20 books on your website. I've never bought a book from
you before, but ✎_____ (저에게 할인해
주실 수 있나요?)

order 주문하다

---

모범 답안

❶ 너무 더워서 학생들이 수업에 집중할 수 없었다. She gave her students some drinks during the class.
❷ 귀하의 사이트에서 책을 20권 넘게 주문하고 싶습니다. 전에 귀사에서 책을 사본 적은 없지만, can you give me a discount?

## Pattern 024 주어 send 사람 + 사물

~가 …에게 ~을 보내다

'A에게 B를 보내다'라고 하려면 〈send A B〉의 순서로 쓰면 됩니다. 뒤에 by를 이용해서 보내는 수단을 나타내기도 합니다. 이메일이나 팩스 등을 보낼 때 send를 자주 사용해 보세요.

---

**Step 1** 패턴 익히기 예문을 통해 영작 필수 패턴을 익히세요.

❶ 제가 이메일로 당신에게 견적서를* 보낼게요.

I will **send** you the estimate **by** email.

❷ 내 친구는 그의 청첩장을* 나에게 보냈다.

My friend **sent** me his wedding invitation.

❸ 어제 요청하신 파일을 귀하에게 이메일로 보냈습니다.

I **sent** you the file **by** email that you requested yesterday.

❹ 저에게 이번 달 말까지 제 여행일정을* 보내 주세요.

Please **send** me my itinerary by the end of this month.

❺ 제 이력서를 언제까지 보내 드리면 될까요?

When should I **send** you my resume by?

힌트 견적서 estimate  청첩장 wedding invitation  여행일정 itinerary

---

**Step 2** 도전! 영작문 주어진 우리말을 영어로 써보세요.

❶ ✎_____

(어제 요청하신 파일을 귀하에게 이메일로 보냈습니다.) If you have any questions or problems, please feel free to* call me.

feel free to 편하게 ~하다

❷ I've been interested in your company and I'd like to apply for a position.* ✎_____

_____ (제 이력서를 언제까지 보내 드리면 될까요?)

position (일)자리, 직위

---

모범 답안

❶ I sent you the file by email that you requested yesterday. 질문이나 문제가 있으면 저에게 편하게 전화해 주세요.
❷ 저는 귀사에 계속 관심이 있었고 귀사에 지원하고 싶습니다. When should I send you my resume by?

## Pattern 025 주어 tell 사람 that...

~가 …에게 ~을 말하다

'A에게 B를 말하다'라고 할 때는 〈tell A B〉의 순서로 씁니다. 말한 내용이 문장 형태로 길 때는 직접목적어(B) 자리에 that절을 사용하면 됩니다.

---

**Step 1** **패턴 익히기** 예문을 통해 영작 필수 패턴을 익히세요.

❶ 선생님은 우리에게 이야기 하나를 들려주었다.

My teacher **told** us a story.

❷ 그는 나에게 그의 전화번호를 말해 주지 않았다.

He didn't **tell** me his phone number.

❸ 그는 그가 작년에 결혼했다고* 말했다.

He **told** me **that** he got married last year.

❹ 그가 해고될* 거라고 그에게 말하는 것은 나에게는 힘든 일이다.

It's difficult for me to **tell** him **that** he will be fired.

❺ 내 친구들 중 한 명은 내년에 해외유학을 갈* 거라고 우리에게 말했다.

One of my friends **told** us **that** she would go study abroad next year.

(힌트) 결혼하다 get married  해고하다 fire  해외유학을 가다 go study abroad

---

**Step 2** **도전! 영작문** 주어진 우리말을 영어로 써보세요.

❶ I met my friends yesterday. We talked about our future. ✐＿＿＿＿＿＿＿＿＿＿＿＿

＿＿＿＿＿＿＿＿＿＿＿＿＿＿＿＿＿＿＿＿＿＿ (내 친구들 중 한 명은

내년에 해외유학을 갈 거라고 우리에게 말했다.)

❷ ✐＿＿＿＿＿＿＿＿＿＿＿＿＿＿＿＿＿＿＿＿＿＿＿＿＿＿ (그가 해고될 거라고

그에게 말하는 것은 나에게는 힘든 일이다) because everyone including me knows that he has

made a lot of effort.* However, I have no choice but to* tell him.

make a lot of effort 많은 노력을 하다  have no choice but to ~하는 수밖에 없다

---

모범 답안

❶ 난 어제 친구들을 만났다. 우리는 우리의 미래에 대해서 이야기했다. One of my friends told us that she would go study abroad next year.
❷ It's difficult for me to tell him that he will be fired 왜냐하면 나를 포함한 모두가 그가 많이 노력한 것을 알기 때문이다. 하지만 나는 그에게 말할 수밖에 없다.

## Pattern 026  주어 award 사람＋사물

~가 …에게 ~을 주다/수여하다

어떤 일에 대한 상을 수여할 때 award를 사용하면 매우 유용합니다. award도 4형식을 사용하여 어렵지 않게 영작할 수 있어요. 'A에게 B를 수여하다'라고 하려면 〈award A B〉의 순서로 쓰면 됩니다.

---

**Step 1  패턴 익히기** 예문을 통해 영작 필수 패턴을 익히세요.

❶ 우리 선생님께서는 그에게 선물을 주셨다.

**My teacher awarded him a present.**

❷ 그녀는 그녀의 학생들에게 선물과 함께 상을 줬다.

**She awarded her students with gifts.**

❸ 그는 근무 실적*이 가장 좋은 팀에게 상을 수여할 것이다.

**He will award the team with the greatest work performance a prize.**

❹ 우리 사장님께서는 올해의 최우수 직원에게 보너스를 수여하실 겁니다.

**Our boss is going to award this year's best employee a bonus.**

❺ 그들은 1,000,000원의 손해 보상금을* 받았다.

**They were awarded damage compensation of 1,000,000.**

힌트 근무 실적 work performance  손해 보상금 damage compensation

---

**Step 2  도전! 영작문** 주어진 우리말을 영어로 써보세요.

❶

✎＿＿＿＿＿＿＿＿＿＿＿＿＿＿＿＿＿＿＿＿＿＿＿＿＿＿＿＿

(우리 사장님께서는 올해의 최우수 직원에게 보너스를 수여하실 겁니다.) Therefore, please show better work performance if you want to get the bonus.

❷

There was a drought* last year. Many farmers didn't know what to do because their crops* were damaged. Fortunately, ✎＿＿＿＿＿＿＿＿＿＿＿＿＿＿＿＿＿

(그들은 1,000,000원의 손해 보상금을 받았다) for natural disasters.

drought 가뭄  crop 농작물

---

**모범 답안**

❶ Our boss is going to award this year's best employee a bonus. 따라서 보너스를 받고 싶다면, 더 좋은 근무 실적을 보여 주세요.

❷ 작년에 가뭄이 들었다. 많은 농민들은 그들의 농작물이 피해를 입었기 때문에 앞날이 막막했다. 다행히도 자연재해에 대해 they were awarded damage compensation of 1,000,000.

## Pattern 027    주어 **ask** 사람＋사물

~가 …에게 ~을 묻다

선생님이나 친구 혹은 동료에게 질문할 때 ask가 들어간 4형식을 이용하면 큰 문제없이 영작할 수 있어요. 'A에게 B를 묻다'라고 하려면 〈ask A B〉의 순서로 쓰면 됩니다.

---

**Step 1**   **패턴 익히기** 예문을 통해 영작 필수 패턴을 익히세요.

❶ 그녀는 학생들에게 이름을 물어보았다.      She **asked** the students their names.

❷ 나는 선생님에게 몇 가지 질문을 했다.      I **asked** my teacher some questions.

❸ 그는 나에게 부탁*을 했다.      He **asked** me a favor.

❹ 원하는 것은 뭐든지 편하게 질문해 주세요.      Please feel free to **ask** me whatever you want.

❺ 저는 귀하의 연설과* 관련하여 귀하에게 몇 가지 질문을 드리고 싶습니다.      I'd like to **ask** you a few questions about your speech.

힌트 부탁, 친절 favor   연설 speech

---

**Step 2**   **도전! 영작문** 주어진 우리말을 영어로 써보세요.

❶

After class ✎ _____

(나는 다음 주 시험에 대해 선생님에게 몇 가지 질문을 했다.) She gave us a review* sheet, but some of the questions are too difficult for me.

review 복습

❷

✎ _____ (원하는 것은 뭐든지 편하게

질문해 주세요.) I will be in my office all day. If you need me to look over* your essays, please make sure to send them to me before you stop by.*

look over ~을 대충 훑어보다   stop by 잠시 들르다

---

**모범 답안**

❶ 수업 후 I asked my teacher some questions about the test next week. 그녀는 우리에게 한 장의 복습 종이를 줬는데, 몇 개의 질문은 나에게 너무 어렵다.

❷ Please feel free to ask me whatever you want. 저는 하루 종일 사무실에 있을 겁니다. 만약 여러분의 에세이를 제가 검토하길 원한다면, 들르기 전에 꼭 그것들을 저에게 보내 주세요.

# Pattern 028 주어 want 사람 to 동사원형

~는 …가 ~하기를 원하다

want는 3형식으로도 쓰이고 5형식으로도 쓰입니다. 누군가 뭔가를 했으면 하고 원할 때는 want 뒤에 '사람'(목적어)을 쓰고 to부정사(목적 보어)를 붙입니다. 즉, 〈want + 사람 + to부정사〉 형태로 쓰면 됩니다. to부정사 앞에 사람을 쓸 때 의미상의 주어이기 때문에 〈for + 사람〉으로 쓴다고 착각하지 않도록 주의하세요.

## Step 1  패턴 익히기  예문을 통해 영작 필수 패턴을 익히세요.

❶ 나는 내 여자 친구가 운동을 하면* 좋겠다.

I **want** my girlfriend **to** work out.

❷ 우리 부모님은 우리 누나가 올해에 결혼하기를 원한다.

My parents **want** my sister **to** get married this year.

❸ 모든 부모들은 자신의 자녀들이 학교에서 높은 점수를 받기 원한다.

All parents **want** their children **to** get high scores in school.

❹ 우리 사장님은 직원들이 영어를 유창하게 말하기를 원한다.

My boss **wants** his employees **to** speak English fluently.

❺ 귀하께서는 제가 귀하의 물건을* 오늘까지 배달하기를 원하십니까?

Do you **want** me **to** deliver your package by today?

힌트 운동하다 work out  포장물, 소포 package

## Step 2  도전! 영작문  주어진 우리말을 영어로 써보세요.

❶

Although most parents are busy working, they spend their time and money educating* their children because ✎ _____

_____ (모든 부모들은 자신의 자녀들이 학교에서 높은 점수를 받기 원하기 때문이다.)

educate 교육시키다

❷

✎ _____

(우리 사장님은 직원들이 영어를 유창하게 말하기를 원한다) because most of our customers* are foreigners. Therefore it's natural to speak English when we have a conversation with them.

customer 고객

**모범 답안**

❶ 대부분의 부모들은 일하느라 바쁨에도 불구하고 자식들을 교육시키는 데 자신의 시간과 돈을 쓴다. 왜냐하면 all parents want their children to get high scores in school.

❷ My boss wants his employees to speak English fluently 왜냐하면 우리 고객들은 대부분이 외국인이기 때문이다. 그래서 우리가 그들과 대화할 때 영어로 말하는 것은 당연하다.

# Pattern 029 주어 allow 사람 to 동사원형

~는 …가 ~하는 것을 허락하다

누군가 뭔가를 하도록 허락해 줄 때 사용하는 단어가 allow입니다. 〈allow + 사람 + to부정사〉 형태로 쓰면 됩니다. 목적보어 자리에 to부정사를 쓴다는 점을 기억하세요.

## Step 1 패턴 익히기 예문을 통해 영작 필수 패턴을 익히세요.

❶ 언니는 내가 자기의 노트북을* 사용하는 것을 허락했다.

My sister **allowed** me **to** use her laptop.

❷ 우리 부모님께서는 내가 운전하는 것을 허락하시지 않는다.

My parents don't **allow** me **to** drive.

❸ 그녀는 그녀의 학생들이 일찍 집에 가는 것을 허락하지 않는다.

She doesn't **allow** her students **to** go home early.

❹ 선생님들은 수업시간에 학생들이 서로 잡담하는* 것을 허락하지 않는다.

Teachers don't **allow** students **to** chat with each other during classes.

❺ 정부는 18세 이하인 사람들이 술이나 담배를* 사는 것을 허락하지 않는다.

The government doesn't **allow** people under 18 **to** buy alcohol or cigarettes.

힌트 노트북 laptop  수다를 떨다 chat  담배 cigarette

## Step 2 도전! 영작문 주어진 우리말을 영어로 써보세요.

❶

✎ _____ (우리 부모님께서는 내가 운전하는 것을 허락하시지 않는다.) They are too afraid that I will crash into another car. It is so frustrating* because I really want to go and drive around with my friends.

frustrating 불만스러운

❷

✎ _____

(선생님들은 학생들이 수업시간에 서로 잡담하는 것을 허락하지 않는다.) It is disruptive* and students don't listen to what the teacher is saying. If anyone talks during class, they get minus points.

disruptive 지장을 주는

모범 답안

❶ My parents don't allow me to drive. 부모님은 내가 다른 차와 부딪칠까봐 너무 두려워하신다. 나는 친구들과 무척 드라이브를 가고 싶은데 정말 불만스럽다.

❷ Teachers don't allow students to chat with each other during classes. 그것은 지장을 주고 학생들은 선생님이 말하는 것을 듣지 않는다. 만약 누구든 수업시간에 말을 하면, 점수가 깎인다.

# Pattern 030 주어 encourage 명사 to 동사원형

~는 …가 ~하도록 격려하다

encourage는 '격려하다, 용기를 북돋우다'라는 뜻으로서 영어일기부터 에세이까지 매우 다양하게 쓰이는 단어입니다. 누군가가 뭔가를 하도록 격려할 때는 〈encourage＋사람＋to부정사〉 형태로 씁니다.

## Step 1 패턴 익히기 예문을 통해 영작 필수 패턴을 익히세요.

❶ 그녀는 내가 이 회사에 지원하도록 격려해 줬다.

She **encouraged** me **to** apply for this company.

❷ 우리 부모님은 내가 내 한계를 극복하도록* 격려해 주셨다.

My parents **encouraged** me **to** overcome my limitations.

❸ 아무도 네가 일을 열심히 하라고 부추길 수 없어.

No one can **encourage** you **to** work hard.

❹ 누가 너를 열심히 공부하도록 격려해 줬니?

Who **encouraged** you **to** study hard?

❺ 무료 샘플들은 고객들이* 더 많은 제품을 사도록 부추긴다.

Free samples **encourage** customers **to** buy more products.

힌트 극복하다 overcome  고객 customer

## Step 2 도전! 영작문 주어진 우리말을 영어로 써보세요.

❶

I could do whatever I wanted when I was younger because ✏_____

_____ (우리 부모님은 내가 내 한계를 극복하도록 격려해 주셨기 때문이다.) Thanks to my parents' help, I was able to achieve* a lot of things.

achieve 달성하다, 성취하다

❷

✏_____ (누가 너를 열심히 공부하도록 격려해 줬니?)

Unlike last week, you seem very enthusiastic* about your studies. I think if you do your best this week, you will be able to pass the test.

enthusiastic 열렬한, 열광적인

모범 답안

❶ 나는 어렸을 때 내가 원하는 건 뭐든지 할 수 있었다. 왜냐하면 my parents encouraged me to overcome my limitations. 우리 부모님의 도움 덕택에 나는 많은 것을 이룰 수 있었다.

❷ Who encouraged you to study hard? 지난주와 달리 넌 네 공부에 매우 열정적인 것 같아. 네가 이번주에 최선을 다한다면 너는 시험을 통과할 수 있을 거야.

## Pattern 031 주어 make 사람 + 형용사

~는 …가 ~하게 만든다

'누군가를 ~하게 만들다'라고 할 때는 〈make + 사람 + 형용사〉의 순서로 쓰면 됩니다. make를 5형식으로 쓰는 이 패턴은 활용도가 굉장히 높으니 충분히 연습해 두세요.

---

**Step 1** **패턴 익히기** 예문을 통해 영작 필수 패턴을 익히세요.

❶ 그녀는 그녀 주변 사람들을 행복하게 만든다.

She **makes** people around her happy.

❷ 내 전 남자 친구는 나를 슬프게 만들었다.

My ex-boyfriend **made** me sad.

❸ 영어 수업을 듣는 것은 나에게 동기 부여가 된다.*

Taking an English class **makes** me motivated.

❹ 야근하는* 것은 모든 사람들을 피곤하게 만든다.

Working overtime **makes** everyone tired.

❺ 이 영화는 결말이 슬퍼서 나를 화나게 했다.

This movie **made** me upset because of its sad ending.

힌트 자극 받은, 동기가 부여된 motivated  야근하다 work overtime

---

**Step 2** **도전! 영작문** 주어진 우리말을 영어로 써보세요.

❶

✎_____ (그녀는 그녀 주변 사람들을 행복하게 만든다.) She has a very positive attitude* and is always smiling. I am so glad that we are good friends.

positive attitude 긍정적인 태도

❷

✎_____ (야근하는 것은 모든 사람들을 피곤하게 만든다.) Rest is important in order to be happy. I would rather get less money and have more time to spend with friends and family.

---

모범 답안

❶ She makes people around her happy. 그녀는 매우 긍정적인 태도를 가지고 있고 항상 웃고 있다. 나는 우리가 좋은 친구인 것이 정말 기쁘다.
❷ Working overtime makes everyone tired. 휴식은 행복하기 위해 중요하다. 나는 차라리 돈을 적게 받고 내 친구 및 가족과 함께 보내는 시간을 좀 더 갖겠다.

# Pattern 032 | 주어 call 사람+명사

~는 …를 ~라고 부른다

'A를 B라고 부른다'라고 하려면 〈call A B〉라고 하면 됩니다. 목적 보어 자리(B)에 명사를 넣어서 뭐라고 부르는지 표현합니다. 자기소개부터 스피킹 시험까지 쉽고도 정확하게 쓸 수 있는 표현입니다.

## Step 1 | 패턴 익히기 예문을 통해 영작 필수 패턴을 익히세요.

❶ 모든 이들은 그를 선생님이라고 부른다.

Everyone **calls** him a teacher.

❷ 그는 다른 사람들이 그를 천재라고 불러줬으면 한다.

He wants others to **call** him a genius.

❸ 그녀는 그를 구두쇠라고* 부르곤 했다.

She used to **call** him a penny pincher.

❹ 나는 다른 사람들을 챙기는 것을 좋아하기 때문에 내 친구들은 나를 엄마라고 부른다.

My friends **call** me mom because I like taking care of others.

❺ 우리 부서 사람들은 그 신입사원을 정보통이라고* 부른다.

People in our department **call** the new employee a know-it-all.

힌트 깍쟁이, 구두쇠 penny pincher   아는 체하는 사람 know-it-all

## Step 2 | 도전! 영작문 주어진 우리말을 영어로 써보세요.

❶
✎_____ (그녀는 그를 구두쇠라고 부르곤 했다) because he never treated* her to anything to eat even though he got a promotion.*

treat 대접하다, 한턱내다   promotion 승진

❷
✎_____
(우리 부서 사람들은 그 신입사원을 정보통이라고 부른다.) Whenever he talks to people, he always acts like he knows everything.

모범 답안
❶ She used to call him a penny pincher 왜냐하면 그는 승진을 했는데도 그녀에게 먹을 것을 사준 적이 없기 때문이다.
❷ People in our department call the new employee a know-it-all. 사람들과 얘기할 때마다 그는 항상 모든 것을 아는 것처럼 행동한다.

# Pattern 033 주어 get 사물 p.p.

~는 (사물)을 …되게 하다

get은 사용 범위가 굉장히 넓은데, 특히 이렇게 사역동사로 쓰이는 패턴은 잘 사용하지 못하는 경향이 있습니다. 사물이 어떻게 되도록 한다고 할 때는 〈get + 사물 + p.p.〉의 형태로 쓰고, 사람이 뭔가를 하도록 한다고 할 때는 〈get + 사람 + 동사원형〉의 형태로 씁니다. 특히 목적어로 사물이 오는 형태의 활용도가 높으니 충분히 연습해 주세요.

## Step 1 패턴 익히기 예문을 통해 영작 필수 패턴을 익히세요.

① 나는 머리를 잘랐다.
I **got** my hair cut.

② 너 어디서 네 머리 파마했니?*
Where did you **get** your hair permed?

③ 나는 이 수업 후에 손톱 손질을 받고 싶다.
I want to **get** my nails done after this class.

④ 그녀는 핸드폰을 고치기 위해 서비스 센터에 갔다.
She went to the service center to **get** her cellphone fixed.

⑤ 그는 그의 차를 고치기 위해서 휴가를 낼* 예정이다.
He is scheduled to take a day off to **get** his car fixed.

힌트 파마를 해 주다 perm   하루 휴가를 내다 take a day off

## Step 2 도전! 영작문 주어진 우리말을 영어로 써보세요.

① ✏_____ (너 어디서 네 머리 파마 했니?) I'd like to get my hair permed too because I'm sick and tired of my hairstyle. I need something new.

② Although she bought her cellphone a few days ago, it randomly* turns off. So ✏_____ _____ (그녀는 핸드폰을 고치기 위해 서비스 센터에 갔다.)

randomly 무작위로, 닥치는 대로

모범 답안
① Where did you get your hair permed? 나도 머리 파마하고 싶어. 내 머리스타일에 질렸거든. 난 뭔가 새로운 것이 필요해.
② 그녀는 며칠 전에 핸드폰을 샀는데도 핸드폰이 자꾸 꺼진다. 그래서 she went to the service center to get her cellphone fixed.

## Pattern 034 주어 find 사람 + 형용사

~는 …가 ~한 것을 알게 되다

find는 '찾다' 외에 '알게 되다'라는 뜻으로도 쓰입니다. '그가 똑똑하다는 것을 알게 됐다'고 하려면 I found him 뒤에 smart를 붙이면 됩니다. 5형식 어순으로서, 목적 보어 자리에 형용사를 써서 어떤 상태라는 것을 알게 됐는지 나타내 줍니다.

---

**Step 1** **패턴 익히기** 예문을 통해 영작 필수 패턴을 익히세요.

❶ 나는 그가 똑똑하다는 것을 알게 됐다.

I **found** him smart.

❷ 너는 그녀가 사려 깊다는* 것을 알게 될 거야.

You will **find** her considerate.

❸ 나는 그를 만족시키기 어렵다는 것을 알게 됐다.

I **found** him hard to satisfy.

❹ 나는 그녀의 의견을 듣고 싶지만, 그녀는 다가가기 어려운 사람이라는 것을 알게 됐다.

I'd like to listen to her opinion, but I **found** her difficult to approach.

❺ 나는 이웃과 잠깐 이야기를 한 후 그가 사교적이라는* 것을 알게 됐다.

I **found** my neighbor outgoing after I had a word with him.

힌트 사려 깊은 considerate   외향적인, 사교적인 outgoing

---

**Step 2** **도전! 영작문** 주어진 우리말을 영어로 써보세요.

❶

I thought my boss was an easy person to get along with* when I saw him for the first time. However, after working with my boss for a few years, ✎_____

_____ (나는 그를 만족시키기 어렵다는 것을 알게 됐다.)

get along with ~와 잘 지내다

❷

✎_____

(나는 이웃과 잠깐 이야기를 한 후 그가 사교적이라는 것을 알게 됐다.) He was so talkative* that I learned almost everything about him such as his hobbies, his family members and so on.

talkative 수다스러운

---

모범 답안

❶ 나는 처음 우리 사장님을 봤을 때 그는 어울리기 쉬운 사람이라고 생각했다. 하지만 몇 년 동안 우리 사장님과 같이 일을 한 후, I found him hard to satisfy.

❷ I found my neighbor outgoing after I had a word with him. 그는 무척 수다스러워서 그의 취미, 그의 가족들 등 그에 대해 거의 모든 것들을 알 수 있었다.

# Pattern 035 주어 see 사람 -ing

~는 …가 ~하고 있는 것을 보다

지각동사 see는 목적 보어 자리에 동명사(-ing)를 써서 목적어의 동작을 설명해요. 즉, '~가 …하고 있는 것을 보다'라고 할 때는 〈see + 사람 + -ing〉 형태를 씁니다. 목적 보어 자리에 동사원형이 올 수도 있지만 -ing를 쓰면 진행성을 더 강조할 수 있습니다.

---

## Step 1 패턴 익히기 예문을 통해 영작 필수 패턴을 익히세요.

| | |
|---|---|
| ❶ 나는 많은 학생들이 이 책을 읽고 있는 것을 보았다. | I **saw** many students read**ing** this book. |
| ❷ 그는 많은 사람들이 그쪽으로 가고 있는 것을 보았다. | He **saw** many people go**ing** there. |
| ❸ 사장님께서는 많은 직원들이 잠자고* 있는 것을 보았다. | My boss **saw** a number of employees fall**ing** asleep. |
| ❹ 나는 그가 벌써 다른 여자와 데이트하고* 있는 것을 보고 놀랐다. | I was surprised to **see** him dat**ing** another girl already. |
| ❺ 나는 사람들이 비행기에 타는 것을 볼 때마다 여행을 가고 싶다. | I feel like traveling whenever I **see** people tak**ing** airplanes. |

힌트 잠이 들다 fall asleep  데이트하다 date

---

## Step 2 도전! 영작문 주어진 우리말을 영어로 써보세요.

❶ ✎_____ (나는 최근에 많은 학생들이 이 책을 읽고 있는 것을 보았다.) It must be very interesting if so many people are reading it.

❷ Yesterday I saw my ex-boyfriend at a coffee shop. ✎_____ _____ (그가 벌써 다른 여자와 데이트하고 있는 것을 보고 나는 놀랐다) since we just broke up* two months ago.

break up 헤어지다

---

모범 답안

❶ I saw many students reading this book recently. 그렇게 많은 사람들이 그것을 읽고 있다면 그것은 분명히 무척 재미있나 보다.
❷ 어제 나는 한 커피숍에서 전 남자친구를 보았다. I was surprised to see him dating another girl already 우리는 겨우 2달 전에 헤어졌기 때문에.

영작을 할 때 가장 꼼꼼히 공부해야 하는 부분이 시제입니다.
기본적인 현재, 과거, 미래 시제 외에 현재 진행형과 과거 진행형도 함께 익혀 두셔야 합니다.
특히 현재완료와 과거완료는 우리나라 학습자들이 가장 어려워하고 잘 사용하지 못하는 시제입니다.
책에서 소개하는 패턴과 예문들을 통해 각 시제를 언제 어떻게 사용하면 좋을지 감을 잡아 보세요.

## ✔ 영작문 포인트 정리

### 1. 현재형

현재의 일반적인 사실이나 상황, 습관, 불변의 진리, 속담 등을 나타낼 때 쓰입니다. often, always, usually, every day와 같은 부사와 함께 쓰일 때가 많습니다.

**She knows the address.** 그녀는 그 주소를 안다. [현재 사실 및 상황]

**I usually get up at 7 a.m.** 나는 주로 오전 7시에 일어난다. [현재 습관]

**The earth revolves around the sun.** 지구는 태양 주위를 돈다. [불변의 진리]

**Two heads are better than one.** 백지장도 맞들면 낫다. [속담]

### 2. 현재 진행형  am/are/is -ing

현재 일어나고 있는 일이나 계속되고 있는 일에 씁니다.

**I am waiting for my boyfriend.** 나는 내 남자친구를 기다리고 있어. [현재 일어나고 있는 일]

**He is taking the conversation class.** 그는 회화수업을 듣고 있어. [현재 계속되고 있는 일]

### 3. 과거형

과거의 사실이나 동작, 상태를 나타냅니다. yesterday, ago, last 등의 부사와 함께 쓰일 때가 많습니다.

**She was hungry yesterday.** 그녀는 어제 배가 고팠다.

**I went on a business trip two years ago.** 나는 2년 전에 출장을 갔다.

## 4. 과거 진행형  was/were -ing

과거에 일어나고 있던 일을 말할 때 사용합니다.

My sister was cooking when I entered the kitchen.  내가 부엌에 들어갔을 때 언니는 요리를 하고 있었다.

He was making a desk when I came in.  그는 내가 들어왔을 때 책상을 만들고 있었다.


## 5. 미래형

미래에 일어날 일이나 앞으로 할 일을 말할 때 사용합니다. will이나 be going to 뒤에 동사원형을 씁니다.

She will be 20 years old tomorrow.  그녀는 내일 20살이 될 거야.

I am going to start my class.  난 수업을 시작할 거야.


## 6. 현재완료형  have + p.p.

과거부터 지금까지 이어지는 행동을 말할 때 사용합니다. 완료·경험·계속·결과의 용법으로 사용됩니다.

She has just arrived here.  그녀는 여기 막 도착했다.  [완료]

Have you ever been to America?  미국에 가본 적이 있니?  [경험]

I've studied English since I was ten years old.  저는 10살 때부터 영어 공부를 해 왔어요.  [계속]

I've lost my dictionary.  난 사전을 잃어버렸다. [결과]


## 7. 현재완료 진행형  have been -ing

과거부터 지금까지 이어졌고 현재 진행 중인 행동을 나타낼 때 사용합니다.

I've been studying English for three years.  저는 3년 동안 영어 공부를 하고 있는 중입니다.

She has been working here since she was 25 years old.
그녀는 25살 때부터 여기서 계속 일하고 있는 중입니다.


## 8. 과거완료형  had + p.p.

과거 어느 때를 기준으로 해서 그 이전부터 이어져 오는 것을 나타냅니다. 보통 한 문장 안에 대과거(had + p.p.)와 과거 시제를 같이 쓰는 경우가 많습니다.

I had just finished my work when he visited me.  그가 나를 방문했을 때 나는 일을 막 마친 상태였다.

My mother had been sick for 2 months when I came back to Korea.
내가 한국에 돌아왔을 때 엄마는 2개월째 아픈 상태였다.

## Pattern 036 **usually 현재동사**

보통 ~한다

'나는 주로 도서관에 가.'처럼 주로 뭐 하는지 말할 때는 현재 시제와 부사 usually(주로)를 사용합니다. usually는 빈도부사로서 일반동사 앞에, 조동사·be동사 뒤에 넣습니다. usually의 위치를 잘 기억해 두세요.

---

**Step 1** **패턴 익히기** 예문을 통해 영작 필수 패턴을 익히세요.

❶ 나는 주로 도서관에 간다.     I **usually go** to the library.

❷ 그녀는 주로 차를 타고* 회사에 간다.     She **usually goes** to work by car.

❸ 나는 주로 오전 7시에 일어난다.     I **usually get** up at 7 a.m.

❹ 엄마는 주로 아침에 운동을 한다.*     My mother **usually works** out in the morning.

❺ 오빠는 퇴근 후에* 주로 TV를 본다.     My brother **usually watches** TV after work.

힌트 차를 타고 by car   운동하다 work out   퇴근 후에 after work

---

**Step 2** **도전! 영작문** 주어진 우리말을 영어로 써보세요.

❶

_____ (나는 공부를 하기 위해 주로 도서관에 간다.) It is much easier to study there because it is quiet and I can concentrate* better than I can at home.

concentrate 집중하다

❷

_____ (나는 주로 오전 7시에 일어난다.) I eat breakfast and watch the news with my family for about 30 minutes before going to work.

---

모범 답안

❶ I usually go to the library to study. 그곳은 조용해서 집보다 집중이 더 잘 되기 때문에 그곳에서 공부하는 것이 훨씬 쉽다.
❷ I usually get up at 7 a.m. 나는 출근하기 전에 30분 정도 아침을 먹고 가족과 함께 뉴스를 시청한다.

## Pattern 037 　sometimes 현재동사

가끔 ~한다

'우리는 가끔 야근을 해.'처럼 가끔 하는 일을 말할 때는 현재 시제와 부사 sometimes(가끔)를 사용합니다. sometimes 는 빈도부사로서 일반동사 앞에, 조동사·be동사 뒤에 위치합니다. 영작할 때 s를 빠뜨리고 sometime으로 쓰지 않도록 주의하세요.

---

**Step 1　패턴 익히기** 예문을 통해 영작 필수 패턴을 익히세요.

❶ 우리는 가끔 야근을 해야* 한다.

We **sometimes need** to work overtime.

❷ 그들은 가끔 회식에* 참석한다.

They **sometimes attend** the company party.

❸ 나는 가끔 택시를 타고 집에 간다.

I **sometimes go** home by taxi.

❹ 우리 부모님은 가끔 친구들과 모임에* 간다.

My parents **sometimes go** to the gathering with their friends.

❺ 내 친구들과 나는 가끔 방과 후에 그 식당에 밥을 먹으러 간다.

My friends and I **sometimes go** to that restaurant to eat after school.

힌트 야근하다 work overtime　회식 company party　모임 gathering

---

**Step 2　도전! 영작문** 주어진 우리말을 영어로 써보세요.

❶ ✏ _____ (그들은 가끔 회식에 참석한다.) It is a great chance to meet new people and become friendlier* with coworkers.*

become friendlier 더 친해지다　coworker 직장 동료

❷ ✏ _____
_____ (내 친구들과 나는 가끔 방과 후에 그 식당에 밥을 먹으러 간다.) The food is very delicious, and the price is pretty reasonable too.

---

모범 답안

❶ They sometimes attend the company party. 그것은 새로운 사람들을 만나고 동료들과 좀 더 친해지는 좋은 기회이다.
❷ My friends and I sometimes go to that restaurant to eat after school. 음식이 매우 맛있고, 가격도 아주 적당하다.

## Pattern 038  always 현재동사

항상 ~한다

'나는 항상 6시에 일어나.'처럼 항상 하는 일을 말할 때는 현재 시제와 부사 always(항상)를 사용합니다. always는 빈도부사로서 일반동사 앞에, 조동사·be동사 뒤에 위치합니다. 영작과 회화에 모두 많이 사용하는 부사입니다. 위치를 기억하며 연습해 주세요.

---

**Step 1  패턴 익히기**  예문을 통해 영작 필수 패턴을 익히세요.

❶ 나는 항상 오전 6시에 일어난다.   I **always get** up at 6 a.m.

❷ 그녀는 항상 아침을 거른다.*   She **always skips** breakfast.

❸ 엄마는 항상 너무 많은 음식을 만든다.   My mom **always makes** too much food.

❹ 나는 항상 출근길에* 서점에 들른다.   I **always visit** the bookstore on my way to work.

❺ 그는 항상 영어 공부를 하는 동안에 음악을 듣는다.   He **always listens** to music while studying English.

힌트 (식사를) 거르다 skip   출근길에 on one's way to work

---

**Step 2  도전! 영작문**  주어진 우리말을 영어로 써보세요.

❶

_____ (그는 항상 영어

공부를 하는 동안에 음악을 듣는다.) I am the exact opposite.* If I don't study in a quiet area, I

lose focus* too easily and forget what I am studying.

opposite 반대   lose focus 집중력을 잃다

❷

Whenever we have big family gatherings, _____

_____ (우리 엄마는 항상 너무 많은 음식을 만든다.) She wants to make sure

everyone has enough to eat, but we always have too much food leftover* afterwards.

leftover 남은 음식

---

모범 답안

❶ He always listens to music while studying English. 나는 정반대다. 나는 조용한 곳에서 공부하지 않으면 너무 쉽게 집중력을 잃고, 내가 공부하고 있는 것을 잊어버린다.

❷ 우리가 큰 가족 모임을 할 때마다 my mom always makes too much food. 엄마는 모두가 충분히 먹기를 원하지만, 나중에 보면 항상 남은 음식이 너무 많다.

## Pattern 039 현재동사 every morning

매일 아침 ~한다

매일 아침마다 반복하는 행동을 말할 때는 현재 시제를 사용하고 문장 끝에 every morning(매일 아침)을 붙이면 됩니다. every afternoon(매일 오후)과 every night(매일 밤)도 같이 연습해 두세요.

---

**Step 1** **패턴 익히기** 예문을 통해 영작 필수 패턴을 익히세요.

❶ 나는 매일 아침 조깅을 한다.      I **jog** every morning.

❷ 그녀는 매일 아침 커피를 마신다.      She **drinks** coffee **every morning**.

❸ 그는 매일 아침 늦잠을 잔다.*      He **gets** up late **every morning**.

❹ 우리는 매일 오후에 회의를 한다.      We **have** a meeting **every afternoon**.

❺ 내 남자 친구는 매일 밤 영어 공부를 한다.      My boyfriend **studies** English **every night**.

힌트 늦잠을 자다 get up late

---

**Step 2** **도전! 영작문** 주어진 우리말을 영어로 써보세요.

❶
Sarah never comes to school on time. ✎_____
_____ (그녀는 매일 아침 늦잠을 잔다.) I think she needs to go to bed earlier.

❷
✎_____ (나는 매일 아침 커피를 마신다.) Without
coffee, I cannot focus on* work or study.

focus on ~에 집중하다

---

모범 답안

❶ 사라는 학교에 제시간에 오는 법이 없다. She gets up late every morning. 내 생각에 그녀는 좀 더 일찍 잠자리에 들 필요가 있다.
❷ I drink coffee every morning. 커피 없이는 일이나 공부에 집중할 수가 없다.

## Pattern 040 am/are/is -ing

~하고 있다

'책 읽고 있어.'처럼 지금 하고 있는 행동이나 진행되고 있는 상황을 말할 때는 '현재 진행형'을 이용합니다. 현재 진행형의 형태는 〈be동사 + -ing〉입니다. be동사 뒤에 reading(읽고 있는), thinking(생각하고 있는)과 같은 현재분사를 붙여 주세요.

---

**Step 1 패턴 익히기** 예문을 통해 영작 필수 패턴을 익히세요.

❶ 나는 내가 제일 좋아하는 카페에서 책을 읽는 중이다.      I **am** rea**ding** a book in my favorite cafe.

❷ 팀은 엄마를 위해서 스웨터를 사고 있다.      Tim **is** buy**ing** a sweater for his mother.

❸ 그녀는 무엇을 해야 할지 생각 중이다.      She **is** think**ing** about what to do.

❹ 그 회사는 경영* 문제를 겪고 있다.      The company **is** hav**ing** management problems.

❺ 삼촌은 우리 아버지와 함께 여행을 하려고* 계획중이다.      My uncle **is** plann**ing** to take a trip with my father.

힌트) 경영 management    여행하다 take a trip

---

**Step 2 도전! 영작문** 주어진 우리말을 영어로 써보세요.

❶

✎_____ (팀은 엄마를 위해서 스웨터를 사고 있다.) Her birthday is next week so he wanted to buy her something nice. It is very sweet of him, but personally* I think a different color would be better.

personally 개인적인 의견을 말하자면

❷

Last month she graduated college but she still hasn't started working yet. Since there are not many job openings* now, ✎_____ (그녀는 무엇을 해야 할지 생각 중이다.) I think she should at least find a part time job* for now.

job opening 채용 공고, 구인    part time job 시간제 일, 아르바이트

**모범 답안**

❶ Tim is buying a sweater for his mother. 그녀의 생일이 다음 주여서 그는 엄마에게 뭔가 좋은 것을 사 드리고 싶어 했다. 그는 무척 다정하다. 하지만 나는 개인적으로 다른 색깔이 더 좋을 것 같다.

❷ 지난달 그녀는 대학교를 졸업했지만 아직 일을 시작하지 못했다. 지금은 채용이 많지 않기 때문에 she is thinking about what to do. 내 생각에 그녀는 당분간 아르바이트라도 찾아야 할 것 같다.

## Pattern 041   과거동사 yesterday

어제 ~했다

과거의 추억을 얘기하거나 좀 전에 있었던 일을 얘기할 때, 영어일기를 쓸 때는 주로 과거 시제를 사용하게 됩니다. 〈주어 + 과거동사〉 뒤에 yesterday(어제)를 붙여서 어제 있었던 일을 영작해 보세요. 또 last week(지난주), last summer(지난 여름) 등도 붙여서 연습해 보세요.

---

### Step 1   패턴 익히기  예문을 통해 영작 필수 패턴을 익히세요.

❶ 그녀는 어제 실수했다.*                        She **made** a mistake **yesterday**.

❷ 나는 어제 저녁으로 케이크를 먹었다.        I **ate** cake **yesterday** for dinner.

❸ 내 여동생은 어제 하루 종일 집에 있었다.    My sister **was** home all day **yesterday**.

❹ 나는 지난 여름 미국으로 가족여행을 갔다.*  I **went** on a family trip to America **last summer**.

❺ 내 가장 친한 친구는 지난주에 집으로 돌아갔다.  My best friend **went** back home **last week**.

힌트 실수하다 make a mistake   가족여행을 가다 go on a family trip

---

### Step 2   도전! 영작문  주어진 우리말을 영어로 써보세요.

❶ ✏_____ (내 가장 친한 친구는 지난주에 집으로 돌아갔다) to look for a new job. I will really miss her. I hope that she will be able to come back and visit soon.

❷ ✏_____ (내 여동생은 어제 하루 종일 집에 있었다.) She wasn't feeling well, so she stayed in bed and watched TV. After I got home from work, I made us some dinner and watched a movie with her.

---

모범 답안

❶ My best friend went back home last week 새로운 일자리를 찾아서. 나는 그녀가 정말 그리울 것이다. 난 그녀가 곧 돌아와서 나를 방문할 수 있으면 좋겠다.

❷ My sister was home all day yesterday. 그녀는 몸이 좋지 않았다. 그래서 계속 침대에 있으면서 TV를 봤다. 나는 퇴근하고 집에 돌아온 후에 우리가 먹을 저녁을 만들고 동생과 영화를 봤다.

시제: 과거 진행형

## Pattern 042  was/were -ing

~하고 있었다

과거에 하고 있었던 일을 말할 때는 '과거 진행형'을 사용합니다. be동사 과거형인 was/were 뒤에 -ing 형태를 붙이면 됩니다. 많은 사람들이 현재 진행형에 비해서 과거 진행형을 잘 사용하지 못하는 경향이 있습니다. 이번 기회에 잘 익혀 두세요.

**Step 1  패턴 익히기** 예문을 통해 영작 필수 패턴을 익히세요.

❶ 그는 그의 가족을 위해 요리하고 있었다.　He **was** cook**ing** for his family.

❷ 나는 새 아파트를 찾고 있었다.　I **was** look**ing** for a new apartment.

❸ 그들은 백화점을 둘러보고* 있었다.　They **were** walk**ing** around the department store.

❹ 내 친구는 남자친구를 찾으려고 노력하고 있었다.　My friend **was** try**ing** to find a boyfriend.

❺ 그녀는 파티 하는 동안 통화를 하고* 있었다.　She **was** talk**ing** on the phone during the party.

힌트 이리저리 돌아다니다 walk around　통화하다 talk on the phone

**Step 2  도전! 영작문** 주어진 우리말을 영어로 써보세요.

❶ I saw my friend and his girlfriend yesterday. ✎_____

_____ (그들은 백화점을 둘러보고 있었다.)

They both looked very cute and happy together.

❷ I don't really like that girl. ✎_____

_____ (그녀는 파티를 하는 동안 전화 통화를 하고 있었다.) and was not interested in

this party. If she needed to use the phone, she should have gone outside.

모범 답안

❶ 나는 어제 내 친구와 그의 여자 친구를 보았다. They were walking around the department store. 그들은 둘 다 정말 귀여웠고 함께 있어 행복해 보였다.

❷ 나는 저 여자애가 별로 마음에 들지 않는다. She was talking on the phone during the party, 그리고 이 파티에는 관심이 없었다. 만약 그녀가 전화를 써야 했다면, 그녀는 밖에 나갔어야 했다.

66

# Pattern 043　When I was..., 주어 + 과거동사

내가 …였을 때, ~했다

'내가 어렸을 때는 ~했어'처럼 과거에 대한 얘기를 할 때 유용하게 사용하는 패턴입니다. When I was...가 과거 시제인 만큼, 주절의 동사도 과거로 써야 한다는 점 잊지 마세요.

---

**Step 1**　**패턴 익히기**　예문을 통해 영작 필수 패턴을 익히세요.

❶ 나는 어렸을 때 내성적이었다.*

When I was young, I was introverted.

❷ 나는 중학생이었을 때, 프랑스어 수업을 등록했었다.*

When I was in middle school, I signed up for a French class.

❸ 저는 대학생이었을 때, 다양한 종류의* 아르바이트를 했습니다.

When I was in college, I did different kinds of part-time jobs.

❹ 나는 미국에서 일하고 있을 때, 그를 처음 만났다.

When I was working in America, I met him for the first time.

❺ 나는 ABC회사에서 일하고 있을 때, 우리 가족을 부양할 만큼의 충분한 돈을 모을 수 있었다.

When I was working for ABC Company, I was able to save enough money to support my family.

🗨힌트 내성적인 introverted　~을 등록하다 sign up for　다양한 종류의 different kinds of

---

**Step 2**　**도전! 영작문**　주어진 우리말을 영어로 써보세요.

❶

✏_____ (나는 어렸을 때 내성적이었다.) However, I was able to change my personality* thanks to my elementary school teacher. She always tried to make her students self-assured.*

personality 성격　self-assured 자신감 있는

❷

✏_____ (저는 대학생이었을 때, 다양한 종류의 아르바이트를 했습니다.) I was able to learn a lot of things that money can't buy through these part-time jobs. This experience is my greatest asset.

---

모범 답안

❶ When I was young, I was introverted. 하지만 초등학교 선생님 덕분에 내 성격을 바꿀 수 있었다. 그녀는 자신의 학생들을 자신감 넘치게 만들려고 항상 노력했다.

❷ When I was in college, I did different kinds of part-time jobs. 저는 이 아르바이트들을 통해 돈으로는 살 수 없는 많은 것들을 배울 수 있었습니다. 이 경험은 저의 가장 큰 자산입니다.

# Pattern 044 **used to** 동사원형

~하곤 했었다

'~하곤 했었다'처럼 과거에 규칙적으로 했던 일을 말할 때 사용합니다. be used to -ing(~하는 것에 익숙하다)와 헷갈리지 않도록 주의하세요. '~하곤 했었다'라고 할 때는 used to 뒤에 동사원형을 붙여야 합니다.

---

**Step 1** **패턴 익히기** 예문을 통해 영작 필수 패턴을 익히세요.

❶ 나는 주말에 교회에 가곤 했었다.

I **used to** go to church on the weekend.

❷ 우리는 대학생이었을 때, 매일 만나곤 했었다.

We **used to** meet every day when we were in college.

❸ 너는 여기 오기 전에는 어디에서 살았었니?

Where did you **used to** live before you came here?

❹ 그는 하루의 대부분을 컴퓨터 게임을 하는 데 시간을 보내곤 했었다.

He **used to** spend most of the day playing computer games.

❺ 우리 사장님은 그가 다른 사람들보다 우월하다고* 생각하곤 했었다.

My boss **used to** think he was superior to others.

힌트 ~보다 뛰어난 superior to

---

**Step 2** **도전! 영작문** 주어진 우리말을 영어로 써보세요.

❶

✎ _____ (우리는 대학 생이었을 때, 매일 만나곤 했었다.) However, after one of my friends gave birth to* her baby, it became difficult for us to get together.

give birth to 출산하다

❷

✎ _____ (그는 하루의 대부분을 컴퓨터 게임을 하는 데 시간을 보내곤 했었다.) He seemed addicted to* games. It was not until his eyesight* got worse that he quit playing games.

addicted to ~에 중독된   eyesight 시력

---

모범 답안

❶ We used to meet every day when we were in college. 하지만 친구들 중 한 명이 아이를 출산한 이후로 우리가 만나는 것은 점점 힘들어졌다.
❷ He used to spend most of the day playing computer games. 그는 게임에 중독된 것처럼 보였다. 그는 시력이 나빠지고 나서야 컴퓨터 게임을 끊었다.

# Pattern 045  was supposed to 동사원형

~하기로 되어 있었다

be supposed to... 하면 '~하기로 되어 있다'는 뜻이에요. 과거에 하기로 했던 일을 얘기할 때는 was/were supposed to...를 사용하면 됩니다. 원어민들이 아주 많이 사용하는 패턴이고, 일기나 스피킹 시험에서도 유용하게 활용할 수 있는 패턴이에요.

---

## Step 1  패턴 익히기  예문을 통해 영작 필수 패턴을 익히세요.

❶ 저는 거기에 가기로 되어 있었습니다.  I **was supposed to** go there.

❷ 저는 대학원에* 들어가기로 되어 있었어요.  I **was supposed to** enter graduate school.

❸ 그는 해외유학을 가기로* 되어 있었다.  He **was supposed to** study abroad.

❹ 그녀는 건강검진을* 받기로 되어 있었다.  She **was supposed to** get a medical check-up.

❺ 우리 사장님은 회의에 참석하기로 되어 있었다.  Our boss **was supposed to** attend the meeting.

힌트 대학원 graduate school   해외유학을 가다 study abroad   건강검진 medical check-up

---

## Step 2  도전! 영작문  주어진 우리말을 영어로 써보세요.

❶ ✎_____ (저는 대학원에

들어가기로 되어 있었어요.) But I gave up going to graduate school because the tuition fee*

was too expensive.

tuition fee 수업료

❷ ✎_____ (그녀는 건강검

진을 받기로 되어 있었다.) But she had a lot of work, so she had no time to go to the hospital.

---

모범 답안

❶ I was supposed to enter graduate school. 하지만 학비가 너무 비싸서 대학원 가는 것을 포기했어요.
❷ She was supposed to get a medical check-up. 하지만 그녀는 일이 많아서 병원에 갈 시간이 없었다.

# Pattern 046 will 동사원형

~할 것이다

'~할 거야', '~할 겁니다'라고 앞으로의 계획이나 미래에 일어날 일들에 대해 얘기할 때는 will을 사용하면 됩니다. 〈주어＋ will＋동사원형〉의 순서로 사용하세요. will은 조동사이기 때문에 주어에 따라 형태가 바뀌지 않아요.

---

**Step 1** **패턴 익히기** 예문을 통해 영작 필수 패턴을 익히세요.

❶ 나는 다음 달에 결혼할 거야.  I **will** get married next month.

❷ 그는 이것을 한 후 집에 갈 거야.  He **will** go home after this.

❸ 그녀는 사무실에 들를 거야.  She **will** stop by the office.

❹ 우리는 다음 주에 거기에 갈 거야.  We **will** go there next week.

❺ 우리 오빠는 계약을 따 낼* 거야.  My brother **will** win the contract.

힌트 계약을 따다 win the contract

---

**Step 2** **도전! 영작문** 주어진 우리말을 영어로 써보세요.

❶ _____ (나는 다음 달에 결혼을 할 거야.) If you have time, I would love it if you could attend. The wedding will be held on March 5th.

❷ _____ (우리는 다음 주에 거기에 갈 겁니다.) If you have free time, we would love to meet you for lunch during our stay. Also, please let us know if you have any suggestions on where we should visit.

---

모범 답안

❶ I will get married next month. 네가 시간이 된다면 참석해 주면 좋을 것 같아. 결혼식은 3월 5일에 열릴 거야.

❷ We will go there next week. 만약 시간이 되시면 우리가 머무는 동안 점심때 당신을 만나면 좋을 것 같습니다. 또한 우리가 어디를 방문할지 제안할 곳이 있다면 알려주세요.

## Pattern 047  be going to 동사원형

~할 것이다

'~할 거야', '~할 겁니다'라고 앞으로의 계획이나 미래에 일어날 일들에 대해 얘기할 때 will 대신 be going to도 자주 사용합니다. be going to 뒤에 동사원형을 붙여서 영작해 보세요.

---

**Step 1  패턴 익히기**  예문을 통해 영작 필수 패턴을 익히세요.

❶ 그녀는 기사를 쓰느라 밤을 샐* 것이다.

She **is going to** stay up all night writing an article.

❷ 우리 엄마는 분명히 나한테 잔소리하실* 거야.

I'm sure my mom **is going to** nag me.

❸ 나는 페이스북에 정치에 관련한 글을 게시할* 것이다.

I'm going to post a message about politics on Facebook.

❹ 방문객들은 우리의 서비스에 관련한 설문지를* 작성할 것이다.

Visitors **are going to** complete questionnaires about our service.

❺ 그 산은 여러 종류의 꽃으로 뒤덮일 것이다.

The mountain **is going to** be covered with different kinds of flowers.

힌트 밤을 새다 stay up all night  잔소리하다 nag  (웹사이트에 정보·사진을) 올리다 post  설문지 questionnaire

---

**Step 2  도전! 영작문**  주어진 우리말을 영어로 써보세요.

❶ It's already midnight. ✏_____

_____ (우리 엄마는 분명히 나한테 잔소리하실 거야) because she

doesn't want me to come home late.

❷ Why don't we go hiking next weekend? ✏_____

_____ (그 산은 여러 종류의 꽃으로 뒤덮일 거예요.)

We can take many pictures and enjoy the fresh air.

---

모범 답안

❶ 벌써 자정이야. I'm sure my mom is going to nag me 왜냐하면 우리 엄마는 내가 집에 늦게 오는 걸 싫어하시거든.

❷ 우리 다음 주 주말에 등산가는 거 어때요? The mountain is going to be covered with different kinds of flowers. 우리는 사진도 많이 찍고 상쾌한 공기도 마실 수 있을 거예요.

## Pattern 048  be planning to 동사원형

~할 계획이다

be planning to(~할 계획중이다)는 plan to(~할 계획이다)의 현재 진행형 형태입니다. 하지만 의미상 앞으로의 계획을 나타 낼 때 자주 사용합니다. 뒤에 동사원형을 붙여서 계획을 말해 보세요.

---

**Step 1  패턴 익히기** 예문을 통해 영작 필수 패턴을 익히세요.

❶ 그는 조만간 이직할 계획이다.

He **is planning to** change jobs soon.

❷ 나는 다른 도시로 이사할 계획이야.

I'm **planning to** move to another city.

❸ 너는 언제 미국으로 여행 갈 계획이니?

When **are** you **planning to** go on a trip to America?

❹ 우리 사장님께서는 아시아 시장을 조사하실* 계획이다.

My boss **is planning to** look into the Asian market.

❺ 그녀는 관심을 가져 왔던 그 회사에 지원할 계획이다.

She **is planning to** apply for the company that she has been interested in.

힌트 ~을 조사하다 look into

---

**Step 2  도전! 영작문** 주어진 우리말을 영어로 써보세요.

❶

✎_____ (나는 다른 도시로 이사할

계획이야) because I was told to transfer* to the Seoul branch. I'm worried about living in Seoul because I have no friends to depend on there.

transfer (다른 직장으로) 이동하다

❷

✎_____

(너는 언제 미국으로 여행 갈 계획이니?) If you are going there at the end of the month, why don't you join us?

---

모범 답안

❶ I'm planning to move to another city 왜냐하면 나는 서울지사로 전근 가라고 지시를 받았거든. 나는 서울 생활에 대해서 걱정이 돼. 왜냐하면 거기 에는 의지할 친구가 없거든.

❷ When are you planning to go on a trip to America? 이번 달 말에 거기에 갈 거면 우리와 함께하는 게 어때?

## Pattern 049 　be scheduled to 동사원형

~할 예정이다

schedule은 '일정·계획을 잡다'라는 뜻으로서, be scheduled to... 하면 '~하도록 계획이 잡혀져 있다', '~할 예정이다' 라는 뜻이 됩니다. be going to, be planning to와 더불어서 미래의 계획을 말할 때 많이 쓰는 표현입니다.

---

**Step 1** 　패턴 익히기 　예문을 통해 영작 필수 패턴을 익히세요.

❶ 저희는 다음 주에 출장을 갈* 예정입니다.

We **are scheduled to** go on a business trip next week.

❷ 그녀는 오늘 오후에 고객을 만날 예정이 아니다.

She **isn't scheduled to** meet her client this afternoon.

❸ 네 책이 미국에서 출판될* 예정이니?

**Is** your book **scheduled to** be published in America?

❹ 회의는 어디에서 열릴* 예정인가요?

Where **is** the meeting **scheduled to** be held?

❺ 귀하의 물건은 8월 30일 오후 3시 전에 배송 될* 예정입니다.

Your package **is scheduled to** be delivered on August 30th before 3 p.m.

👅톡 출장을 가다 go on a business trip 　출판되다 be published 　열리다 be held 　배송되다 be delivered

---

**Step 2** 　도전! 영작문 　주어진 우리말을 영어로 써보세요.

❶

✎ _____ (저희는 다음 주에 출장을 갈 예정입니다.) If you have any requests,* please call us as soon as possible.

request 요청

❷

✎ _____

(회의는 어디에서 열릴 예정인가요?) I'd appreciate it if you could send me the directions.*

direction 방향, 길 안내

---

모범 답안

❶ We are scheduled to go on a business trip next week. 저희에게 요청사항이 있으시면 가능한 빨리 저희에게 전화 주세요.
❷ Where is the meeting scheduled to be held? 저에게 약도를 보내 주시면 감사하겠습니다.

## Pattern 050  If 주어 + 현재동사, 주어 will...

만약 ~하면, …할 거야

'비가 오면 안 나갈래.'를 영작할 때 '비가 오면'은 미래에 대한 내용이므로 If it will rain이라고 해야 할까요? 시간과 조건을 나타내는 if절에서는 현재 시제가 미래 시제를 대신합니다. If절 안에 will을 쓰지 않도록 주의하세요.

**Step 1  패턴 익히기** 예문을 통해 영작 필수 패턴을 익히세요.

❶ 만약 비가 오면, 나는 나가지 않을 거야.

If it rains, I **won't** go out.

❷ 만약 그녀가 우리 파티에 오면, 그녀는 많은 친구들을 사귈 거야.

If she comes to our party, she **will** make a lot of friends.

❸ 만약 네가 부모님 말씀을 안 들으면,* 넌 게임을 못할 거야.

If you disobey your parents, you **won't** be able to play any games.

❹ 만약 일이 잘 안 풀리면, 우리 사장님께서는 실망하실 거야.

If things don't work out, our boss **will** be disappointed.

❺ 만약 네가 창가 쪽 자리에 앉으면, 너는 경치*를 즐기면서 동시에 음식을 먹을 수 있을 거야.

If you have a seat by the window, you **will** be able to enjoy the scenery and eat at the same time.

힌트 불복종하다 disobey  경치 scenery

**Step 2  도전! 영작문** 주어진 우리말을 영어로 써보세요.

❶

As we all know, our boss has greater expectations of us than ever. ✐_____

_____ (일이 잘 안 풀리면 우리 사장님께서는 실망하실 거야.)

Therefore, we should make the best use of our personal connections* to make a contract.

personal connection 인맥

❷

There are some outdoor tables in the front side patio at the restaurant. ✐_____

_____

(창가 쪽 자리에 앉으면, 너는 경치를 즐기면서 동시에 음식을 먹을 수 있을 거야.)

모범 답안

❶ 우리 모두가 알고 있듯이, 우리 사장님께서는 그 어느 때보다 우리에게 거는 기대가 크셔. If things don't work out, our boss will be disappointed. 따라서 우리는 계약을 따 내기 위해 인맥을 최대한 활용해야 해.

❷ 식당의 앞 테라스에는 야외 테이블들이 있어. If you have a seat by the window, you will be able to enjoy the scenery and eat at the same time.

## Pattern 051 When 주어 + 현재동사, 주어 will...

~할 때, …할 거야

'담배를 끊으면 건강이 좋아질 거야.'를 영작할 때 if절을 사용할까요, when절을 사용할까요? 일어날 가능성이 높은 일에는 when을 쓰는 것이 더 어울립니다. 이때 when절 또한 조건을 나타내는 부사절이므로 현재 시제가 미래 시제를 대신합니다. when절 안에 will을 쓰지 않도록 주의하세요.

---

**Step 1** **패턴 익히기** 예문을 통해 영작 필수 패턴을 익히세요.

❶ 네가 담배를 끊으면, 네 건강은 좋아질 거야. — **When** you quit smoking, your health **will** improve.

❷ 그가 여행에서 돌아오면, 우리는 술 마시러 갈 거야. — **When** he returns from his trip, we **will** go for a drink.

❸ 내 동생이 대학에 들어갈 때 나는 28살일 거야. — **When** my brother enters college, I **will** be 28 years old.

❹ 내가 그와 더 친해지면,* 나는 그에게 내 비밀을 말할 거야. — **When** I get to know him more, I **will** tell him my secret.

❺ 아이들이 그 남자에게 숙제를 도와달라고 부탁하면, 그는 흔쾌히 도와줄 것이다. — **When** children ask the man to help with their homework, he **will** be pleased to assist.

힌트 알게 되다 get to know

---

**Step 2** **도전! 영작문** 주어진 우리말을 영어로 써보세요.

❶ People around you are worried about your health. ✎_____
_____ (네가 담배를 끊으면, 네 건강은 좋아질 거야.)
Try not to smoke from tomorrow.

❷ ✎_____
_____
(내 동생이 대학에 들어갈 때 나는 28살일 거야.) I hope I will be able to get a job as soon as I graduate from school because I want to help him financially.

---

모범 답안

❶ 네 주변 사람들은 네 건강을 걱정해. When you quit smoking, your health will improve. 내일부터 담배를 피우지 않도록 노력해 봐.
❷ When my brother enters college, I will be 28 years old. 나는 졸업하자마자 취직할 수 있으면 좋겠어. 왜냐하면 나는 그를 재정적으로 돕고 싶거든.

75

## Pattern 052 will be able to 동사원형

~할 수 있을 것이다

'~할 수 있을 것이다'를 영어로 표현하기 위해서는 will과 can을 모두 사용해야 할 것 같죠? 하지만 조동사는 두 개를 같이 쓸 수가 없어요. 이럴 때는 can과 같은 의미인 be able to를 will 뒤에 붙여 주면 됩니다.

---

**Step 1  패턴 익히기** 예문을 통해 영작 필수 패턴을 익히세요.

❶ 그녀는 해외근무를 할 수 있을 것이다.

She **will be able to** work abroad.

❷ 우리는 이번 주 금요일에 등산을* 갈 수 있을 것이다.

We **will be able to** go hiking this Friday.

❸ 오늘 저녁에 저희 사무실에 들를 수 있어요?

**Will** you **be able to** stop by my office this evening?

❹ 저는 가족 문제로* 인하여 회의에 참석하지 못할 것 같습니다.

I **won't be able to** attend the meeting due to family matters.

❺ 당신은 〈Path〉의 저자인 Jack씨와 악수를 할* 수 있을 겁니다.

You **will be able to** shake hands with Jack, the author of "Path."

힌트 하이킹 가다, 등산하다 go hiking   가족 문제 family matters   ~와 악수하다 shake hands with

---

**Step 2  도전! 영작문** 주어진 우리말을 영어로 써보세요.

❶ _____ (저는 가족 문제로 인하여 회의에 참석하지 못할 것 같습니다.) I wish I could go there. Next time, I'll go no matter what.*

no matter what 무슨 일이 있어도

❷ Many celebrities are planning to attend our event. If you sign up for our event in advance,* _____ (귀하께서는 〈Path〉의 저자인 Jack씨와 악수를 할 수 있을 것입니다.)

in advance 미리

---

모범 답안

❶ I won't be able to attend the meeting due to family matters. 회의에 갈 수 있다면 좋을 텐데요. 다음번에는 무슨 일이 있어도 갈게요.
❷ 많은 유명 인사들이 저희의 행사에 참석하실 계획입니다. 저희의 행사에 미리 등록하시면, you will be able to shake hands with Jack, the author of "Path."

시제: 현재완료형

## Pattern 053　**have been to 장소**

~에 가본 적이 있다

과거의 경험을 나타낼 때 현재완료를 사용하지요. have been to 뒤에 장소를 붙이면 '~에 간 적이 있다'는 뜻이에요. Have you ever been to...? 하면 '~에 가본 적 있어?' 하고 묻는 말이 됩니다. 이때 to 뒤에 동사를 붙이지 않도록 주의하세요.

---

### Step 1　패턴 익히기　예문을 통해 영작 필수 패턴을 익히세요.

❶ 저는 런던에 가본 적이 있어요.      I've **been to** London.

❷ 저는 해외에 가본 적이 없어요.      I **haven't been** abroad.

❸ 뉴욕에 가본 적 있어요?      **Have** you ever **been to** New York?

❹ 그녀는 워킹홀리데이 비자로 호주에 가본 적 있어.      She **has been to** Australia on a working holiday visa.

❺ 저희 엄마는 출장 차 캐나다에 있는 본사에* 가본 적이 있어요.      My mother **has been to** the main office in Canada for business.

힌트 main office 본사

---

### Step 2　도전! 영작문　주어진 우리말을 영어로 써보세요.

❶ ✎_____ (뉴욕에 가본 적 있어요?) I'm planning to go there next month, but I don't have any information about New York. I don't know what to do there.

❷ ✎_____ (저는 해외에 가본 적이 없어요.) If I have a chance, I would like to go abroad. I've always wondered what it would be like to live in another country.

---

모범 답안

❶ Have you ever been to New York? 저는 다음 달에 거기에 갈 계획이에요. 하지만 뉴욕과 관련된 정보가 하나도 없어요. 저는 거기서 뭘 해야 할지 모르겠어요.

❷ I haven't been abroad. 만약 기회가 있다면, 해외에 가 보고 싶어요. 저는 다른 나라에서 사는 건 어떨지 항상 궁금했어요.

## Pattern 054  have gone to 장소

~에 가고 없다, ~로 떠났다

〈have been to + 장소〉와 비교해서 알아두면 유익한 표현입니다. 〈have been to + 장소〉는 어느 장소에 가본 적이 있다는 뜻인 반면, 〈have gone to + 장소〉는 떠나고 여기에 없다는 의미입니다.

---

**Step 1**  **패턴 익히기** 예문을 통해 영작 필수 패턴을 익히세요.

❶ 그는 미국에 가고 없어요.

He **has gone to** America.

❷ 배송 담당자는* 집에 가고 없습니다.

The person in charge of the delivery **has gone** home.

❸ 그녀는 아직 사무실로 가지 않았다.

She **hasn't gone to** her office yet.

❹ 피터는 그의 고향으로 돌아갔니?

**Has** Peter **gone** back **to** his hometown?

❺ 네 부모님은 할머니 댁에 가고 안 계시니?

**Have** your parents **gone to** your grandmother's house?

(힌트) in charge of ~을 담당하는

---

**Step 2**  **도전! 영작문** 주어진 우리말을 영어로 써보세요.

❶
I'm sorry to say that 🖉_____
_____ (배송 담당자는 집에 가고 없습니다.) Please call us again tomorrow. Our
working hours* are from 9 a.m. to 6 p.m.

working hours 근무시간

❷
🖉_____ (피터는 그의 고향으로
돌아갔니?) I left home early to meet him, but I fell asleep on the bus and got off at the
wrong bus stop.

---

모범 답안

❶ 말씀 드리기 죄송하지만 the person in charge of the delivery has gone home. 내일 저희에게 다시 전화해 주세요. 저희 근무시간은 오전 9시부터 오후 6시까지입니다.

❷ Has Peter gone back to his hometown? 나는 그를 만나려고 집에서 일찍 나왔지만 버스에서 잠이 들어서 엉뚱한 정류장에서 내렸어.

시제: 현재완료형

## Pattern 055 · have never p.p.

~한 적이 전혀 없다

현재완료에 never가 들어가면 '~한 적이 전혀 없다'는 뜻이 됩니다. 회화와 영작에 모두 활용도가 높은 패턴이에요. have 와 p.p. 사이에 never를 넣어 주면 됩니다.

---

**Step 1** **패턴 익히기** 예문을 통해 영작 필수 패턴을 익히세요.

❶ 나는 그녀에게 조언을 부탁한 적이 전혀 없다.

I've never asked for advice from her.

❷ 그녀는 영어로 일기를 써 본 적이 전혀 없다.

She has never kept a dairy in English.

❸ 우리 부모님께서는 외국인과 대화를 해 본 적이 전혀 없다.

My parents have never had a conversation with foreigners.

❹ 내 남자 친구는 어느 누구와도 언쟁을* 벌인 적이 한 번도 없다.

My boyfriend has never had an argument with anyone.

❺ 당신은 인터넷을 통한 원격 학습을* 들어본 적이 한 번도 없나요?

Have you never taken distance learning through the Internet?

힌트 언쟁 argument    원격 학습 distance learning

---

**Step 2** **도전! 영작문** 주어진 우리말을 영어로 써보세요.

❶

_____ (우리 부모

님께서는 외국인과 대화를 해 본 적이 전혀 없다.) so they are afraid of speaking with them. They want me to be fluent enough to have a conversation with them without any hesitation.*

hesitation 주저, 망설임

❷

_____ (내 남자 친구는

어느 누구와도 언쟁을 벌인 적이 한 번도 없다,) so I consider him a naturally good-hearted* person.

good-hearted 마음씨가 고운

---

모범 답안

❶ My parents have never had a conversation with foreigners, 그래서 그들은 외국인과 말하는 것을 두려워한다. 그들은 내가 주저 없이 외국인 들과 대화를 할 만큼 유창하기를 원한다.

❷ My boyfriend has never had an argument with anyone, 그래서 나는 그를 마음씨가 착한 사람이라고 여긴다.

79

## Pattern 056 · have p.p. since 과거

~한 이래로 계속 …했다

과거부터 지금까지 계속된 것을 얘기할 때 사용하는 패턴입니다. 뒤에 when절이 아니라 since(~한 이후로)로 연결하는 것이 중요합니다. since 뒤에는 과거를 나타내는 명사를 붙여도 되고, 〈주어 + 과거동사〉를 붙여도 됩니다.

---

**Step 1** **패턴 익히기** 예문을 통해 영작 필수 패턴을 익히세요.

❶ 우리 아빠는 작년부터 계속 아프셨다.

My father **has been** sick **since** last year.

❷ 대학시절 이래로 저는 이 직무에\* 계속 관심이 있었습니다.

I **have been** interested in this position **since** I was in college.

❸ 그녀는 지난 달부터 계속 자신의 미래를 걱정하고 있다.

She **has been** worried about her future **since** last month.

❹ 요즘 나는 동료 두 명이 그만둔 이후로 계속 눈코 뜰 새 없이 바쁘다.\*

These days I **have been** swamped with work **since** two of my co-workers quit.

❺ 예상치 못한 문제가 발생한 이후로 우리는 문제를 해결하느라 계속 바빴다.

**Since** an unexpected problem occured, we **have been** busy trying to solve the problem.

> 🔖힌트 (일)자리, 직위 position    일이 밀어닥쳐 정신 못 차리다 be swamped with work

---

**Step 2** **도전! 영작문** 주어진 우리말을 영어로 써보세요.

❶ ✏️ _____

(그녀는 지난 달부터 계속 자신의 미래에 대해서 걱정하고 있다.) She recently realized that she does not like the kind of job she is doing right now and wants to change professions.\*

profession (전문적인) 직업

❷ ✏️ _____

_____ (요즘 나는 동료 두 명이 그만둔 이후로 계속 눈코 뜰 새 없이 바쁘다.) I think I will quit my job if the company does not find any new employees in the next few months.

---

모범 답안

❶ She has been worried about her future since last month. 그녀는 지금 하고 있는 이런 종류의 일을 좋아하지 않는다는 것을 최근에 깨닫고 직업을 바꾸고 싶어 한다.

❷ These days I have been swamped with work since two of my co-workers quit. 나는 회사가 몇 달 내에 새로운 직원을 뽑지 않으면 그만 둘 생각이다.

# Pattern 057 It's been 기간 since 주어 + 과거동사

~가 …한 지 ~됐다

뭔가를 한 지 오래됐을 때 사용하는 표현으로서, 많은 사람들이 잘 사용하지 못하는 패턴 중 하나입니다. 시간을 나타내기 때문에 주어를 It으로 사용하고, 과거부터 현재까지 계속된 상황을 나타내므로 현재완료를 사용합니다. since 뒤에는 반드시 과거의 시점 혹은 〈주어 + 과거동사〉가 온다는 것을 잊지 마세요.

---

**Step 1  패턴 익히기** 예문을 통해 영작 필수 패턴을 익히세요.

❶ 내가 그녀에게 이메일을 보낸 지 1년이 됐다.  **It's been** a year **since** I emailed her.

❷ 나는 영화관에 간 지 꽤 됐다.  **It's been** a while **since** I went to a movie theater.

❸ 그녀는 남자 친구와 만난 지 5년이 됐다.  **It's been** 5 years **since** she started dating her boyfriend.

❹ 우리 오빠는 지금 직장을 다닌 지 10년이 됐다.  **It's been** 10 years **since** my brother started working for his current company.

❺ 우리가 만난 게 3년만인가?  **Has it been** 3 years **since** we met?

---

**Step 2  도전! 영작문** 주어진 우리말을 영어로 써보세요.

❶

🖉_____ (내가 그녀에게 이메일을 보낸 지 1년
이 됐다.) I'm not sure whether or not she has checked my email, but I hope she checks it and we keep in touch.*

keep in touch 계속 연락하고 지내다

❷

🖉_____
(그녀는 남자 친구와 만난 지 5년이 됐다.) If all goes well, I think they will get married within the next 2 years.

---

모범 답안

❶ It's been a year since I emailed her. 나는 그녀가 내 이메일을 확인했는지 안 했는지 모르겠지만, 그녀가 메일을 확인해서 계속 연락하고 지내고 싶다.
❷ It's been 5 years since she started dating her boyfriend. 문제가 없다면, 내 생각에 그들은 2년 안에 결혼할 것이다.

시제: 현재완료형

## Pattern 058 have been -ing for/since...

~동안/이후로 계속 ⋯해 오고 있다

과거부터 현재까지 이어지고 현재 진행중인 일을 말할 때는 '현재완료 진행형'을 사용하세요. 현재완료 진행형의 형태는 〈have been -ing〉입니다. 뒤에 for(~동안)나 since(~이래로)를 이용해서 어느 정도 계속되어 온 건지 나타내 주세요.

### Step 1  패턴 익히기  예문을 통해 영작 필수 패턴을 익히세요.

❶ 나는 10년째 영어공부를 하고 있는 중이다.

I **have been** study**ing** English **for** 10 years.

❷ 그는 수업을 5년째 듣고 있는 중이다.

He **has been** tak**ing** a class **for** 5 years.

❸ 그녀는 ABC회사에 두 달 째 다니고 있는 중이다.

She **has been** work**ing** for ABC Company **for** 2 months.

❹ 그는 Ella와 그들이 20살 때부터 사귀고 있다.

He **has been** dat**ing** Ella **since** they were 20.

❺ 우리는 내가 태어나서부터 계속 이 도시에서 살고 있다.

We **have been** liv**ing** in this city **since** I was born.

### Step 2  도전! 영작문  주어진 우리말을 영어로 써보세요.

❶

✎_____ (저는 영어공부를 10년째 하고 있는 중입니다.) However, I am still poor at* English. I want to be able to speak English fluently.

be poor at ~에 서툴다

❷

✎_____ (그는 이 회사에서 5년째 일하고 있는 중입니다.) He always works hard. Last year he got a promotion.*

get a promotion 승진을 하다

모범 답안

❶ I have been studying English for 10 years. 하지만 저는 아직도 영어를 못합니다. 영어를 유창하게 말하고 싶습니다.
❷ He has been working for this company for 5 years. 그는 항상 열심히 일합니다. 작년에 그는 승진을 했습니다.

82

# Pattern 059 should have p.p.

~했어야 했다

조동사 should 뒤에 현재완료를 붙인 형태로서, 과거에 하지 못한 일을 아쉬워하거나 안 한 일을 후회할 때 사용하는 패턴입니다. 생활영어에서 많이 쓰는 패턴이니 예문을 통해 의미를 정확히 파악한 후 자주 활용해 보세요.

## Step 1 패턴 익히기 예문을 통해 영작 필수 패턴을 익히세요.

❶ 우리는 음식을 더 준비했어야 했다.

We **should have prepared** more food.

❷ 나는 어렸을 때 영어를 더 열심히 공부했어야 했다.

I **should have studied** English harder when I was young.

❸ 그녀는 저녁식사에 그를 초대했어야 했어.

She **should have invited** him to dinner.

❹ 그는 직장을 구하는 동안 운전면허를 땄어야 했다.

He **should have gotten** a driver's license while he was looking for a job.

❺ 되돌아보면 나는 그때 그것이 내 잘못이라고 인정했어야 했다.

Looking back, I **should have admitted** that it was my fault at the time.

## Step 2 도전! 영작문 주어진 우리말을 영어로 써보세요.

❶

✏ _____

(나는 어렸을 때 영어를 더 열심히 공부했어야 했다.) I'm too old now, so I have a hard time memorizing* vocabulary words. But no matter how hard it is, I will never give up.

memorize 암기하다

❷

The number of participants* was nearly twice the amount than we had expected.

✏ _____ (우리는 음식을 더 준비했어야 했다.) There was not enough food for all of the people who attended.

participant 참석자

**모범 답안**

❶ I should have studied English harder when I was young. 지금은 너무 늙어서 나는 단어를 외우는 데 힘든 시간을 보내고 있다. 하지만 그것이 아무리 힘들어도, 나는 절대로 포기하지 않을 것이다.

❷ 참석자들의 수는 우리가 예상했던 것보다 거의 2배였다. We should have prepared more food. 참석한 모든 사람들에게 줄 만큼 음식이 충분하지 않았다.

## Pattern 060   By the time 과거, 주어 had already p.p.

~할 때쯤에 이미 …했었다

〈By the time + 문장〉 하면 '~가 …할 때쯤에는'이라는 뜻이에요. 과거에 뭔가를 했을 때쯤에는 이미(already) 뭔가가 끝나버렸다는 뜻으로 쓰려면, 주절은 과거보다 앞선 시제인 과거 완료(had + p.p.)를 사용합니다.

---

**Step 1**   **패턴 익히기**   예문을 통해 영작 필수 패턴을 익히세요.

❶ 그가 공지사항을 읽었을 때는 이미 회의가 시작했었다.

**By the time** he read the notice, the meeting **had already started**.

❷ 그가 나한테 전화했을 때, 난 이미 점심을 먹은 상태였다.

**By the time** he called me, I **had already had** lunch.

❸ 그녀가 파티에 도착했을 때, 이미 모두 가고 없었다.

**By the time** she arrived at the party, everyone **had already left**.

❹ 내가 이력서를 제출했을 때는 그 회사는 이미 누군가를 뽑았었다.

**By the time** I submitted my resume, the company **had already picked** someone.

❺ 내가 핸드폰을 확인했을 때는 배터리가 이미 나가 있었다.

**By the time** I checked my cellphone, my battery **had already died**.

---

**Step 2**   **도전! 영작문**   주어진 우리말을 영어로 써보세요.

❶

She realized that she was too late because ✎_____

_____ (그녀가 파티에 도착했을 때 이미 모두 가고 없었다.)

She regretted having left home late.

❷

✎_____

(내가 이력서를 제출했을 때는 그 회사는 이미 누군가를 뽑았었다.) After realizing that, I couldn't help but* feel that I had wasted my time thinking about what to write on my resume.

couldn't help but ~할 수밖에 없었다

모범 답안

❶ 그녀는 너무 늦었다는 것을 알게 됐다. 왜냐하면 everyone had already left by the time she arrived at the party. 그녀는 집에서 늦게 나온 것을 후회했다.

❷ By the time I submitted my resume, the company had already picked someone. 그것을 알고 난 후, 나는 이력서에 무엇을 쓸지 생각하느라 내 시간을 허비했다고 느낄 수밖에 없었다.

# Part 2

## 활용도 100%!

실생활에 바로 쓰는
**활용 패턴 42**

## Part 2

## 활용도 100%! 실생활에 바로 쓰는
## 활용 패턴 42

영어를 즐겁게 공부할 수 있는 방법 중 하나가 생활 속에서 영어를 적용하고 활용해 보는 것입니다. 영어 실력이 크게 향상된 사람들에게 공부법을 물어보면 '영어일기를 썼어요'라는 대답을 자주 듣게 됩니다. 영어일기는 표현·시제·문법 등 영어의 다양한 영역을 공부할 수 있는 방법이므로 꼭 도전해 보길 바랍니다.

문자메시지 파트에서는 실생활에서 자주 쓰는 표현들을 연습할 수 있기 때문에 큰 도움이 될 겁니다. 문자메시지 특유의 축약어 표현도 생생하게 담았으니 즐겁게 공부해 보세요.

Unit 1   영어일기
Unit 2   문자메시지

영어일기

생활 속에서 있었던 나의 경험을 영어일기로 쓸 때 가장 많이 사용하는 패턴을 수록했습니다.
패턴을 통해 영어일기에 자주 사용되는 표현과 문법 활용법을 연습해 두면 영작에 큰 도움이 됩니다.
더불어 스피킹 시험에서도 나의 경험을 얘기하는 것이 필수이기 때문에, 영어일기 패턴을 익혀 놓으면
스피킹 시험에도 유익합니다.

## ✔ 영작문 포인트 정리

영어일기에서는 이미 경험한 것을 쓰기 때문에 과거 시제를 많이 사용합니다. 이때 시제를 과거로 일치시키는 것이 중요합니다. 또한 영어일기를 쓰는 형식을 익혀 두면 더 재미있게 영작 공부를 할 수 있습니다.

### 1. 날짜 & 날씨
우리말과 쓰는 순서가 다르기 때문에 익혀 두세요. 첫 글자는 대문자로 씁니다.

2014년 1월 3일 금요일 맑음

**Clear, Friday, Jan 3, 2014**

### 2. 요일
첫 글자는 항상 대문자로 쓰고, 간단하게 줄여서 쓸 수도 있습니다. 줄인 후에는 꼭 마침표를 찍으세요.

Monday - Mon.          Tuesday - Tue.          Wednesday - Wed.

Thursday - Thurs.      Friday - Fri.          Saturday - Sat.          Sunday - Sun.

### 3. 월
첫 글자는 항상 대문자로 쓰고, 간단하게 줄여서 쓸 수도 있습니다. 줄인 후에는 꼭 마침표를 찍으세요.

January (1월) - Jan.          February (2월) - Feb.          March (3월) - Mar.

April (4월) - Apr.          August (8월) - Aug.          September (9월) - Sep.

October (10월) - Oct.          November (11월) - Nov.          December (12월) - Dec.

* May (5월), June (6월), July (7월)는 보통 줄여서 쓰지 않습니다.

## Pattern 061　go to work

출근하다

일기에서 하루일과를 쓰면서 자주 사용하는 표현입니다. '출근하다'라는 단어가 따로 있는 게 아니라 go to work라고 표현하면 됩니다. 이때 work 앞에 관사를 쓰지 않도록 주의하세요. 영작할 때 많이 틀리는 부분입니다.

---

**Step 1　패턴 익히기** 예문을 통해 영작 필수 패턴을 익히세요.

❶ 나는 출근할 때 지하철을 탄다.

I take the subway when I **go to work**.

❷ 나는 이번 주말에 출근해야 한다.

I have to **go to work** this weekend.

❸ 나는 출근할 때마다 중간에 커피와 머핀을 산다.

Whenever I **go to work**, I stop to buy coffee and a muffin.

❹ 나는 어제 늦잠을 자서* 늦게 출근했다.

I **went to work** late yesterday because I overslept.

❺ 모든 사람들이 출근을 하기 때문에, 아침에 교통은 끔찍하다.*

Because everyone is **going to work**, the traffic is horrible in the morning.

힌트 늦잠 자다 oversleep　끔찍한 horrible

---

**Step 2　도전! 영작문** 주어진 우리말을 영어로 써보세요.

❶

_____

_____ (나는 출근할 때마다 중간에 아침으로 먹을 커피와 머핀을 산다.) I live alone, so there is not much food in my house. Plus, I always spend too much time in the morning getting ready, so I have no time to prepare anything to eat.

❷

_____

늦게 출근했다.) My boss was very upset because I was supposed to attend the planning meeting* in the morning. He told me that I have to work overtime* tonight instead.

planning meeting 기획회의　work overtime 야근하다

**모범 답안**

❶ Whenever I go to work, I stop to buy coffee and a muffin for breakfast. 나는 혼자 살기 때문에, 집에는 음식이 많지 않다. 게다가 나는 항상 아침에 준비하는 데 너무 많은 시간을 보내기 때문에 먹을 것을 준비할 시간이 없다.

❷ I went to work late yesterday because I overslept. 나는 아침에 기획회의에 참여하기로 되어 있었기 때문에 사장님께서는 매우 언짢아하셨다. 그는 나에게 대신 오늘 야근을 해야 한다고 말했다.

# Pattern 062 get off work

퇴근하다

get off는 '~에서 떠나다'라는 뜻이 있어요. get off work 하면 '직장에서 떠나다', 즉 '퇴근하다'라는 뜻이 됩니다. 영작을 할 때 get off the work와 같이 관사를 쓰지 않도록 주의하세요.

## Step 1 패턴 익히기 예문을 통해 영작 필수 패턴을 익히세요.

❶ 나는 퇴근 후에 주로 친구들을 만난다.

Usually I meet my friends after I **get off work**.

❷ 요즘 우리는 할 일이 너무 많아서 밤 11시에 퇴근한다.

These days we **get off work** at 11 p.m. because we have too much to do.

❸ 우리 아빠는 퇴근할 때 항상 지쳐* 보이신다.

My dad always looks exhausted when he **gets off work**.

❹ 나는 어제 퇴근할 때, 친구 집에 잠깐 들렀다.*

Yesterday when I **got off work**, I stopped by my friend's house.

❺ 나는 다음 주에 우리가 몇 시에 퇴근할지 궁금하다.

I wonder what time we will **get off work** next week.

힌트 몹시 피곤한 exhausted    잠깐 들르다 stop by

## Step 2 도전! 영작문 주어진 우리말을 영어로 써보세요.

❶

✐_____ (우리 아빠는 퇴근할 때 항상 지쳐 보이신다.) I am worried that his boss is making him work too much. I hope his health doesn't get worse* from too much stress.

get worse 악화되다

❷

✐_____ (나는 다음 주에 우리가 몇 시에 퇴근할지 궁금하다.) I am planning to go to my friend's art exhibition,* but it starts at 7 p.m. and sometimes we don't finish work until around 8 p.m.

art exhibition 미술 전시회

모범 답안

❶ My dad always looks exhausted when he gets off work. 나는 사장님이 아빠에게 너무 많은 일을 시켜서 걱정 된다. 너무 많은 스트레스로 인해 아빠의 건강이 나빠지지 않기를 바란다.

❷ I wonder what time we will get off work next week. 나는 친구의 미술 전시회에 갈 계획인데, 전시회는 오후 7시에 시작하고 우리는 8시쯤에도 일이 끝나지 않을 때가 종종 있다.

## Pattern 063    have lunch

점심을 먹다

have는 '가지고 있다'뿐만 아니라 '먹다'라는 뜻으로도 많이 쓰입니다. '식사를 한다'고 할 때는 have를 이용해서 have lunch/breakfast/dinner라고 하면 됩니다. 이때 lunch, breakfast, dinner 앞에는 관사를 쓰지 않는 점에 주의하세요.

---

### Step 1   패턴 익히기   예문을 통해 영작 필수 패턴을 익히세요.

❶ 나는 주로 오후 1시쯤에 점심을 먹는다.    I usually **have lunch** around 1 p.m.

❷ 어제 나는 내 오랜 고등학교 친구와 점심을 먹었다.    Yesterday I **had lunch** with my old high school friend.

❸ 오늘 나는 점심을 먹을 시간조차 없었다.    Today I didn't even have time to **have lunch**.

❹ 엄마는 매일 아침 내가 꼭 든든한* 아침을 먹도록 한다.    My mom makes sure that I **have a huge breakfast** every morning.

❺ 그는 아침을 먹지 않고 바로 이곳으로 왔다.*    He came straight here without **having breakfast**.

> 힌트 (크기·양이) 거대한 huge    곧바로 오다 come straight

---

### Step 2   도전! 영작문   주어진 우리말을 영어로 써보세요.

❶ _____ (어제 나는 내 오랜 고등학교 친구와 점심을 먹었다.) We haven't seen each other in over 5 years. I was very surprised when she told me that she is planning to go abroad* next month.

> go abroad 해외에 가다

❷ _____ (오늘 나는 점심 먹을 시간조차 없었다.) I had so much to study because of my finals* tomorrow. I cannot wait until this semester* is over.

> final 기말시험    semester 학기

모범 답안

❶ Yesterday I had lunch with my old high school friend. 우리는 5년이 넘도록 서로 얼굴을 못 봤다. 나는 그녀가 다음 달에 외국에 나갈 계획이라고 말했을 때 엄청 놀랐다.

❷ Today I didn't even have time to have lunch. 내일 있을 기말고사 때문에 공부할 것이 엄청 많았다. 이번 학기가 얼른 끝났으면 좋겠다.

# Pattern 064    fall asleep

잠이 들다

fall asleep 하면 '스르르 잠들다'는 뜻으로, 영어일기와 스피킹 시험에서 개인적인 일화를 소개할 때 사용하기 좋은 패턴입니다. fall 뒤에 형용사 asleep이 오는 형태라는 것을 기억하세요.

---

**Step 1    패턴 익히기** 예문을 통해 영작 필수 패턴을 익히세요.

❶ 그는 수업시간에 잠이 들었다.              He **fell asleep** during the class.

❷ 그녀는 잠들지 않으려고 노력했다.          She tried not to **fall asleep**.

❸ 그녀는 잠이 든 아기를 돌보고* 있다.       She is taking care of a baby who is **falling asleep**.

❹ 사람들은 운전하는 동안 잠들면 안 된다.    People shouldn't **fall asleep** while driving.

❺ 나는 밤에 잠드는 게 힘들다.              It's hard for me to **fall asleep** at night.

힌트 ~를 돌보다 take care of

---

**Step 2    도전! 영작문** 주어진 우리말을 영어로 써보세요.

❶

Since he stayed up all night* studying for a test, ✎_____

_____ (그는 수업시간에 잠이 들었다.) So our teacher got angry.

stay up all night 밤을 새다

❷ ✎_____ (운전할 때 사람들은

잠이 들면 안 된다.) It might result in a car accident. If people feel sleepy, they should park their cars and take a short nap.*

take a short nap 잠깐 낮잠을 자다

---

모범 답안

❶ 그는 시험 공부를 하느라 밤을 샜기 때문에 he fell asleep during the class. 그래서 우리 선생님은 화가 나셨다.
❷ People shouldn't fall asleep while driving. 그것은 차 사고의 원인이 될 수 있다. 만약 졸리면 차를 주차하고 잠깐 낮잠을 자야 한다.

영어일기

## Pattern 065　go for 명사

~하러 가다

'~하러 가다'라고 할 때는 〈go for 명사〉 형태를 자주 사용합니다. go for a walk(산책하러 가다), go for a drink(술 마시러 가다)와 같이 활용해 보세요. 또 go on a picnic(소풍 가다), go on a trip(여행 가다)과 같이 〈go on 명사〉의 형태도 자주 사용됩니다.

### Step 1　패턴 익히기 예문을 통해 영작 필수 패턴을 익히세요.

❶ 오늘 밤 Jack과 나는 술을 마시러 갈 것이다.

Jack and I will **go for a drink** tonight.

❷ 저녁을 먹고 난 후, 우리는 산책을 하러 갔다.

After having dinner, we **went for a walk**.

❸ 드라이브를 가는 것은 내가 스트레스를 없애기* 위해 좋아하는 한 방법이다.

**Going for a drive** is one way I like to get rid of stress.

❹ 이번 주말에 나는 소풍을 갈 계획이다.

I'm planning to **go on a picnic** this weekend.

❺ 남자 친구와 나는 부산으로 당일치기 여행을 갈* 것이다.

My boyfriend and I will **go on a one-day trip** to Busan.

힌트 ~을 없애다 get rid of　당일치기 여행을 가다 go on a one-day trip

### Step 2　도전! 영작문 주어진 우리말을 영어로 써보세요.

❶ _____ (오늘 밤 Jack과 나는 술을 마시러 갈 것이다.) He just got a promotion,* and I wanted to take him out for a drink to celebrate.*

get a promotion 승진을 하다　celebrate 축하하다

❷ _____ (남자 친구와 나는 부산으로 당일치기 여행을 갈 것이다.) He has been busy working since last week, so he can't afford to go on a trip for more than a day.

모범 답안
❶ Jack and I will go for a drink tonight. Jack이 막 승진을 해서 축하해 주기 위해 그를 데리고 나가서 술 한 잔 하고 싶었다.
❷ My boyfriend and I will go on a one-day trip to Busan. 그는 지난주부터 일하느라 계속 바빠서 하루 이상 여행 갈 여유가 없다.

## Pattern 066 get used to 명사/-ing

~에 익숙해지다

새로운 공부나 직장생활에 익숙해졌나요? 그럴 때는 get used to(~에 익숙해지다)를 사용하세요. get used to 뒤에는 명사나 동명사(-ing)를 써서 뭐에 익숙해졌는지 나타내면 됩니다.

---

**Step 1** 패턴 익히기 예문을 통해 영작 필수 패턴을 익히세요.

❶ 나는 책 읽는 것에 적응이 안 된다.      I can't **get used to** reading books.

❷ 그는 이 학교에 적응을 못한다.      He can't **get used to** this school.

❸ 나는 새로운 곳에 적응하고 싶다.      I'd like to **get used to** the new place.

❹ 그녀는 이 수업에 적응하려고 노력중이다.      She is trying to **get used to** this class.

❺ 난 아침에 영어 공부 하는 것에 적응하고 있는 중이다.      I am **getting used to** study**ing** English in the morning.

---

**Step 2** 도전! 영작문 주어진 우리말을 영어로 써보세요.

❶ My family and I just moved to a new city. 🖊_____ (나는 새로운 곳에 적응하고 싶다,) but it is so different than my old neighborhood that it is difficult for me to feel comfortable. Plus, I really miss my friends there.

❷ Last month a new student transferred* to our school. 🖊_____ (그는 이 학교에 적응을 못하는 것 같다.) He hasn't made any friends, and he always seems kind of sad and bored.

transfer 전학 가다/오다

---

모범 답안

❶ 우리 가족과 나는 새로운 도시로 막 이사를 왔다. I'd like to get used to the new place, 하지만 예전 동네와 너무 달라서 내가 편안함을 느끼는 것이 쉽지가 않다. 또 난 그곳의 친구들이 너무 보고 싶다.

❷ 지난달에 새로운 학생이 우리 학교로 전학을 왔다. It seems like he can't get used to this school. 그는 친구들을 전혀 사귀지 못했고 항상 좀 슬프거나 지루한 것 같다.

## Pattern 067  stay up all night -ing

~하느라 밤새다

일을 하거나 친구들과 놀면서 밤을 샐 때가 있죠? 밤을 새는 것을 stay up all night이라고 합니다. stay up all night 뒤에는 -ing나 to부정사를 모두 사용할 수 있어요.

---

**Step 1** **패턴 익히기** 예문을 통해 영작 필수 패턴을 익히세요.

❶ 우리는 미래에 대해 이야기하느라 밤을 샜다.

We **stayed up all night** talking about our future.

❷ 우리는 기말고사* 공부를 하느라 밤을 샜다.

We **stayed up all night** studying for the final exam.

❸ 그녀는 이력서를 쓰느라 밤새지는 않았다.

She didn't **stay up all night** writing a resume.

❹ 우리 부장님은 프레젠테이션을 준비하느라 밤을 샜다.

My boss **stayed up all night** preparing for his presentation.

❺ 우리 팀원들은 고객들의 요청을 처리하느라* 밤을 샜다.

Our team members **stayed up all night** processing the customers' requests.

힌트 기말고사 final exam  처리하다 process

---

**Step 2** **도전! 영작문** 주어진 우리말을 영어로 써보세요.

❶

✏ _____

(우리는 미래에 대해 이야기하느라 밤을 샜다.) It was a comfort* to know that my friends were worried about their future, too.

comfort 위로, 위안

❷

✏ _____

(그녀는 이력서를 쓰느라 밤새지는 않았다.) because she had no desire to work for the company.

---

모범 답안

❶ We stayed up all night talking about our future. 내 친구들도 미래에 대해서 걱정한다는 것을 알게 되니 위안이 됐다.
❷ She didn't stay up all night writing a resume 왜냐하면 그녀는 그 회사에서 일하고 싶은 마음이 없었기 때문이다.

94

# Pattern 068  be sick and tired of 명사/-ing

~가 너무 지겹다

정말 하기 싫은 지겨운 감정을 나타낼 때 쓰는 표현입니다. be tired of나 be sick of라고 쓰기도 하는데, 두 가지를 결합해서 be sick and tired of라고 하면 지겨운 감정을 더욱 강조할 수 있습니다.

## Step 1  패턴 익히기 예문을 통해 영작 필수 패턴을 익히세요.

❶ 나는 이 더운 여름이 너무 지겹다.

I'm **sick and tired of** this hot summer.

❷ 나는 야근하는 게 너무 지겹다.

I'm **sick and tired of** working overtime.

❸ 그녀는 자기 엄마한테 야단맞는* 것을 너무 지겨워한다.

She **is sick and tired of** being scolded by her mother.

❹ 난 남자 친구랑 말다툼하는* 것이 너무 지겹다.

I **am sick and tired of** quarreling with my boyfriend.

❺ 내 친구들은 모두 구직활동을 지겨워한다.

All of my friends **are sick and tired** of looking for a job.

힌트 (아이를) 야단치다 scold  말다툼하다 quarrel

## Step 2  도전! 영작문 주어진 우리말을 영어로 써보세요.

❶ 🖉_____ (나는 이 더운 여름이 너무 지겹다.) I wish winter would come earlier.

❷ 🖉_____ (그녀는 자기 엄마한테 야단맞는 걸 너무 지겨워한다), so she wants to live far from her mother's house.

모범 답안

❶ I'm sick and tired of this hot summer. 겨울이 더 빨리 왔으면 좋겠다.
❷ She is sick and tired of being scolded by her mother, 그래서 그녀는 엄마의 집에서 멀리 떨어져 살고 싶어 한다.

## Pattern 069 · regret -ing

〜한 것을 후회하다

일기를 쓰면서 후회스러운 일을 쓸 때가 많지요? 그럴 때는 regret(후회하다) 뒤에 -ing를 붙여서 표현합니다. regret to...의 경우 '(앞으로) 〜하게 되어 유감이다'는 뜻이에요. 과거의 일을 후회할 때는 반드시 -ing로 연결해 주세요.

### Step 1  패턴 익히기 예문을 통해 영작 필수 패턴을 익히세요.

❶ 그녀는 자신의 비밀을 말한 것을 후회한다.
She **regrets** talk**ing** about her secret.

❷ 우리는 그 수업에 빠진 것을 후회한다.
We **regret** skipp**ing** the class.

❸ 그는 어학연수에 많은 돈을 쓴 것을 후회한다.
He **regrets** spend**ing** a lot of money studying abroad.

❹ 나는 그녀에게 사과하지 않은 것을 후회한다.
I **regret** not apologiz**ing** to her.

❺ 어렸을 때 어학연수를 가지 않은 것을 후회한다.
I **regret** not study**ing** abroad when I was young.

### Step 2  도전! 영작문 주어진 우리말을 영어로 써보세요.

❶ After I argued with her, we drifted apart.* _____
_____ (나는 그녀에게 사과하지 않은 것을 후회한다.) I wish I could turn back time.

drift apart 사이가 멀어지다

❷ _____ (어렸을 적에 어학연수를 가지 않은 것을 후회한다.) My parents wanted me to, but at that time I didn't think English was important.

모범 답안
❶ 내가 그녀와 싸운 이후, 우리는 사이가 멀어졌다. I regret not apologizing to her. 시간을 되돌릴 수 있으면 좋겠다.
❷ I regret not studying abroad when I was young. 우리 부모님께서는 내가 어학연수 가기를 원하셨다. 하지만 그때 나는 영어가 중요하다고 생각하지 않았다.

# Pattern 070 Looking back, 주어 + 동사

(과거를) 되돌아보면 ~하다

look back은 '(과거를) 되돌아보다'라는 뜻이에요. Looking back, 뒤에 문장을 붙여서 과거의 모습을 회상할 때 사용해 보세요.

---

**Step 1** **패턴 익히기** 예문을 통해 영작 필수 패턴을 익히세요.

❶ 되돌아보면, 그가 실수했다. | **Looking back,** he made a mistake.

❷ 되돌아보면, 나는 피곤했다 | **Looking back,** I was tired.

❸ 되돌아보면, 그에게 미안하다 | **Looking back,** I feel sorry for him.

❹ 되돌아보면, 학창시절이* 가장 행복했었다. | **Looking back,** my school days were the happiest.

❺ 되돌아보면, 그것은 좋은 추억이었다.* | **Looking back,** it was a good memory.

힌트 학창시절 school days  기억, 추억 memory

---

**Step 2** **도전! 영작문** 주어진 우리말을 영어로 써보세요.

❶
I broke up with* my boyfriend last week. We always quarreled with each other.

✎_____

(되돌아보면, 나는 그에게 미안하다.)

break up with ~와 헤어지다

❷
✎_____

(되돌아보면, 학창시절이 가장 행복했었다,) but I wanted to graduate from school as soon as possible at that time.

---

모범 답안
❶ 나는 지난주에 남자 친구와 헤어졌다. 우리는 항상 서로 말다툼을 했다. Looking back, I feel sorry for him.
❷ Looking back, my school days were the happiest, 하지만 그 당시 나는 가능한 빨리 졸업하고 싶었다.

# Pattern 071  I don't know if 주어＋동사

나는 ~인지 잘 모르겠다

뭔가에 대해 정확하게 말할 수 없어서 '~인지 아닌지 잘 모르겠다'고 할 때는 I don't know 뒤에 if절을 붙입니다. if에 '~인지 아닌지'라는 뜻이 담겨 있어요.

---

**Step 1  패턴 익히기** 예문을 통해 영작 필수 패턴을 익히세요.

❶ 나는 그게 좋은 생각인지 잘 모르겠다.  **I don't know if** that is a good idea.

❷ 나는 그가 잘 지내는지 잘 모르겠다.  **I don't know if** he is doing well.

❸ 나는 그가 숫기가 없는지* 잘 모르겠다.  **I don't know if** he is bashful.

❹ 나는 오늘 소포를 받을 수 있는지 잘 모르겠다.  **I don't know if** I can get my package today.

❺ 나는 복권에* 1등으로* 당첨될 수 있는지 잘 모르겠다.  **I don't know if** I can win the first prize in a lottery.

힌트 수줍음을 타는 bashful  복권 lottery  1등 the first prize

---

**Step 2  도전! 영작문** 주어진 우리말을 영어로 써보세요.

❶ Even though I'm scheduled to go on a business trip tomorrow, ✎_____

_____ (나는 오늘 소포를 받을 수 있는지 잘

모르겠다.) I'd like to get it as soon as possible.

❷ ✎_____

(나는 복권에 1등으로 당첨될 수 있는지 잘 모르겠다.) However, I can't help buying some tickets*

out of hope.

ticket 복권

---

모범 답안

❶ 내일 출장을 갈 예정임에도 불구하고 I don't know if I can get my package today. 가능한 빨리 그것을 받고 싶다.
❷ I don't know if I can win the first prize in a lottery. 하지만 희망 때문에 복권을 사지 않을 수가 없다.

## Pattern 072  made a decision to 동사원형

~하기로 결정했다

영어일기를 쓸 때 각오와 결심을 다지는 표현을 빼놓을 수 없겠죠? 하루의 목표나 나의 다짐을 나타낼 때 사용하는 표현입니다. 뒤에 to부정사로 연결하는 것을 잊지 마세요.

---

### Step 1  패턴 익히기  예문을 통해 영작 필수 패턴을 익히세요.

❶ 나는 매일 영어일기를 쓰기로 결심했다. | I **made a decision to** keep a diary in English every day.

❷ 그녀는 한 학기* 휴학을 하기로 결정했다. | She **made a decision to** take a semester off.

❸ 그는 올해에 입대하기로* 결정했다. | He **made a decision to** join the army this year.

❹ 그는 학원에서* 영어를 배우기로 결정했다. | He **made a decision to** learn English in an institute.

❺ Esther는 일을 그만두기로 결정했다. | Esther **made a decision to** quit her job.

힌트 학기 semester   입대하다 join the army   교육기관, 학원 institute

---

### Step 2  도전! 영작문  주어진 우리말을 영어로 써보세요.

❶ ✎ _____ (그녀는 한 학기

휴학을 하기로 결정했다) because she is scheduled to study abroad next month. She has a lot of things to prepare for.

❷ ✎ _____

(그는 올해에 입대하기로 결정했다) since he is old enough to serve.*

serve (조직·국가 등을 위해) 일하다

---

모범 답안

❶ She made a decision to take a semester off 왜냐하면 그녀는 다음 달에 어학연수를 갈 예정이기 때문이다. 그녀는 준비할 것이 많다.
❷ He made a decision to join the army this year 왜냐하면 그는 복무를 하기에 충분한 나이가 됐기 때문이다.

# Pattern 073  sign up for...

~에 등록하다

학원 수업을 등록하거나 운동을 등록하는 것은 모두 sign up for...로 나타낼 수 있습니다. 같은 의미로 register for..., enroll in...도 함께 기억해 두세요.

---

## Step 1  패턴 익히기  예문을 통해 영작 필수 패턴을 익히세요.

❶ 나는 영작수업에 등록할 것이다.     I'm going to **sign up for** an English writing class.

❷ 그녀는 요가수업에 등록했다.     She **signed up for** a yoga class.

❸ 우리는 다음 학기 수강신청을 했다.     We have **signed up for** classes for next semester.

❹ 나는 영어회화 수업을 등록했다.     I **signed up for** an English conversation class.

❺ 나는 온라인 비즈니스 수업을 등록할까 생각 중이다.     I am thinking about **signing up for** an online business class.

---

## Step 2  도전! 영작문  주어진 우리말을 영어로 써보세요.

❶
Next year I will work overseas in America, so ✎_____

_____ (나는 영어회화 수업을 등록했다.) I will

study with a native speaker 3 times a week. I hope by the time I go to America, I will

be able to speak comfortably* in English.

comfortably 편하게

❷
✎_____

_____ (나는 온라인 비즈니스 수업을 등록할까 생각중이다.) I want to switch jobs,* but I

need more experience first before I submit my resume.

switch jobs 직업을 바꾸다

---

**모범 답안**

❶ 내년에 나는 미국에서 해외근무를 할 거다. 그래서 I signed up for an English conversation class. 나는 일주일에 세 번 원어민 선생님과 공부할 거다. 내가 미국에 갈 때쯤 영어로 편하게 말할 수 있으면 좋겠다.

❷ I am thinking about signing up for an online business class. 나는 이직을 하길 원하지만, 이력서를 제출하기 전에 더 많은 경험이 필요하다.

영어일기

## Pattern 074 remind me of...

나에게 ~을 상기시키다

remind 하면 '상기시켜 주다'라는 뜻으로서, remind A of B 하면 '주어는 A에게 B를 떠올리게 해 준다'는 뜻이 됩니다. 영어일기부터 비즈니스 이메일까지 널리 활용되는 패턴입니다. remind 바로 뒤에 사람이 오는 점과 뒤에 전치사 of로 연결하는 것을 잘 기억해 두세요.

### Step 1 패턴 익히기 예문을 통해 영작 필수 패턴을 익히세요.

❶ 이 노래를 들으면 나는 그 시절이 떠오른다.　　This song **reminds me of** that time.

❷ 우리 선생님을 보면 나는 우리 고모가 생각난다.　　My teacher **reminds me of** my aunt.

❸ 이 셔츠를 보면 나는 내 전 남자친구가 생각난다.　　This shirt **reminds me of** my ex-boyfriend.

❹ 그의 웃음을 들으면 나는 우리 아빠가 생각난다.　　His laugh **reminds me of** my father.

❺ 그 책들을 보면 나는 학창시절이 떠오른다.　　Those books **reminded me of** my school days.

### Step 2 도전! 영작문 주어진 우리말을 영어로 써보세요.

❶

✐_____ (우리 선생님을 보면 나는 우리 고모가 생각난다.) She is very friendly and patient, and is always trying to encourage* us to try new things.

encourage 격려하다

❷

✐_____ (그의 웃음을 들으면 나는 우리 아빠가 생각난다.) I think that is one of the reasons why I like to be around him.

---

모범 답안

❶ My teacher reminds me of my aunt. 그녀는 무척 친절하고 인내심이 있다. 그래서 항상 우리에게 새로운 것에 도전하도록 격려하려고 노력하신다.
❷ His laugh reminds me of my father. 그것이 내가 그의 주위에 있고 싶은 이유 중에 하나인 것 같다.

## Pattern 075 There is nothing to 동사원형

~할 게 아무것도 없다

There is nothing 하면 '아무것도 없다'라는 뜻이에요. '~할 게 아무것도 없다'라고 하려면 뒤에 to부정사를 붙여서 연결하면 됩니다.

---

**Step 1** **패턴 익히기** 예문을 통해 영작 필수 패턴을 익히세요.

| | |
|---|---|
| ❶ 겁먹을* 거 하나도 없어. | **There is nothing to** fear. |
| ❷ 그것은 무료이기 때문에 잃을 것이 아무것도 없다. | **There is nothing to** lose because it's free. |
| ❸ 오늘은 특별히 할 게 아무것도 없다. | **There is nothing** special **to** do today. |
| ❹ 여기에는 살 게 아무것도 없었다. | **There was nothing to** buy here. |
| ❺ 그 식당에는 먹을 게 아무것도 없었다. | **There was nothing to** eat in the restaurant. |

힌트 두려워하다 fear

---

**Step 2** **도전! 영작문** 주어진 우리말을 영어로 써보세요.

❶

✎ _____

(오늘은 특별히 할 게 아무것도 없다.) I am so bored. I tried to call some of my friends, but they all have previous* plans, so I can't meet them today.

previous 이전의

❷

I applied online for 5 free lessons of tennis yesterday. At first I was hesitant* because I have never played tennis before, and I am not especially good at sports. However, after talking to my friend I realized that ✎ _____

_____ (그것은 무료이기 때문에 잃을 게 없다는 것을.)

hesitant 주저하는, 망설이는

---

**모범 답안**

❶ There is nothing special to do today. 너무 지루하다. 나는 친구들에게 전화를 해 봤는데, 그들은 이미 계획이 있어서 오늘 그들을 만날 수가 없다.
❷ 나는 어제 온라인으로 테니스 무료 수업 5회를 신청했다. 처음에 나는 망설였다. 왜냐하면 나는 전에 한 번도 테니스를 쳐 본 적이 없고, 특별히 스포츠를 잘하지도 않기 때문이다. 그러나 친구와 얘기해 본 후, 나는 알게 되었다 there is nothing to lose because it's free.

## Pattern 076 There is no use -ing

~해도 소용없다

'~해봤자 소용없다/쓸데없다'는 말을 많이 쓰죠? 그럴 때 쓸 수 있는 패턴입니다. There is no use 뒤에는 항상 동명사 (-ing)를 사용해요.

---

**Step 1** **패턴 익히기** 예문을 통해 영작 필수 패턴을 익히세요.

❶ 승진해도 소용없다.      **There is no use** getting a promotion.

❷ 면접을 준비해도 소용없다.      **There is no use** preparing for a job interview.

❸ 해외에서 유학해도 소용없다.      **There is no use** studying abroad.

❹ 그에게 잘해봤자 소용없다.      **There is no use** treating him well.

❺ 인턴으로 ABC회사에서 일을 해도 소용없다.      **There is no use** working for ABC Company as an intern.

---

**Step 2** **도전! 영작문** 주어진 우리말을 영어로 써보세요.

❶ Since I am not planning to work at an international company, ✎_____

_____ (해외에서 유학해도 소용없다.) I think it would

be easier and cheaper for me to just attend a local* school.

local (현재 얘기되고 있거나 자신이 살고 있는 특정) 지역의, 현지의

❷ ✎_____ (인턴으로 ABC 회

사에서 일을 해도 소용이 없다.) Most of the interns can only work for three months and do

not have a chance to get a full-time position.*

full-time position 정규직

---

모범 답안

❶ 나는 외국계 회사에서 일할 계획이 아니기 때문에 there is no use studying abroad. 나는 그냥 국내 학교에 다니는 것이 더 쉽고 저렴할 거라고 생각한다.

❷ There is no use working for ABC Company as an intern. 대부분의 인턴들은 3개월만 일할 수 있고 정규직을 얻을 기회가 없다.

## Pattern 077 There is no harm -ing

~해도 손해 볼 건 없다

이번에는 use 대신 harm(피해, 손해)을 넣어 보세요. There is no harm 하면 '손해 볼 건 없다'는 뜻이 됩니다. '~해도 손해 볼 건 없다'라고 하려면 There is no harm 뒤에 동명사(-ing)를 붙이면 됩니다.

### Step 1 패턴 익히기 예문을 통해 영작 필수 패턴을 익히세요.

❶ 소개팅* 해서 손해 볼 건 없잖아.
**There is no harm** having a blind date.

❷ 영어공부 해서 손해 볼 건 없잖아.
**There is no harm** studying English.

❸ 이직해서 손해 볼 건 없다.
**There is no harm** changing jobs.

❹ 마케팅에 많은 돈을 투자해도* 손해 볼 건 없다.
**There is no harm** investing a lot of money in marketing.

❺ 파티를 위해 음식을 더 만들어도 손해 볼 건 없다.
**There is no harm** making more food for the party.

소개팅 a blind date  투자하다 invest

### Step 2 도전! 영작문 주어진 우리말을 영어로 써보세요.

❶ Since I am still so young, ✎_____
(이직을 해도 손해 볼 건 없다.) It is a much better idea to look around and try new things now than when I am in my thirties or forties.

❷ I am not sure how many people will show up,* so ✎_____
_____ (파티를 위해서 음식을 더 만들어도 손해 볼 건 없다고 생각한다.) It is always better to have more food than too little.

show up (예정된 곳에) 나타나다

### 모범 답안

❶ 나는 아직 무척 젊기 때문에 there is no harm changing jobs. 내가 30대 혹은 40대일 때보다는 지금 주위를 돌아보고 새로운 것에 도전하는 것이 훨씬 낫다.
❷ 나는 얼마나 많은 사람들이 올지 잘 모르겠다. 그래서 I think there is no harm making more food for the party. 음식이 너무 모자라는 것보다 더 많은 것이 항상 낫다.

## Pattern 078　have no choice but to 동사원형

~할 수밖에 없다

'~외에는 선택의 여지가 없다'는 말이므로 어쩔 수 없이 해야 하는 일, 혹은 꼭 해야 하는 일을 나타낼 때 쓰는 표현입니다. 더 이상 영어공부 하는 것을 미룰 수 없을 때도 I have no choice but to study English.와 같이 사용할 수 있겠죠.

### Step 1　패턴 익히기　예문을 통해 영작 필수 패턴을 익히세요.

❶ 나는 회의에 참석할 수밖에 없다.

I **have no choice but to** attend the meeting.

❷ 우리 엄마는 병원에 갈 수밖에 없다.

My mother **has no choice but to** go to the hospital.

❸ 우리는 그를 걱정할 수밖에 없었다.

We **had no choice but to** be worried about him.

❹ 방문객들은 이 빌딩을 지나갈 수밖에 없다.

Visitors **have no choice but to** pass this building.

❺ 감기에 걸린 사람은 충분한* 물을 마시는 것 외에는 달리 방법이 없다.

A person who has a cold **has no choice but to** drink plenty of water.

힌트 충분한 plenty of

### Step 2　도전! 영작문　주어진 우리말을 영어로 써보세요.

❶ Even though I had so much work to do, ✐_____

_____ (회의에 참석할 수밖에 없었다.) I had to go because the information presented* in the meeting was important to one of my current projects.

present (사람들이 보거나 검토하도록) 제시하다, 제출하다

❷ Since it is right in the front of the museum, ✐_____

_____ (방문객들은 이 건물을 지나갈 수밖에 없다.) That is why I think my boss should remodel* the outside.

remodel 개조하다, 리모델링하다

모범 답안

❶ 나는 할 일이 무척 많았지만 I had no choice but to attend the meeting. 회의에서 발표되는 정보들이 나의 현 프로젝트 중 하나에 중요했기 때문에 나는 가야만 했다.

❷ 그것은 박물관 바로 앞에 있기 때문에 visitors have no choice but to pass this building. 그래서 나는 사장님이 외관을 개조해야 한다고 생각한다.

영어일기

## Pattern 079 managed to 동사원형

가까스로 ~했다, 용케 ~했다

어떤 일을 여유 있게 처리하는 것이 아니라 겨우겨우 하는 모습을 떠올려 보세요. 그럴 때 manage를 사용해서 표현합니다. 어떤 일을 한 후에 사용하기 때문에 주로 과거형인 managed를 사용하고, 뒤에는 to부정사를 붙여서 연결해요.

---

**Step 1  패턴 익히기** 예문을 통해 영작 필수 패턴을 익히세요.

❶ 그녀는 회의에 가까스로 제시간에 도착했다.　　　She **managed to** arrive to the meeting on time.

❷ 그는 가족을 위해 어렵게 시간을 냈다.*　　　He **managed to** make time for his family.

❸ 나는 줄을 설 곳을* 겨우 찾았다.　　　I **managed to** find a spot in line.

❹ Peter는 네 요청을 가까스로 처리했다.　　　Peter **managed to** process your request.

❺ 그는 가까스로 축구 경기의 시작을 놓치지 않았다.　　　He **managed not to** miss the beginning of the soccer game.

힌트 시간을 짜내다 make time　장소, 자리 spot

---

**Step 2  도전! 영작문** 주어진 우리말을 영어로 써보세요.

❶
I arrived late, but ✎＿＿＿＿＿＿＿＿＿＿＿＿＿＿＿ (줄을 설 곳을 가까스로 찾았다.) Unfortunately there are a lot of people in front of me, so I think it might take a long time before I can get help.

❷
Even though she missed the bus, ✎＿＿＿＿＿＿＿＿＿＿＿＿＿＿＿
＿＿＿＿＿＿ (회의에 가까스로 제시간에 도착했다.) If she hadn't, the manager would have made her stay late to finish more work.

---

모범 답안

❶ 나는 늦게 도착했지만 I managed to find a spot in line. 불행하게도 내 앞에 많은 사람들이 있다. 내가 도움을 받으려면 오래 걸릴 것 같다.
❷ 그녀는 버스를 놓쳤지만, she managed to arrive to the meeting on time. 안 그랬다면, 부장님이 그녀한테 늦게까지 남아서 더 많은 일을 끝내도록 시켰을 것이다.

106

## Pattern 080  too 형용사/부사 to 동사원형

너무 ~해서 …할 수 없는

'그는 너무 바빠서 점심을 먹을 수 없다.'와 같이 '너무 ~해서 …할 수 없다'고 할 때 too... to... 패턴을 사용합니다. 이때 우리말에서 '없다'가 들어가기 때문에 영어에도 부정어를 넣어서 He is too busy not to have lunch.와 같이 쓰는 실수를 하곤 합니다. too 자체에 부정적인 의미가 포함되어 있기 때문에 또 부정어(not)를 쓰지 않는다는 점에 주의하세요.

---

**Step 1  패턴 익히기** 예문을 통해 영작 필수 패턴을 익히세요.

❶ 나의 진실한 감정을 보여 주기엔 너무 늦었다.    It is **too** late **to** show my true feelings.

❷ 그 반지는 너무 커서 내가 낄 수가 없다.    The ring is **too** big for me **to** wear.

❸ 그 가방은 너무 비싸서 그녀가 살 수 없었다.    The bag was **too** expensive for her **to** buy.

❹ 그 수업은 너무 어려워서 내 동생이 들을 수 없다.    The class is **too** difficult for my brother **to** take.

❺ 이 음식은 너무 매워서 외국인들이 먹을 수 없다.    The food is **too** spicy for foreigners **to** eat.

---

**Step 2  도전! 영작문** 주어진 우리말을 영어로 써보세요.

❶
Last year I broke up with someone I had been dating for two years. At the time, we were arguing all the time and hated each other. I realized afterwards that I was so bad to him. Even though I want to tell him now how sorry I am, ✎_____

_____ (나의 진실한 감정을 보여 주기에는 너무 늦은 것 같다.)

❷
My brother signed up for his freshman college classes last week. Unfortunately, one of his classes is Advanced Chemistry. In my opinion, since it is his first year, ✎_____

_____ (그 수업은 내 남동생이

듣기에는 너무 어려운 것 같다.)

---

모범 답안

❶ 작년에 나는 2년 동안 사귀었던 누군가와 헤어졌다. 그 당시 우리는 항상 싸웠고 서로 싫어했다. 내가 그에게 너무 나빴었다는 것을 나중에 깨달았다. 그에게 내가 얼마나 미안해하는지 말하고 싶지만, I think it is too late to show my true feelings.

❷ 내 동생은 지난달에 신입생 대학 강좌를 신청했다. 유감스럽게도, 그의 수업 중 하나는 고급화학이다. 내 견해로는 그의 첫 번째 해이기 때문에 I think the class is too difficult for my brother to take.

영어일기

## Pattern 081   never want to 동사원형

절대 ~하고 싶지 않다

'~하기 싫다'는 표현을 강하게 하려면 don't want to보다 never want to를 쓰는 것이 더 어울립니다. 영작을 할 때 never의 위치를 틀리는 경우가 많은데, never는 항상 일반 동사 앞에 씁니다.

---

**Step 1**   **패턴 익히기** 예문을 통해 영작 필수 패턴을 익히세요.

❶ 나는 절대 그와 다시는 데이트하고 싶지 않았다.    I **never wanted to** date him again.

❷ 그녀는 절대 어학연수를 가고 싶어 하지 않는다.    She **never wants to** study abroad.

❸ 난 결코 회사를 그만 두고 싶지 않았다.    I **never wanted to** quit my job.

❹ 그는 결코 이런 일이 일어나길 원하지 않았다.    He **never wanted** this **to** happen.

❺ Jack은 결코 너를 슬프게 만들지 않을 것이다.    Jack **never wants to** make you sad.

---

**Step 2**   **도전! 영작문** 주어진 우리말을 영어로 써보세요.

❶
Last week I had my first blind date. At first the guy was very kind and acted like a gentleman, but by the end of the date he had become very rude and didn't really listen to anything that I was saying. I decided at that point that ✎_____

_____ (나는 절대 그와 다시는 데이트하고 싶지 않다고.)

❷
My friend is very depressed over the breakup* with his girlfriend. He told her a lie about meeting his friends to go drinking, and she found out and broke up with him. Although he told me that ✎_____ (이런 일이 일

어나길 결코 원치 않았다고,) I think he should have been honest with her from the beginning.

breakup 이별

---

모범 답안

❶ 지난주 나는 첫 번째 소개팅을 했다. 처음에 그 남자는 매우 친절했고, 신사처럼 행동했다. 그러나 데이트가 끝날 때쯤 그는 매우 무례해졌고, 내가 말하는 건 아무 것도 제대로 듣지 않았다. 나는 그때 결심했다 I never wanted to date him again.

❷ 내 친구는 그의 여자 친구와 헤어져서 무척 우울해 한다. 그는 그녀에게 술을 마시러 가기 위해 친구들을 만나는 것에 대해서 거짓말을 했는데, 그녀가 알아 버렸고 그와 헤어졌다. 비록 그가 나에게 말할지라도 he never wanted this to happen, 나는 그가 처음부터 그녀에게 솔직했어야 했다고 생각한다.

# Pattern 082　would rather A than B

B 하느니 A 하는 게 낫다

두 개의 상황을 놓고 비교하면서 '차라리 ~하겠다'와 같이 말할 때 사용하는 패턴이에요. A와 B 자리에 동사원형을 쓴다는 것에 주의하세요. 영작하면서 많이 틀리는 부분입니다.

---

## Step 1　패턴 익히기　예문을 통해 영작 필수 패턴을 익히세요.

❶ 대학원에 들어가느니 노는 게 낫다.

I **would rather** do nothing **than** enter graduate school.

❷ 집에서 아무것도 안 하느니 운동하는 게 낫다.

I **would rather** work out **than** do nothing at home.

❸ 피하는 것보다 이 상황에 도전하는 게 낫다.

I **would rather** challenge this situation **than** avoid it.

❹ 계속 재채기를* 하느니 진찰을 받는 게 낫겠다.

I **would rather** see a doctor **than** keep sneezing.

❺ 동창회에* 안 가느니 서두르는 게 낫다.

I **would rather** rush to an alumni meeting **than** be absent from it.

힌트 재채기하다 sneeze　동창회 alumni meeting

---

## Step 2　도전! 영작문　주어진 우리말을 영어로 써보세요.

❶ 🖉_____

_____ (대학원 들어가느니 노는 게 낫다.) The tuition* for graduate school is so expensive that I can't afford to pay for it.

tuition (대학의) 수업료

❷ There is a cold going around and I have been sick since last month. 🖉_____

_____ (계속 재채기를 하느니 진찰을 받는 게 낫겠다.)

---

모범 답안

❶ I would rather do nothing than enter graduate school. 대학원 학비는 무척 비싸서 나는 학비를 낼 여력이 안 된다.
❷ 감기가 유행하고 있고 나는 지난주부터 계속 아팠다. I would rather see a doctor than keep sneezing.

# Pattern 083 would be the last person to 동사원형

~할 사람이 절대 아니다

'~할 사람이 아니다'를 영작하려면 부정어를 떠올리기 쉽지만, 부정어 대신 이 패턴을 사용합니다. 이 패턴을 직역하면 '~할 마지막 사람이다'라는 뜻인데, 이는 곧 '~할 사람이 아니다'는 뜻이 됩니다.

## Step 1 패턴 익히기 예문을 통해 영작 필수 패턴을 익히세요.

❶ 우리 엄마는 울 사람이 절대 아니다.

My mother **would be the last person to** cry.

❷ 내 남자 친구는 거짓말할 사람이 절대 아니다.

My boyfriend **would be the last person to** tell a lie.

❸ 내 여동생은 명품* 가방을 살 사람이 절대 아니다.

My sister **would be the last person to** buy a designer name bag.

❹ 그녀는 쉽게 이직할 사람이 절대 아니다.

She **would be the last person to** change jobs easily.

❺ 우리 부장님은 우리에게 점심을 살 사람이 절대 아니다.

My manager **would be the last person to** buy lunch for us.

힌트 명품 designer name

## Step 2 도전! 영작문 주어진 우리말을 영어로 써보세요.

❶ 
I thought ✎_____

(우리 엄마는 절대 울 사람이 아니라고.) However, when my grandmother passed away,* she cried a lot. I was really surprised to see my mother crying like that, and it made me sad.

pass away 돌아가시다

❷ 
My sister loves buying clothes and accessories. However, although she is very fashionable, ✎_____

(내 동생은 절대 명품백을 살 사람이 아니다.)

**모범 답안**

❶ 나는 생각했었다 my mother would be the last person to cry. 그러나 우리 할머니가 돌아가셨을 때, 엄마는 많이 우셨다. 엄마가 그렇게 우시는 것을 보고 나는 무척 놀랐다. 그리고 나도 슬퍼졌다.

❷ 내 동생은 옷과 액세서리 사는 것을 좋아한다. 그러나 그녀가 아무리 유행을 따른다고 할지라도, my sister would be the last person to buy a designer name bag.

# Pattern 084  No matter how 형용사 + 주어 + 동사

~가 아무리 …해도

'아무래 ~해도 …하겠다'와 같이 강조해서 말할 때 사용하는 패턴입니다. 〈No matter how 형용사 + 주어 + 동사〉의 어순으로 사용하세요. how 대신 what을 써서 〈No matter what + 동사〉 하면 '아무리 뭐가 ~해도'라는 뜻이 됩니다.

## Step 1  패턴 익히기  예문을 통해 영작 필수 패턴을 익히세요.

❶ 그게 아무리 어려워도 시도해 봐.

**No matter how** hard it is, just try it.

❷ 그는 아무리 피곤해도 퇴근 후에 영어공부를 한다.

**No matter how** tired he is, he studies English after work.

❸ 친환경* 제품들이 아무리 비싸도 그것은 살 만한 가치가 있다.

**No matter how** expensive an environment-friendly product is, it's worth buying.

❹ 뭐가 할인중이든 나는 뭔가를 사고 싶다.

**No matter what** is on sale, I like to buy something.

❺ 어떤 일이 벌어져도 우리 사장님은 중립적인* 태도를 취할 수 있다.

**No matter what** happens, my boss is able to have a neutral attitude.

힌트 친환경 environment-friendly  중립적인 neutral

## Step 2  도전! 영작문  주어진 우리말을 영어로 써보세요.

❶

Everyone always praises him for his passion because ✐_____

_____ (그는 아무리 피곤해도 퇴근 후에 영어공부를 한다.)

❷

I have a bad habit of buying products on impulse.* Whenever I turn on my computer, I visit an online apparel* shopping website. ✐_____

_____ (뭐가 할인중이든 나는 뭔가를 사고 싶다.)

on impulse 충동적으로  apparel 의류, 의복

모범 답안

❶ 모든 이들은 그의 열정을 칭찬한다. 왜냐하면 no matter how tired he is, he studies English after work.
❷ 나는 충동구매를 하는 나쁜 습관이 있다. 나는 컴퓨터를 켤 때마다 인터넷 의류 쇼핑몰에 들어간다. No matter what is on sale, I like to buy something.

문자메시지

친구들과 대화하거나 사진을 주고받을 때 문자메시지를 많이 사용하죠?
문자메시지의 경우 회화체에서 사용하는 패턴이 거의 그대로 사용되므로,
이번 파트의 패턴을 잘 익혀 놓으면 문자뿐만 아니라 생활회화에도 큰 도움이 됩니다.
자주 사용하는 축약어들도 수록했으니, 이를 참고해서 문자메시지를 영어로 보내 보세요.

## ✔ 영작문 포인트 정리

문자메시지는 주로 우리가 일상에서 나누는 대화들이 말 대신 글의 형태로 옮겨진 것입니다. 글로 나누는 대화이다 보니 다른 글보다 구어체 표현들이 많이 등장하고 신속하게 묻고 대답해야 하므로 '속도'와 '순발력'이 관건이지요. 문자메시지를 잘 쓰고 싶다면 평소 여러분이 휴대폰이나 SNS로 나누는 대화들을 영어로 쓰는 연습을 많이 해 보세요. 안부를 묻고 약속을 정하거나 확인하는 등 일상 대화상황에 자주 등장할 만한 표현들을 정확한 어순으로 알아두면 유용합니다. 감정을 나타내는 표현들을 적절히 활용하면 보다 재미있고 표현력 있는 메시지가 될 겁니다. 다양한 상황을 영어로 표현해 보면서 영작과 회화 실력을 동시에 길러 보세요.

### 안부 묻기

How have you been? / How are you (doing)? / How's it going with you?

What's new? / What's up?  잘 지내지? 어떻게 지내니?

### 대답

Same as usual. / Nothing special. / Not much.  별일 없어요.

I couldn't be better. / I can't complain.  굉장히 좋아요.

I could be better. / Not very well.  별로예요.

### 감정

I am upset about her attitude.  난 그녀의 태도에 속상해.

I don't feel like going there.  난 거기에 갈 기분이 아니야.

I was surprised to hear that.  난 그 얘기 듣고 놀랐어.

I was shocked to see the score.  난 그 점수 보고 충격 받았어.

## Pattern 085 How are things with...?

~와는 잘돼 가요?

상대방의 안부를 묻는 표현입니다. 막상 문자로 안부를 물을 때 어떻게 물어야 할지 고민이었다면 How are things...?를 사용해 보세요. 뒤에 with, at, in 등의 전치사를 붙여서 연결하면 됩니다.

| Step 1 | 패턴 익히기 | 예문을 통해 영작 필수 패턴을 익히세요. |
| --- | --- | --- |

❶ 남자 친구랑은 잘돼 가?　　　　　　**How are things with** your boyfriend?

❷ 네 프로젝트는 잘돼 가?　　　　　　**How are things with** your project?

❸ 상사와의 관계는 잘돼 가?　　　　　**How are things with** your boss?

❹ 서울 생활은 잘돼 가?　　　　　　　**How are things in** Seoul?

❺ 회사는 잘돼 가요?　　　　　　　　**How are things at** the office?

| Step 2 | 도전! 영작문 | 주어진 우리말을 영어로 써보세요. |
| --- | --- | --- |

❶
A: ✎ _____

(요즘 남자 친구랑은 잘돼 가?) Are you still fighting with each other?

B: Yea, every day we find new things to argue about. I have no idea how to solve our issues.

❷
A: ✎ _____ (서울 생활은 좀 어때?)

B: Pretty good. The weather here these days is much cooler than it was last month, and people seem to be a bit more relaxed* after resting during the holidays.

relaxed (사람이) 여유 있는

모범 답안

❶ A: How are things with your boyfriend these days? 아직도 서로 싸우니?
B: 응, 우리는 매일 다툴 것들이 새로 생겨. 우리 문제를 어떻게 풀어야 할지 모르겠어.
❷ A: How are things in Seoul?
B: 꽤 좋아. 여기 날씨도 지난달보다 훨씬 시원하고, 사람들도 휴일 동안 휴식을 취한 후라 더 여유로운 것 같아.

문자메시지

## Pattern 086　Let me know...

~을 알려줘

문자메시지를 통해 일정이나 정보를 주고받을 때 이 패턴을 사용해 보세요. Let me know...를 직역하면 '내가 ~을 알게 해 줘'이므로, 즉 '나에게 ~을 알려줘'라는 뜻이 됩니다. I'll let you know...(~을 알려줄게)도 함께 기억해 두세요.

---

**Step 1　패턴 익히기** 예문을 통해 영작 필수 패턴을 익히세요.

❶ 그의 휴대폰 번호를 알려줘.　　　　　　　**Let me know** his cell phone number.

❷ 네 주소를 알려줘.　　　　　　　　　　　**Let me know** your address.

❸ 거기에 어떻게 가는지 알려줘.　　　　　　**Let me know** how to get there.

❹ 너를 어디서 만날지 알려줘.　　　　　　　**Let me know** where to meet you.

❺ 네가 어떻게 했는지 알려줘.　　　　　　　**Let me know** how you did.

---

**Step 2　도전! 영작문** 주어진 우리말을 영어로 써보세요.

❶
A: We are meeting today, right? ✐_____
(너를 어디서 만날지 알려줘.)
B: Come to my home by 3 p.m.

❷
A: I'm nervous because I'll get my test result today. I really want to get a high score.
B: You will get a great result. Once you get it, ✐_____
_____ (어떻게 됐는지 알려줘.)

---

모범 답안

❶ A: 오늘 우리 만나는 거 맞지? Let me know where to meet you.
　 B: 오후 3시까지 우리 집으로 와.
❷ A: 긴장된다. 오늘 시험결과를 받거든. 정말 높은 점수를 받고 싶어.
　 B: 넌 좋은 결과를 받을 거야. 그게 나오면, let me know how you did.

## Pattern 087 Thank you for 이유

~해 줘서 고마워

문자메시지에서도 고마움을 자주 나타내 준다면 상대방에게 좋은 인상을 줄 수 있습니다. Thank you 뒤에 for를 붙여서 왜 고마운지 덧붙여 주세요. for 뒤에는 명사나 동명사(-ing)가 와야 합니다.

---

**Step 1 패턴 익히기** 예문을 통해 영작 필수 패턴을 익히세요.

❶ 집에 데려다 줘서 고마워요.

**Thank you for** taking me home.

❷ 날 챙겨 줘서 고마워.

**Thank you for** taking care of me.

❸ 내 얘기를 들어 줘서 고마워.

**Thank you for** listening to me.

❹ 내 졸업을 축하해 줘서 고마워.

**Thank you for** congratulating me on my graduation.

❺ 나에게 소개팅을 주선해* 줘서 고마워.

**Thank you for** setting me up on a blind date.

힌트 ~에게 만남을 주선해 주다 set... up

---

**Step 2 도전! 영작문** 주어진 우리말을 영어로 써보세요.

❶
　A: ✎ _____

　　(집에 데려다 줘서 고마워요.) Did you get home all right?

　B: Yes, I'm about to arrive home now. I had a great time with you.

❷
　A: ✎ _____

　　(나에게 소개팅을 주선해 줘서 고마워.)

　B: It's my pleasure. Hope that you will get over* your ex-boyfriend and find a good man.

get over 극복하다

---

모범 답안

❶ A: Thank you for taking me home. 집에 잘 들어가셨나요?
　 B: 네. 지금 막 집에 도착했어요. 오늘 함께해서 즐거웠어요.
❷ A: Thank you for setting me up on a blind date.
　 B: 별말씀을. 네가 전 남자친구를 잊고 좋은 남자를 찾길 바랄게.

# Pattern 088 Don't forget to 동사원형

~하는 것을 잊지 마

뭔가를 잊지 말라고 당부하는 표현입니다. Don't forget 뒤에 -ing가 아니라 to부정사로 내용을 연결한다는 점에 주의하세요.

---

**Step 1** **패턴 익히기** 예문을 통해 영작 필수 패턴을 익히세요.

❶ 내일 나에게 전화하는 거 잊지 마.　　　**Don't forget to** call me tomorrow.

❷ 우산 가져가는 거 잊지 마.　　　　　　**Don't forget to** take your umbrella.

❸ 오늘 밤 나한테 그 파일 보내는 거 잊지 마.　**Don't forget to** send me the file tonight.

❹ 네 블로그에 내 사진 올리는 것 잊지 마.　　**Don't forget to** post my picture on your blog.

❺ 네가 늦어지면 나한테 전화하는 거 잊지 마.　**Don't forget to** call me if you are going to be late.

---

**Step 2** **도전! 영작문** 주어진 우리말을 영어로 써보세요.

❶
A: ✎_____ (네 블로그에 내 사진 올리는 거 잊지 마.)

B: Okay. I won't.

A: I am looking forward to seeing it.

❷
A: It was nice seeing you today. ✎_____

(내일 나에게 숙제에 대해서 전화하는 거 잊지 마.)

B: Yea, I had fun too. I will finish work around 9 p.m. tomorrow, so I will give you a call after then.

---

모범 답안

❶ A: Don't forget to post my picture on your blog.
　 B: 응, 그럴게.
　 A: 나 그거 보는 게 너무 기대돼.
❷ A: 오늘 널 봐서 기뻤어. Please don't forget to call me tomorrow about the homework.
　 B: 응, 나도 재밌었어. 내일 오후 9시쯤 일을 끝낸 다음 너에게 전화할게.

## Pattern 089  I've got to 동사원형

나는 ~해야 한다

뭔가 해야 할 일이 있을 때 I have to...를 먼저 떠올리겠지만, 이 표현 역시 아주 많이 사용하는 표현이니 꼭 외워두세요. 여기서 got은 get의 과거분사입니다.

### Step 1  패턴 익히기 예문을 통해 영작 필수 패턴을 익히세요.

❶ 나는 오늘 학교에 가야 해.                    I've got to go to school today.

❷ 그녀는 숙제를 해야 해.                       She's got to do her homework.

❸ 너는 돈을 저축해야 해.*                      You've got to put money into savings.

❹ 우리는 프로젝트 작업을 시작해야 해요.        We've got to start working on a project.

❺ 그는 내일 있을 면접을 준비해야 해.          He's got to prepare for an interview tomorrow.

힌트 저축하다 put money into savings

### Step 2  도전! 영작문 주어진 우리말을 영어로 써보세요.

❶
A: What are you going to do tonight? Why don't we go for a drink?

B: I'm sorry. ✐_____ (나는 오늘 학교에 가야 해.)
My final exam is just around the corner.*

just around the corner 곧 다가오는

❷
A: Even though I've been working for a company for more than 3 years, I'm broke.*

B: ✐_____

(너는 돈을 저축해야 해.)

broke 빈털터리인

모범 답안
❶ A: 오늘밤에 뭐 할 거야? 우리 술 마시러 안 갈래?
   B: 미안해. I've got to go to school today. 기말고사가 다가오고 있거든.
❷ A: 3년 넘게 회사를 다녔는데도 난 돈이 없어.
   B: You've got to put money into savings.

# Pattern 090 had better 동사원형

~하는 게 낫겠다

조언을 할 때 자주 사용하는 표현입니다. You had better를 축약해서 You'd better...로 사용할 때가 많은데, 이때 'd는 would가 아니라 had인 점을 잊지 마세요.

## Step 1 패턴 익히기 예문을 통해 영작 필수 패턴을 익히세요.

❶ 그는 집에 가서 쉬는 게 낫겠다.

He'd **better** go home and rest.

❷ 그녀는 달리기를 포기하는 게 낫겠어.

She'd **better** give up running.

❸ 너는 밤에는 나가지 않는 게 좋겠다.

You'd **better** not go out at night.

❹ 돈을 모으기 위해서 나는 쇼핑을 가지 않는 게 좋겠어.

I'd **better** not go shopping so that I can save money.

❺ 내 남자 친구는 건강을 위해서 흡연을 하지 않는 게 좋겠어.

My boyfriend **had better** not smoke for his health.

## Step 2 도전! 영작문 주어진 우리말을 영어로 써보세요.

❶

A: It seems like he drank a bit too much already. He doesn't look so well.

B: Yea. I think he should have stopped after one beer. 🖉_____

_____ (그는 집에 가서 쉬는 게 낫겠어.)

❷

A: Is she ok? I heard that she injured* her knee last week.

B: Yea, she tore a ligament* in her knee. These days she has been training for a marathon, but I think now 🖉_____

(그녀는 달리기를 포기하는 게 나을 것 같아.) Otherwise she could injure herself more.

injure 부상을 입다/입히다   ligament 인대

**모범 답안**

❶ A: 그는 벌써 너무 많이 마신 것 같아. 별로 안 좋아 보이는데.
   B: 응. 그는 맥주 한 잔 마시고 그만 마셨어야 했어. He'd better go home and rest.

❷ A: 그녀는 괜찮아? 그녀가 지난주에 무릎을 다쳤다고 들었어.
   B: 응, 무릎의 인대가 찢어졌어. 요즘 그녀는 마라톤을 위한 훈련을 받고 있어. 그러나 내 생각에 이제 she'd better give up running. 그렇지 않으면 그녀는 더 다칠 수도 있어.

## Pattern 091　come over to 장소

~로 오다

친구나 동료들과 약속을 정할 때 사용하면 좋은 표현입니다. here 앞에는 to를 쓰지 않기 때문에 '여기로 오다'라고 할 때는 to 없이 come over here라고 하면 됩니다.

---

**Step 1　패턴 익히기** 예문을 통해 영작 필수 패턴을 익히세요.

❶ 네가 내 송별회에 와 줬으면 해.

I want you to **come over to** my farewell party.

❷ 사장님께서는 나에게 회식에 오라고 하셨어.

My boss told me to **come over to** a company party.

❸ 가능한 빨리 책 가지고 우리 교실로 와.

**Come over to** our classroom with the book as soon as possible.

❹ 우리가 너희 집에 가도 되겠니?

Can we **come over to** your house?

❺ 지금 여기로 올 수 있어?

Can you **come over** here now?

---

**Step 2　도전! 영작문** 주어진 우리말을 영어로 써보세요.

❶

A: ✎_____ (지금 여기로 올 수 있어?) Peter is totally wasted.*

B: Omg. I'll leave as soon as I'm ready to go out. Please send me the directions by text.*

wasted 술에 찌든　by text 문자로

❷

A: As you already know, I'm leaving here tomorrow. ✎_____

_____ (네가 내 송별회에 와 줬으면 해.)

B: For sure. Please let me know where to go.

---

**모범 답안**

❶ A: Can you come over here now? Peter가 완전히 취했어.
　 B: 맙소사. 나갈 준비되는 대로 바로 떠날게. 문자로 위치 좀 알려줘.

❷ A: 네가 이미 알다시피, 나는 내일 여기를 떠나. I want you to come over to my farewell party.
　 B: 당연하지. 어디로 가야 할지 알려줘.

# Pattern 092    make it (to 장소)

가다, 참석하다

make it은 '성공하다, 해내다'뿐만 아니라, 어떤 모임 등에 '가다, 참석하다'라는 뜻도 있어요. 뒤에 장소를 붙일 때는 to로 연결해요. 활용도가 높은 표현이므로 꼭 외워 두세요.

---

## Step 1   패턴 익히기   예문을 통해 영작 필수 패턴을 익히세요.

❶ 미안하지만 난 못 갈 것 같아.     I'm sorry, but I can't **make it**.

❷ 그녀는 이번 주 금요일에 못 가.     She can't **make it** this Friday.

❸ 무슨 일이 있어도 우리는 회의에 참석해야만 한다.     We should **make it** to our meeting no matter what happens.

❹ 그는 네 송별회에 못 간다고 말했어.     He said that he couldn't **make it** to your farewell party.

❺ 초대해줘서 고맙지만 못 갈 것 같아.     Thank you for inviting me but I can't **make it**.

---

## Step 2   도전! 영작문   주어진 우리말을 영어로 써보세요.

❶
   A: I'm going to hold my birthday party this Friday. Please come over.

   B: ✎_____ (미안하지만 난 못 갈 것 같아)

   because I broke my leg yesterday.

❷
   A: ✎_____

     (그는 네 송별회에 못 간다고 말했어.)

   B: Really? What happened to him? He is the last person I expected to not come to my party.

---

**모범 답안**

❶ A: 이번 주 금요일에 내 생일파티를 할 거야. 꼭 와.
   B: I'm sorry, but I can't make it 왜냐하면 어제 다리가 부러졌거든.

❷ A: He said that he couldn't make it to your farewell party.
   B: 정말? 그에게 무슨 일 생겼어? 그는 내 파티에 안 올 사람이 아닌데.

## Pattern 093   Do you have... in mind?

~하고 싶은 것 있니?

친구나 바이어를 만나기 전에 상대방에게 먹고 싶은 것이나 하고 싶은 것을 묻는 경우가 많죠? 그럴 때 사용하면 아주 유용합니다. mind 앞에 관사나 소유격 없이 in mind를 붙여서 써 주세요.

---

**Step 1   패턴 익히기** 예문을 통해 영작 필수 패턴을 익히세요.

❶ 가고 싶은 식당 있니?

**Do you have** any restaurant **in mind**?

❷ 보고 싶은 영화 있어?

**Do you have** a movie **in mind**?

❸ 어떤 색깔을 생각하고 있나요?

What kind of color **do you have in mind**?

❹ ABC 가게에서 사고 싶은 것 있니?

**Do you have** anything **in mind** that you would like to buy in ABC Store?

❺ 네 선물은 정확히 내가 갖고 싶었던 거야.

Your present is exactly what **I had in mind**.

---

**Step 2   도전! 영작문** 주어진 우리말을 영어로 써보세요.

❶
A: 🖊 _____ (보고 싶은 영화 있어?)

B: I want to watch the movie, "Singles." Before we met, I searched for some movies on the Internet and it got a lot of good reviews from people.

❷
A: 🖊 _____

(ABC 가게에서 사고 싶은 것 있니?) I'd like to give you a gift for your birthday.

B: Thanks, but it's hard to choose a product because I don't know what the store sells.

---

모범 답안

❶ A: Do you have a movie in mind?
   B: 나는 '싱글즈' 보고 싶어. 우리가 만나기 전에 인터넷에서 영화를 몇 개 찾아 봤는데, 그게 사람들로부터 좋은 평가를 많이 받았더라.
❷ A: Do you have anything in mind that you would like to buy in ABC Store? 나는 너에게 생일 선물을 주고 싶어.
   B: 고마워. 하지만 물건을 고르는 게 힘들어. 왜냐하면 그 가게가 뭘 파는지 모르거든.

## Pattern 094　I hope that...

나는 ～하기를 바란다

자신의 희망사항을 말할 때뿐만 아니라 상대방에게 덕담을 해 줄 때도 I hope를 사용해 보세요. 뒤에는 that절을 붙이면 됩니다.

---

**Step 1** 패턴 익히기 예문을 통해 영작 필수 패턴을 익히세요.

❶ 조만간 우리가 다시 만나길 바랄게.      **I hope that** we will meet again soon.

❷ 조만간 네가 취직하길* 바랄게.      **I hope that** you will find a job soon.

❸ 내일 비가 안 오면 좋겠어.      **I hope that** it won't rain tomorrow.

❹ 네가 한국에서 좋은 시간을 보냈기를 바라.      **I hope that** you had a great time in Korea.

❺ 모든 게 잘 되기를 바랄게.      **I hope that** everything will be fine.

힌트 취직하다 find a job

---

**Step 2** 도전! 영작문 주어진 우리말을 영어로 써보세요.

❶
　A:　It's nice to get to know you. ✎＿＿＿＿＿＿＿＿＿＿＿＿＿＿＿＿＿
　　　(조만간 우리가 다시 만나길 바랄게.)
　B:　I was pleased to meet you. Take care.

❷
　A:　Do you have any plans for tomorrow?
　B:　I'm going to go on a picnic with my girlfriend, but I'm worried about the weather.
　　　✎＿＿＿＿＿＿＿＿＿＿＿＿＿＿＿＿＿ (내일 비가 안 오면 좋겠어.)

---

모범 답안

❶ A: 너를 알게 돼서 기뻐. I hope that we will meet again soon.
　 B: 나도 너를 만나게 돼서 기뻤어. 잘 지내.
❷ A: 내일 무슨 계획 있어?
　 B: 난 여자 친구랑 소풍 갈 거야. 근데 날씨 때문에 걱정돼.
　　 I hope that it won't rain tomorrow.

## Pattern 095  I'll help you 동사원형

나는 네가 ~하는 것을 도울 것이다

I'll help you. 하면 '내가 너를 도와줄게.'라는 뜻입니다. '네가 ~하는 걸 도와줄게.'라고 하려면 I'll help you 뒤에 동사원형을 붙이면 됩니다. 또는 〈with + 명사〉를 붙여도 됩니다. 예문을 통해서 어순을 익혀 두세요.

---

**Step 1**  **패턴 익히기** 예문을 통해 영작 필수 패턴을 익히세요.

❶ 네가 숙제하는 걸 도와줄게.        **I'll help you** do your homework.

❷ 네가 성공하도록 도와줄게.        **I'll help you** succeed.

❸ 네가 견디기* 위한 방법을 찾도록 도와줄게.        **I'll help you** find a way to hold on.

❹ 너의 프로젝트를 도와줄게.        **I'll help you with** your project.

❺ 그거 먼저 도와줄게.        **I'll help you with** that first.

힌트 견뎌 내다 hold on

---

**Step 2**  **도전! 영작문** 주어진 우리말을 영어로 써보세요.

❶
A: It must be hard for you to work two jobs and finish all of your studying.

✐_____ (내가 너의 프로젝트를 도와줄게.)

B: Oh! Are you sure? If you have time, would you mind researching some topics for me?

❷
A: I have to go home soon, but ✐_____

(그거 먼저 도와줄게.) What do you need me to do?

B: Oh! Thank you so much! I need to design the logo for the new product, but I am not sure how to use this program. If you have time, would you mind showing me?

---

모범 답안

❶ A: 두 가지 일을 하면서 너의 공부를 모두 마치는 것은 분명 어려울 거야. I will help you with your project.
    B: 오! 진심이야? 시간이 있으면, 나를 위해 몇 가지 주제를 찾아 줄래?
❷ A: 나는 곧 집에 가야 해. 하지만 I will help you with that first. 내가 뭘 해야 할까?
    B: 어, 정말 고마워! 나는 신상품 로고를 디자인해야 해. 그런데 이 프로그램을 사용하는 방법을 잘 모르겠어. 시간이 있으면, 나에게 보여줄 수 있을까?

## Pattern 096　can't wait to 동사원형

너무 ~하고 싶다

'~하고 싶다'라는 말로 want to, like to, love to를 떠올리겠지만, 하고 싶은 마음이 아주 간절할 때는 더욱 강조하는 표현인 〈can't wait to 동사원형〉을 써 보세요. 너무 하고 싶어서 기다리기 힘들다는 뉘앙스가 전해지는 표현입니다.

---

**Step 1　패턴 익히기** 예문을 통해 영작 필수 패턴을 익히세요.

❶ 네가 너무 보고 싶다.　　　　　　　　I **can't wait to** see you.

❷ 나는 너와 빨리 저녁을 먹고 싶다.　　I **can't wait to** have dinner with you.

❸ 빨리 집에 가고 싶어.　　　　　　　　I **can't wait to** go back home.

❹ 그는 여자 친구와 빨리 결혼하고 싶어 한다.　He **can't wait to** get married with his girlfriend.

❺ 그녀는 퇴근 후에 빨리 드라이브를 가고 싶어 한다.　She **can't wait to** go for a drive after work.

---

**Step 2　도전! 영작문** 주어진 우리말을 영어로 써보세요.

❶
A: How have you been?

B: I've been good. It's been a long time since we met. ✎_____

_____ (네가 너무 보고 싶다.)

❷
A: How is your blind date* going?

B: ✎_____ (빨리 집에 가고 싶어.)

He is very boring. I'm trying to be nice to him out of respect* for my friend.

blind date 소개팅　out of respect 존경심 때문에, 체면 때문에

---

❶ A: 그동안 잘 지냈어?
　 B: 잘 지냈어. 우리 만난 지 오래 됐어. I can't wait to see you.
❷ A: 소개팅 어떻게 돼 가고 있어?
　 B: I can't wait to go back home. 그는 너무 지루해. 내 친구 체면 때문에 나는 그에게 잘해 주려고 노력하고 있어.

## Pattern 097 be crazy about...

~에 열광하다

crazy를 부정적인 뜻으로 생각하는 경우가 많은데, crazy는 무언가를 열광적으로 좋아할 때도 사용합니다. 전치사 about과 연결되는 점 잊지 마세요.

---

### Step 1 패턴 익히기 예문을 통해 영작 필수 패턴을 익히세요.

❶ 그녀는 명품* 가방을 몹시 좋아한다.

She **is crazy about** brand-name bags.

❷ 그는 야구경기에 열광한다.

He **is crazy about** baseball games.

❸ 내 친구들은 모두 클럽을 좋아한다.

All of my friends **are crazy about** clubs.

❹ 너는 어떤 것에 열광하니?

What **are** you **crazy about**?

❺ 나는 사람들이 왜 그 배우한테 열광하는지 이해를 못하겠어.

I can't understand why people **are crazy about** that actor.

힌트 명품 brand-name

---

### Step 2 도전! 영작문 주어진 우리말을 영어로 써보세요.

❶

A: I'm thinking about breaking up with my boyfriend. It's been a while since we went out for a date.

B: ✎_____ (그가 야구경기에 열광한다고 들었어.) Is that the reason why he doesn't meet you?

❷

A: Why don't we see that movie? It features* Ericson!

B: I heard he is famous these days. But ✎_____

_____ (나는 사람들이 왜 그 배우한테 열광하는지 이해를 못하겠어.)

feature 특징으로 삼다

모범 답안

❶ A: 나는 내 남자 친구와 헤어질까 생각 중이야. 우리가 데이트한 지도 꽤 됐어.
　 B: I heard he is crazy about baseball games. 그게 그가 너를 안 만나는 이유니?

❷ A: 우리 저 영화 보는 것 어때? 저 영화에 Ericson이 나온대!
　 B: 그가 요새 유명하다고 들었어. I can't understand why people are so crazy about him.

125

## Pattern 098 whether... or not

~인지 아닌지

정확하지 않은 것을 묻거나 말할 때는 whether를 사용해 보세요. 확신이 없는 것을 나타내기 위해 사용할 수 있습니다. whether 대신 if(~인지 아닌지)를 사용하기도 합니다.

---

**Step 1** **패턴 익히기** 예문을 통해 영작 필수 패턴을 익히세요.

❶ 그녀는 그가 거짓말을 했는지 안 했는지 알고 싶어 한다.

She wants to know **whether** he told a lie **or not**.

❷ 나는 그 수업이 좋은지 아닌지 알고 싶어.

I want to know **whether** the class is good **or not**.

❸ 우리 교수님이 거기 오셨는지 아닌지 모르겠어.

I don't know **whether** our professor is there **or not**.

❹ 내가 나중에* 다시 올 수 있을지 아닐지 잘 모르겠어.

I don't know **whether** I could come back afterward **or not**.

❺ 그녀가 네 파티에 올지 안 올지 알고 싶어.

I want to know **whether** she will come to your party **or not**.

힌트 나중에 afterward

---

**Step 2** **도전! 영작문** 주어진 우리말을 영어로 써보세요.

❶
A: Did you hear that Mary got angry at Peter? Everything seemed just fine between them.

B: I know that. 🖉_____

(그녀는 그가 거짓말을 했는지 안 했는지 알고 싶어 해.)

❷
A: Are you in class? Has the class started?

B: I'm going to school now, so 🖉_____

_____ (우리 교수님이 오셨는지 안 오셨는지 모르겠어.)

---

모범 답안

❶ A: Mary가 Peter한테 화낸 거 들었어? 그들 사이에는 문제가 없어 보였는데 말이지.
   B: 알아, She wants to know whether he told a lie or not.
❷ A: 너 강의실에 있어? 수업 시작했어?
   B: 지금 학교 가고 있어. 그래서 I don't know whether our professor is there or not.

126

## Pattern 099 — deserve to 동사원형

~할 만하다

누군가에게 좋은 일이 있어서 축하해 줄 때 사용하는 표현입니다. '~는 …할 만하다'라는 뜻으로 그 사람의 능력을 인정해 주는 표현이지요. 이런 얘기를 해 주면 상대방의 기분이 좋아지겠죠?

---

### Step 1  패턴 익히기  예문을 통해 영작 필수 패턴을 익히세요.

❶ 당신은 승진할 만해요.     You **deserve to** get a promotion.

❷ 그녀는 인터뷰에 합격할 만해.     She **deserves to** pass the interview.

❸ 그 팀은 시합에서 이길 만했어.     The team **deserved to** win the game.

❹ 그는 토익에서 높은 점수를 받을 만해.     He **deserves to** get a high score on TOEIC.

❺ 제 동료는 최고의 직원으로 인정* 받을 만 해요.     My co-worker **deserves to** be recognized as the best worker.

🔖 인정하다 recognize

---

### Step 2  도전! 영작문  주어진 우리말을 영어로 써보세요.

❶
A: Congratulations! 🖊_____

(당신은 승진할 만해요.)

B: Thanks. Without my team members' help, I couldn't have gotten a promotion.

❷
A: Did you see the soccer game between Korea and Japan yesterday?

B: Of course. 🖊_____

(한국 팀은 시합에서 이길 만했어.)

---

**모범 답안**

❶ A: 축하해요! You deserve to get a promotion.
　 B: 고마워요. 저희 팀원들의 도움이 아니었다면, 전 승진을 못했을 거예요.
❷ A: 어제 한국과 일본의 축구경기 봤니?
　 B: 물론이지. The Korean team deserved to win the game.

## Pattern 100 · treat 사람 to 명사

~에게 …을 대접하다

treat에는 '대접하다, 한턱내다'라는 뜻이 있어요. 그래서 'A에게 B를 대접하다'라고 하려면 treat A to B라고 하면 됩니다. 이를 treat B to A로 실수하는 경우가 많으니 주의하세요.

---

**Step 1** **패턴 익히기** 예문을 통해 영작 필수 패턴을 익히세요.

❶ 내가 너에게 점심 살게. | I will **treat** you **to** lunch.

❷ 그가 너에게 저녁을 대접했니? | Did he **treat** you **to** dinner?

❸ 점심 후에 커피 살게. | I'll **treat** you **to** coffee after lunch.

❹ 우리 사장님은 나에게 아무 것도 사 주신 적이 없어. | My boss hasn't **treated** me **to** anything.

❺ 저녁 사 주셔서 고마워요. | Thank you for **treating** me **to** dinner.

---

**Step 2** **도전! 영작문** 주어진 우리말을 영어로 써보세요.

❶
A: ✐_____ (점심 후에 커피 살게.)
   Are you available?
B: I'm sorry. I can't have coffee with you because I'm busy working today.

❷
A: ✐_____ (오늘 저녁
   사 주셔서 고마웠어요.) I'll treat you to coffee.
B: It's alright. See you later.

---

**모범 답안**

❶ A: I'll treat you to coffee after lunch. 시간 돼?
   B: 미안해. 너랑 같이 커피 못 마실 거 같아. 오늘 일하느라 바쁘거든.
❷ A: Thank you for treating me to dinner today. 제가 커피 살게요.
   B: 괜찮아요. 나중에 봐요.

# Pattern 101 It doesn't make sense to 동사원형

~하는 건 말도 안 돼

make sense 하면 '이치에 맞다, 말이 되다'라는 뜻이에요. 따라서 말이 안 되는 상황이나 이해가 안 되는 행동에 대해서 It doesn't make sense to...를 사용하면 좋아요.

## Step 1 패턴 익히기 예문을 통해 영작 필수 패턴을 익히세요.

❶ 포기하는 건 말도 안 돼.

**It doesn't make sense to** give up.

❷ 공부하느라 밤을 샌다는 건 말도 안 돼.

**It doesn't make sense to** stay up all night studying.

❸ 세계 일주를 하는* 건 말도 안 돼.

**It doesn't make sense to** go around the world.

❹ 허락* 없이 수업을 빠지는 것은 말도 안 돼.

**It doesn't make sense to** be absent from the class without permission.

❺ 아무 도움 없이 박스를 4개 이상 가져오는 건 말도 안 돼.

**It doesn't make sense to** bring more than 4 boxes without any help.

힌트 세계 일주를 하다 go around the world    허락, 허가 permission

## Step 2 도전! 영작문 주어진 우리말을 영어로 써보세요.

❶
A: 🖊 _____ (포기하는 건

말도 안 돼.) Please wait a little bit.

B: Did you forget we've got to meet our professor at 3 p.m.?

❷
A: 🖊 _____

_____ (허락 없이 수업을 빠지는 것은 말도 안 돼.)

B: But I can't wait to see the concert! I will make an excuse* to go there.

make an excuse 변명하다, 구실을 만들다

**모범 답안**

❶ A: It doesn't make sense to give up. 조금만 기다려 줘.
  B: 우리 오후 3시에 교수님 만나야 하는 것 잊었니?
❷ A: It doesn't make sense to be absent from the class without permission.
  B: 하지만 난 그 콘서트를 정말 보고 싶다고! 나는 거기에 가기 위한 구실을 만들 거야.

## Pattern 102　Rumor has it that...

~라는 소문이 있다

rumor는 '소문'이라는 뜻이에요. 정확하지 않은 얘기나 들려오는 소문을 전해줄 때 이 패턴을 사용해 보세요. 이때 rumor 앞에는 관사를 붙이지 않습니다.

---

**Step 1　패턴 익히기**　예문을 통해 영작 필수 패턴을 익히세요.

❶ 그가 이직을 원한다는 소문이 있어.

**Rumor has it that** he wants to change jobs.

❷ 우리 사장님이 이혼했다는 소문이 있더라.

**Rumor has it that** our boss divorced.

❸ 그가 여자 친구를 두고 바람을 피우고* 있다는 소문이 있어.

**Rumor has it that** he has been cheating on his girlfriend.

❹ 지난 주말에 네가 남자 친구와 헤어졌다는 소문이 있어.

**Rumor has it that** you broke up with your boyfriend last weekend.

❺ 오늘 우리한테 새로운 선생님이 생길 거라는 소문이 있어.

**Rumor has it that** we are getting a new teacher today.

힌트 ~를 두고 바람을 피우다 cheat on

---

**Step 2　도전! 영작문**　주어진 우리말을 영어로 써보세요.

❶
A: ✎ _____

(우리 사장님이 이혼했다는 소문이 있더라.)

B: Didn't you know that? It's well-known that our boss divorced last year.

❷
A: ✎ _____

(지난 주말에 네가 남자 친구와 헤어졌다는 소문이 있어.)

B: How it happened is very embarrassing.

---

모범 답안

❶ A: Rumor has it that our boss divorced.
　 B: 너 그거 몰랐어? 사장님이 작년에 이혼했다는 것은 다 아는데.
❷ A: Rumor has it that you broke up with your boyfriend last weekend.
　 B: 어떻게 그런 소문이 생긴 건지 대개 황당하네요.

K: OK

**K.** I will tell you later.
좋아요. 나중에 말해 줄게.

u: you

What time r **u** coming home?
집에 몇 시에 올 거야?

r: are

When **r** u planning on going?
언제 갈 예정이니?

ur: your

Did you stop by **ur** work?
너 회사 들렀어?

lol: laugh out loud

**lol...** I can't believe u did that.
하하하. 네가 그랬다니 믿을 수 없어!

omg: oh my god

**Omg,** did you see their new music video?
세상에, 걔네 새 뮤직 비디오 봤어?

BTW: by the way

**BTW,** did you call mom yet?
그런데 엄마한테 벌써 전화했어?

tmrw: tomorrow

Are we still meeting **tmrw?**
우리 내일 만나는 거 유효한 거죠?

urself: yourself

You don't have to do it **urself.** I can help u.
혼자 할 필요 없어. 내가 도와줄 수 있어.

tho: though

I'm not sure yet **tho.** I will let u know later.
그렇지만 아직 확실한 건 아니라서. 나중에 알려줄게.

&: and

I am with Bill **&** Sam.
나는 Bill이랑 Sam과 함께 있어.

R u ok: Are you ok?

**R u ok?** I heard that u quit ur job.
괜찮아? 너 회사 그만뒀다고 들었어.

| **BF/GF**: boyfriend/girlfriend | Are u & ur **BF** still fighting? |
| | 너랑 남자 친구랑 아직 냉전중이야? |

| **Fyi**: for your information | **Fyi**, tmrw we have a test in Math class. |
| | 너한테 알려주는데, 내일 우리 수학 시험 있어. |

| **np**: no problem | Sure, **np**. |
| | 그럼, 문제없어. |

| **jk**: just kidding | Lol, **jk**. I bought you one too. |
| | 하하하, 농담이야. 네 것도 하나 샀어. |

| **luv u**: love you | Haha, jk. I **luv u**! |
| | 하하, 농담이야. 사랑해! |

| **otw**: on the way | I'm **otw**. Be there soon. |
| | 가는 중이야. 곧 도착해. |

| **C u soon**: See you soon | I'm otw. **C u soon**. |
| | 가는 중이야. 이따 봐. |

| **Ttyl**: talk to you later | I will see you then. **Ttyl**. |
| | 그때 보자. 나중에 얘기해. |

| **brb**: be right back | I have to go to the restroom, **brb**. |
| | 화장실 가야 해. 금방 돌아올게. |

| **1 sec**: one second | Wait **1 sec**, I will check my schedule. |
| | 1초만 기다려, 내 일정 좀 확인해 볼게. |

| **thru**: through | Did u get **thru** the entire book yet? |
| | 아직 책 전체를 본 건 아니지? |

# Part
# 3

## 영작이 안 되면

말할 수 없는
스피킹 시험 패턴 46

# 영작이 안 되면 말할 수 없는
# 스피킹 시험 패턴 46

말하기 시험에 대한 관심이 계속 증가하고 있는 가운데, 그 중 학생들이 가장 많이 보는 시험이 TOEIC 스피킹과 OPIc입니다. 이들은 유형이 조금씩 다르긴 하지만, 정확한 어순의 문장으로 답변해야 좋은 점수를 얻을 수 있다는 점은 같습니다. 스스로 문장을 만들지 못하면 절대로 고득점을 얻을 수 없기 때문에 꼭 영작 연습을 해야 합니다. 이 책에 수록된 패턴들이 여러분에게 큰 힘이 되어 줄 겁니다.

TOEIC 스피킹

TOEIC 스피킹은 정해진 시간 안에 내 생각을 잘 정리해서 말해야 하는 시험입니다.
연습하다 보면 짧은 시간 안에 내가 하고 싶은 말을 조리 있게 한다는 것이 참 어렵게 느껴질 겁니다.
시간이 제한되어 있는 만큼 길고 장황하게 말하기보다 정확한 문장을 자연스럽게 말하는 것이 중요합니다.
정확한 문장을 말하기 위해서는 무엇보다 영작 연습이 필요합니다.

## ✔ 영작문 포인트 정리

TOEIC 스피킹 파트 중에서 학생들이 가장 어려워하는 부분이 자기 주장을 펼치는 파트입니다. 짧은 시간 안에 적절한 근거를 들어서 내 생각을 설명해야 하는데, 아무리 말을 많이 해도 의견을 제대로 표현하지 못하면 좋은 점수를 얻지 못합니다. 그래서 영어로 써보는 연습이 반드시 필요합니다. 이때 내 의견이나 생각을 나타낼 때 유용한 표현을 많이 익혀두면 유리합니다.

**In my opinion**, shopping online is better than shopping at local stores.
제 의견으로는 온라인 쇼핑이 지역 상점에서 쇼핑하는 것보다 더 낫습니다.

**I agree with this idea that** candidates should prepare for English interviews.
저는 지원자들이 영어 인터뷰를 준비해야 한다는 생각에 동의합니다.

**I disagree with this idea** that children have to learn different languages.
저는 어린이들이 다른 언어를 배워야 한다는 의견에 동의하지 않습니다.

**I do agree with this idea.** (do를 이용해서 agree를 강조해 줍니다.)
저는 이 의견에 매우 동의합니다.

**I prefer to** travel alone.
저는 혼자 여행하는 것을 선호합니다.

**I think** it is a good idea to work overtime at home.
저는 집에서 야근하는 것이 좋은 생각이라고 봅니다.

**There are many advantages of** using public transportation.
대중교통을 이용하는 것에는 많은 장점이 있습니다.

**There are a few disadvantages that** I can think of.
제가 생각할 수 있는 몇 가지 단점이 있습니다.

## Pattern 103  Why don't you 동사원형?

~하는 게 어때요?

상대방에게 제안을 할 때 매우 유용한 패턴입니다. 회의나 행사 등을 준비하는 사람에게 조언이나 팁을 줄 때 사용해 보세요. How about -ing?(~하는 게 어때요?)도 함께 알아두세요.

---

**Step 1  패턴 익히기** 예문을 통해 영작 필수 패턴을 익히세요.

❶ 채식을* 준비하는 게 어때요?

**Why don't you** prepare vegetarian food?

❷ 2층을 사용하는 게 어때?

**Why don't you** use the 2nd floor?

❸ Peter를 위한 은퇴* 날짜를 연기하는 게 어때요?

**Why don't you** delay the retirement date for Peter?

❹ 무료* 조식을 제공하는 건 어떨까요?

**Why don't you** give complimentary breakfast?

❺ 다른 호텔과 얘기해서 다른 옵션이 있는지 물어보는 게 어때요?

**Why don't you** talk with another hotel and ask for other options?

힌트 채식주의자 vegetarian   은퇴 retirement   무료의 complimentary

---

**Step 2  도전! 영작문** 주어진 우리말을 영어로 써보세요.

❶

✎＿＿＿＿＿＿＿＿＿＿＿＿＿＿＿＿＿＿＿＿＿＿＿＿＿＿＿＿ (채식을 준비하는 게 어때요?) As I know, there are twenty vegetarians in our company. They will like the food.

❷

✎＿＿＿＿＿＿＿＿＿＿＿＿＿＿＿＿＿＿＿＿＿＿＿＿ (2층을 사용하는 게 어때?) It is big enough for five people to work and there are some vacant* chairs and desks.

vacant 비어 있는, 사람이 없는

---

모범 답안

❶ Why don't you prepare vegetarian food? 제가 알기로는 우리 회사에서 20명이 채식주의자예요. 그들은 그 음식을 좋아할 거예요.
❷ Why don't you use the 2nd floor? 5명이 일하기에 충분히 넓고, 빈 의자와 책상들도 좀 있어.

136

## Pattern 104  It would be a good idea to 동사원형

~하는 건 좋은 생각인 것 같아요

뭔가를 제안하거나 아이디어를 제공할 때 좀 더 부드럽게 표현할 수 있는 패턴입니다. idea(생각)가 명사이기 때문에 앞에 관사를 써야 한다는 것을 잊지 마세요.

---

**Step 1  패턴 익히기**  예문을 통해 영작 필수 패턴을 익히세요.

❶ 화상 회의를* 하는 건 좋은 생각인 것 같아요.

It would be a good idea to hold a video conference.

❷ 셔틀버스를 운행하는 건 좋은 생각인 것 같아요.

It would be a good idea to run a shuttle bus.

❸ 고정된 회의 날짜를 갖는 건 좋은 생각인 것 같아요.

It would be a good idea to have a fixed meeting day.

❹ 경력직 사원들을 채용하는 건 좋은 생각인 것 같습니다.

It would be a good idea to hire some experienced workers.

❺ 전단지를* 만들어서 배포하는 건 좋은 생각인 것 같아요.

It would be a good idea to make some flyers and give them out.

🔊힌트 화상 회의 video conference  전단, 광고 flyer

---

**Step 2  도전! 영작문**  주어진 우리말을 영어로 써보세요.

❶

✎_____ (화상 회의를 하는 건 좋은 생각인 것 같습니다.) As you know, no one likes going to work on their day off.* If you hold a video conference, people can attend the meeting at home without going to work.

day off 쉬는 날

❷

✎_____ (경력직 사원들을 채용하는 건 좋은 생각인 것 같아) since we have no time to train new employees. They would get used to the work quickly.

---

모범 답안

❶ It would be a good idea to hold a video conference. 아시다시피, 쉬는 날에 출근하는 것을 좋아하는 사람은 없으니까요. 만약 화상 회의를 연다면, 사람들은 출근하지 않고 집에서 회의에 참석할 수 있습니다.

❷ It would be a good idea to hire some experienced workers 왜냐하면 우리는 신입사원들을 가르칠 시간이 없잖아. 그들은 일에 빨리 적응할 거야.

## Pattern 105  I recommend you 동사원형

나는 당신이 ~하기를 권합니다

recommend는 '권하다, 추천하다'라는 뜻이에요. 상대방에게 뭔가를 하라고 권할 때는 I recommend you 뒤에 동사원형을 붙이면 돼요. 상대방이 했으면 하는 행동까지 나타낼 수 있기 때문에 매우 유용한 패턴입니다.

---

**Step 1** 패턴 익히기  예문을 통해 영작 필수 패턴을 익히세요.

① 장비를* 더 살 것을 권합니다.

**I recommend you** buy more equipment.

② 빠진 페이지들을 복사할* 것을 권합니다.

**I recommend you** make copies of the missing pages.

③ 우리 직원들로부터 아이디어를 모으는 것을 권해요.

**I recommend you** collect ideas from our employees.

④ 엘리베이터에 공지를 붙이는* 것을 권해요.

**I recommend you** post a notice in the elevator.

⑤ 고객들에게 전화해서 그들에게 사과하고 우리의 문제에 대해 설명할 것을 권합니다.

**I recommend you** call our customers to apologize to them and explain our problem.

힌트 장비, 용품 equipment  ~을 복사하다 make a copy of  공지를 붙이다 post a notice

---

**Step 2** 도전! 영작문  주어진 우리말을 영어로 써보세요.

①

_____ (엘리베이터에 공지를 붙일 것을 권합니다) because that is the place that everyone visits at least once. Everyone will become aware of it.

become aware of ~을 알게 되다

②

_____

_____ (나는 네가 고객들에게 전화해서 그들에게 사과하고 우리의 문제에 대해 설명할 것을 권해.) I have the list of customer's phone numbers, so I'll send it to you right away.

---

모범 답안

① I recommend you post a notice in the elevator 왜냐하면 그곳은 모든 사람들이 적어도 한 번은 가는 장소이기 때문입니다. 모두가 그것을 알게 될 겁니다.

② I recommend you call our customers to apologize to them and explain our problem. 내가 고객들 전화번호 리스트를 가지고 있으니 너에게 바로 보내 줄게.

## Pattern 106  conduct a survey of...

~에게 설문조사를 실시하다

더 좋은 서비스나 판매 촉진을 위해 설문조사를 실시할 때가 많습니다. 사람들이 쓰고 싶어 하면서도 쉽게 떠올리지 못하는 표현이니 꼭 암기해 두세요. survey는 '설문조사'이고 conduct는 '수행하다'라는 뜻입니다.

---

**Step 1  패턴 익히기** 예문을 통해 영작 필수 패턴을 익히세요.

❶ 대학생들에게 설문조사를 하는 게 어때요?

Why don't you **conduct a survey of** college students?

❷ 우리는 20대에게 설문조사를 해야 한다.

We should **conduct a survey of** twenty year olds.

❸ 귀사의 직원들에게 설문조사 하는 것은 좋은 의견인 것 같아요.

It would be a good idea to **conduct a survey of** your employees.

❹ 내 생각에는 우리 고객들이 돈을 지불할 때 그들에게 설문조사를 해야 할 것 같아.

I think we should **conduct a survey of** our customers when they pay.

❺ 학부모와* 선생님들에게 설문조사를 하는 게 어때?

Why don't we **conduct a survey of** school parents and teachers?

힌트 학부모 school parent

---

**Step 2  도전! 영작문** 주어진 우리말을 영어로 써보세요.

❶

🖉 _____

(대학생들에게 설문조사를 하는 게 어때요?) If you don't have enough time to visit all of our local colleges, it would be a good idea to conduct an online survey.

❷

🖉 _____

_____ (내 생각에는 우리 고객들이 돈을 지불할 때 그들에게 설문조사를 해야 할 것 같아요.)

To increase the participation rate, I recommend you give participants a free coupon.

participation rate 참여율  participant 참가자

---

모범 답안

❶ Why don't you conduct a survey of college students? 당신이 모든 지역 대학들을 방문할 만큼 시간이 충분하지 않다면, 온라인 설문조사를 하는 것도 좋은 생각인 것 같아요.

❷ I think we should conduct a survey of our customers when they pay. 참여율을 높이기 위해서, 참여한 사람들에게 무료 쿠폰을 주는 것을 추천해요.

## Pattern 107  post an announcement that/of...

~에 대한 공지를 띄우다

인터넷의 홈페이지나 블로그 등에 글이나 사진을 올리는 것을 post(올리다, 게시하다)라고 합니다. 공지사항을 올릴 때는 post 뒤에 an announcement(발표, 소식)를 붙여요. 공지사항의 내용을 말할 때는 that/of 등을 이용해서 연결해요.

### Step 1  패턴 익히기  예문을 통해 영작 필수 패턴을 익히세요.

❶ 이벤트가 연기되었다고 공지를 띄우는 것이 어때?

Why don't you **post an announcement that** the event has been delayed?

❷ 우리가 민박 가족이* 필요하다는 공지를 띄우는 것이 어때요?

Why don't we **post an announcement that** we need some host families?

❸ 너는 우리 인트라넷에 다가오는* 행사에 대해 공지를 띄워야 해.

You should **post an announcement of** the upcoming event on our intranet.

❹ 채용 사이트들에 구인* 공지를 띄우는 것은 좋은 생각인 것 같다.

It would be a good idea to **post an announcement of** the job openings on some recruitment sites.

❺ 우리는 우리 정책의 변경사항을 상세히 알리는* 공지를 띄워야 해.

We should **post an announcement detailing** the changes in our policies.

힌트 민박 가정 host family   다가오는 upcoming   구인 job opening   상세히 알리다 detail

### Step 2  도전! 영작문  주어진 우리말을 영어로 써보세요.

❶ _____

(우리는 우리 정책의 변경사항을 상세히 알리는 공지를 띄워야 해.) Since the new policies are to be implemented* next month, we can let people know about the changes in advance.

implement 시행하다

❷ _____

_____ (너는 우리 인트라넷에 다가오는 행사에 대해 공지를 띄워야 해.) Every worker checks our intranet every 30 minutes, so I'm sure that everyone will be informed.

모범 답안

❶ We should post an announcement detailing the changes in our policies. 새 정책들이 다음 달에 시행되기 때문에, 우리는 사람들에게 변경사항에 대해서 미리 알려줄 수 있어.

❷ You should post an announcement of the upcoming event on our intranet. 모든 직원들은 인트라넷을 30분마다 확인해. 따라서 분명히 모든 사람들이 알게 될 거야.

## Pattern 108　place an advertisement on/in...

~에 광고하다

'광고'가 advertisement라는 것은 알지만 '광고를 하다'는 어떻게 표현할지 모르는 사람들이 많습니다. 주로 place라는 동사와 함께 쓰이므로 패턴으로 외워 두세요. 어떤 매체에 광고하는지는 뒤에 on, in, through 등을 붙여서 나타냅니다.

**Step 1**　**패턴 익히기**　예문을 통해 영작 필수 패턴을 익히세요.

❶ 광고하는 데 돈이 많이 들어요.

It costs a lot of money to **place an advertisement**.

❷ 인터넷에 광고하는 것을 추천해요.

I recommend you **place an advertisement on** the Internet.

❸ 지역 신문에 광고를 하는 건 어때요?

Why don't you **place an advertisement in** a local newspaper?

❹ 우리는 라디오방송을 통해 광고를 해야 합니다.

We should **place an advertisement through** the radio.

❺ 사람들에게 우리의 신제품을 알리기* 위해 광고를 하는 것은 좋은 생각인 것 같습니다.

It would be a good idea to **place an advertisement** to let people know about our new product.

힌트 ~에게 알리다 let... know

**Step 2**　**도전! 영작문**　주어진 우리말을 영어로 써보세요.

❶

✎ _____

(인터넷에 광고하는 것을 추천합니다.) As we all know, people have access to* the Internet anytime anywhere. It will be effective.

have access to ~에 접속할 수 있다

❷

✎ _____

(광고하는 데 돈이 많이 든다.) However, we have no choice but to* put one in our local newspaper because it's the most effective way to promote our restaurant.

have no choice but to ~할 수밖에 없다

**모범 답안**

❶ I recommend you place an advertisement on the Internet. 우리 모두가 알듯이, 사람들은 언제 어디서든 인터넷에 접속할 수 있습니다. 그것은 효과적일 겁니다.

❷ It costs a lot of money to place an advertisement. 하지만 우리는 지역 신문에 광고를 할 수밖에 없다. 왜냐하면 그것은 우리 식당을 홍보하는 데 가장 효과적인 방법이기 때문이다.

## Pattern 109  send... by express mail

특급 배송으로 ~을 보내다

일 때문에 이메일, 서류, 물건 등을 보낼 때는 send(보내다)를 사용합니다. 급할 때는 '특급 배송'을 이용하는데, 이것을 express mail이라고 합니다. 앞에 전치사 by를 붙인다는 점을 눈여겨 봐 주세요.

---

**Step 1  패턴 익히기** 예문을 통해 영작 필수 패턴을 익히세요.

❶ 너는 특급 배송으로 올바른 물건을 보내야 해.

You should **send** the right product **by express mail**.

❷ 우리는 기꺼이 당신에게 특급 배송으로 빠진 부품을 보내드리도록 하겠습니다.

We are willing to **send** you the missing part **by express mail**.

❸ 당신의 신용카드를 지금 바로 특급 배송으로 보내겠습니다.

I will **send** your credit card **by express mail** right away.

❹ 우리 이벤트에 대한 소식지를* 지역 주민들에게* 특급 배송으로 보낼 것을 권합니다.

I recommend you **send** newsletters about our event to local residents **by express mail**.

❺ 무료 선물을 못 받은 고객들에게 특급 배송으로 그것을 보내는 것은 좋은 생각인 것 같다.

It would be a good idea to **send** a free gift to the customers who haven't got it **by express mail**.

힌트 소식지 newsletter  (특정 지역) 주민 resident

---

**Step 2  도전! 영작문** 주어진 우리말을 영어로 써보세요.

❶ _____

_____ (우리 이벤트에 대한 소식지를 지역 주민들에게 특급 배송으로 보낼

것을 권합니다) because the event is just around the corner. We don't have time.

❷ _____

_____ (무료 선물을 못 받은 고객들에게 특급 배송으로 그것을 보내는 것은 좋은 생각인 것 같습

니다.) Of course it will cost a lot of money, but we have to pay since it's our mistake.

---

모범 답안

❶ I recommend you send newsletters about our event to local residents by express mail 왜냐하면 행사가 다가왔기 때문입니다. 우리는 시간이 없습니다.

❷ It would be a good idea to send a free gift to the customers who haven't got it by express mail. 물론 돈이 많이 들겠지만, 우리의 실수이기 때문에 우리가 지불해야 합니다.

## Pattern 110 · check if 주어 + 동사

~인지 확인하다

check는 '확인하다'입니다. '~인지 아닌지 확인하다'라고 하려면 check 뒤에 if절을 붙이면 됩니다. 영작과 스피킹에서 자주 사용하는 표현이니 꼭 기억해 두세요.

### Step 1 · 패턴 익히기 · 예문을 통해 영작 필수 패턴을 익히세요.

❶ 귀하의 물건이 발송되고 있는지 확인해 보겠습니다.

I'm going to **check if** your product is being sent.

❷ Peter가 신입직원들을 교육시킬 시간이 있는지 확인해 볼게.

I'm going to **check if** Peter has time to train new employees.

❸ 사장님께서 마감일을 연장해* 주실 수 있는지 확인해 보는 건 어때?

Why don't you **check if** the boss can extend the deadline?

❹ 내 생각에 너는 빈방이 있는지 다시 확인해 봐야 해.

I think you should **check if** there is a vacant room again.

❺ 이중 주차를* 한 사람들이 있는지 확인해 보는 것은 좋은 생각인 것 같다.

It would be a good idea to **check if** there are some people who double-parked.

힌트 마감시간을 연장하다 extend deadline  이중 주차를 하다 double park

### Step 2 · 도전! 영작문 · 주어진 우리말을 영어로 써보세요.

❶ First of all, _____
_____ (내 생각에 너는 빈방이 있는지 다시 확인해 봐야 해.) There could be a cancellation.*

cancellation 취소

❷ As I know, Peter is the least busy among us this week. However, to make sure,
_____
_____ (Peter가 신입직원들을 교육시킬 시간이 있는지 확인해 볼게.)

모범 답안

❶ 무엇보다도, I think you should check if there is a vacant room again. 취소 건이 있을 수도 있어.
❷ 내가 알기로는 이번 주에 우리들 중 Peter가 가장 안 바빠. 하지만 확실히 하기 위해서 I'm going to check if Peter has time to train new employees.

## Pattern 111  give a reward for 성과물

~에 대한 보상을 주다

좋은 성과를 거둔 사람에게 상이나 보상을 주는데, 그때 사용하기 좋은 단어가 reward(보상, 보답)입니다. give a reward 뒤에 for를 붙여서 뭐에 대한 보상인지 밝혀 주세요.

---

**Step 1  패턴 익히기** 예문을 통해 영작 필수 패턴을 익히세요.

❶ 사장님께서는 직원들의 좋은 결과에 대해 보상을 하실 겁니다.

My boss will **give a reward for** his employees' good results.

❷ 선생님은 좋은 태도에* 대해 상을 주셨다.

The teacher **gave a reward for** good behavior.

❸ Peter는 그의 아이들의 좋은 성적에* 대해 상을 주려고 노력한다.

Peter tries to **give a reward for** his children's good grades.

❹ 계약을 성사시킨 것에 대해 보상을 할 방법이 많이 있습니다.

There are many ways to **give a reward for** winning contracts.

❺ 우리 엄마는 저에게 대학교를 졸업한 것에 대한 상을 주실 거예요.

My mother will **give** me **a reward for** graduating from my university.

힌트 행동, 태도 behavior  성적 grade

---

**Step 2  도전! 영작문** 주어진 우리말을 영어로 써보세요.

❶

✏_____ (오늘 선생님이

좋은 태도에 대한 상을 주셨다.) If the students get ten gold stars every week for helping out and paying attention in class, she gives them a candy bar at the end of the week.

❷

✏_____

(우리 엄마는 나에게 대학교를 졸업한 것에 대해 상을 주실 거다.) My mother told me that when I graduate, she will buy me an all-expense paid* one month vacation to anywhere I choose.

all-expense paid (여행 등) 비용이 전액 지불되는

모범 답안

❶ Today the teacher gave a reward for good behavior. 학생들이 도움을 주거나 수업시간에 집중을 해서 매주 10개의 금별을 받으면, 그녀는 주말에 그들에게 막대사탕을 주신다.

❷ My mother will give me a reward for graduating from my university. 엄마는 내가 졸업할 때, 내가 어디를 선택하든지 한 달 간의 모든 여행 경비를 대 주실 거라고 말씀하셨다.

TOEIC 스피킹: 차트 묘사

## Pattern 112　will be held in/at 장소 on 날짜

~이 (언제) (어디서) 열릴 것이다

TOEIC 스피킹에서 스케줄표를 보고 일정을 설명할 때 유용한 패턴입니다. hold(주최하다)의 수동태인 be held(열리다) 뒤에 장소와 시간을 붙여서 말하는데, 장소 앞에는 전치사 in이나 at을 사용하고, 날짜나 요일 앞에는 전치사 on을 사용합니다.

---

**Step 1**　패턴 익히기　예문을 통해 영작 필수 패턴을 익히세요.

❶ 그것은 6월 4일 ABC 빌딩에서 열릴 겁니다.

It **will be held at** ABC Building **on** June 4th.

❷ 환영회는* 3월 25일 중앙홀에서 열릴 겁니다.

The welcoming party **will be held in** the main hall **on** March 25th.

❸ 기술 전시회는 10월 12일 Brown 회사에서 열릴 겁니다.

The technology fair **will be held at** Brown Company **on** October 12th.

❹ 컨퍼런스는 12월 23일 SKY 회사에서 열릴 겁니다.

The conference **will be held at** SKY Company **on** December 23rd.

❺ 연례회의는 1월 6일 우리 본사* 2층 회의실에서 열릴 겁니다.

The annual meeting **will be held in** the meeting room **on** the 2nd floor **at** our main office **on** January 6th.

힌트 환영회 welcoming party　본사 main office

---

**Step 2**　도전! 영작문　주어진 우리말을 영어로 써보세요.

❶

🖉 _____

(컨퍼런스는 12월 23일 SKY 회사에서 열릴 겁니다.) Please sign up for the conference by December 1st.

❷

🖉 _____

_____ (연례회의는 1월 6일 우리 본사 2층 회의실에

서 열릴 겁니다.) Please note that there will be a free shuttle bus from the Logan Airport.

---

모범 답안

❶ The conference will be held at SKY Company on December 23rd. 12월 1일까지 컨퍼런스에 등록해 주세요.

❷ The annual meeting will be held in the meeting room on the 2nd floor at our main office on January 6th. Logan 공항에서 무료 셔틀버스가 있을 테니 참고해 주세요.

## Pattern 113  will start at 시간 and end at 시간

~에 시작해서 …에 끝날 것이다

일정을 설명하면서 시작하는 시간과 끝나는 시간을 알려줄 때 이 패턴을 이용하면 고민하지 않고 쉽게 영작할 수 있습니다. 시간 앞에는 항상 전치사 at을 사용하세요.

---

**Step 1  패턴 익히기** 예문을 통해 영작 필수 패턴을 익히세요.

❶ 회의는 오전 10시에 시작해서 12시에 끝날 것입니다.

The meeting **will start at** 10 a.m. **and end at** noon.

❷ 요가 수업은 오후 8시에 시작해서 9시 30분에 끝날 것입니다.

The class on Yoga **will start at** 8 p.m. **and end at** 9:30 p.m.

❸ 버스 투어는 오전 10시에 시작해서 오후 4시에 끝날 겁니다.

The bus tour **will start at** 10 a.m. **and end at** 4 p.m.

❹ 오찬은* Premium 식당에서 12시에 시작해서 오후 2시에 끝날 겁니다.

The luncheon **will start at** noon **and end at** 2 p.m. in the Premium Restaurant.

❺ PI 회사 CEO인 Park씨가 발표하는 프레젠테이션은 오후 3시에 시작해서 5시에 끝날 겁니다.

The presentation given by Park, the CEO of PI Company, **will start at** 3 p.m. **and end at** 5 p.m.

힌트 오찬 luncheon

---

**Step 2  도전! 영작문** 주어진 우리말을 영어로 써보세요.

❶ ✎_____ (버스 투어는 오전 10시에 시작해서 오후 4시에 끝날 겁니다.) We are scheduled to stop by some attractions such as the Empire State Building, the American Museum of Natural History and Central Park.

❷ First of all, ✎_____ (PI 회사 CEO인 Park씨가 발표하는 프레젠테이션은 오후 3시에 시작해서 5시에 끝날 것입니다.) Then, Kate will give a presentation. Lastly, James will present on current world issues.

---

모범 답안

❶ The bus tour will start at 10 a.m. and end at 4 p.m. 우리는 엠파이어스테이트빌딩, 미국 자연사박물관, 센트럴파크와 같은 몇몇 명소에 들를 예정입니다.

❷ 첫째로, the presentation given by Park, the CEO of PI Company, will start at 3 p.m. and end at 5 p.m. 그 다음에, Kate씨가 프레젠테이션을 할 것입니다. 마지막으로, James씨가 세계적인 현안들을 발표할 것입니다.

## Pattern 114  be located in/on 장소

~에 위치해 있다

스피킹 시험에는 위치를 알려 주는 문제가 자주 출제됩니다. be located(위치해 있다) 뒤에 적절한 전치사와 장소를 붙여서 위치를 설명해 주세요. 도시나 나라 이름 앞에는 in을 사용하지만, 거리 이름 앞에는 on을 쓴다는 점에 주의하세요.

---

### Step 1  패턴 익히기  예문을 통해 영작 필수 패턴을 익히세요.

❶ ABC 회사는 LA에 위치해 있습니다.

ABC Company **is located in** L.A.

❷ 저희 학교는 Bloor Street에 위치해 있습니다.

Our school **is located on** Bloor Street.

❸ 컨퍼런스 센터는 Lawrence Avenue에 위치해 있습니다.

The conference center **is located on** Lawrence Avenue.

❹ 저희 가게는 King Street 123번지에 위치해 있습니다.

Our shop **is located on** 123rd King Street.

❺ 호텔은 Toronto의 College Avenue에 위치해 있습니다.

The hotel **is located on** College Avenue in Toronto.

---

### Step 2  도전! 영작문  주어진 우리말을 영어로 써보세요.

❶

The meeting will be held at ABC Company on February 5th. ✎_____

_____ (ABC 회사는 LA에 위치해 있습니다.)

It will start at 10 a.m. Please don't be late for the meeting.

❷

✎_____

(저희 가게는 King Street 123번지에 위치해 있습니다.) **Our business hours\* are from 9 a.m. to 6 p.m.**
**on weekdays and from 10 a.m. to 4 p.m. on weekends.**

business hour 업무시간, 영업시간

---

모범 답안

❶ 회의는 2월 5일 ABC 회사에서 열릴 것입니다. ABC Company is located in L.A. 회의는 10시에 시작합니다. 회의에 늦지 말아 주세요.
❷ Our shop is located on 123rd King Street. 저희의 영업시간은 주중에는 오전 9시부터 오후 6시까지이고, 주말에는 오전 10시부터 오후 4시까지입니다.

## Pattern 115    You will depart from 장소 at 시간

당신은 ~를 …에 떠날 겁니다

depart는 여행 등을 '떠나다, 출발하다'라는 뜻이에요. depart from 뒤에 장소를 쓰고, 그 뒤에 at을 이용해 시간을 나타냅니다. 동사와 전치사를 정확하게 암기해 두세요.

---

**Step 1    패턴 익히기** 예문을 통해 영작 필수 패턴을 익히세요.

❶ 당신은 오전 10시에 서울을 떠날 겁니다. | **You will depart from** Seoul **at** 10 a.m.

❷ 당신은 오후 2시에 Toronto를 떠날 겁니다. | **You will depart from** Toronto **at** 2 p.m.

❸ 당신은 오후 12시 30분에 ABC역에서 출발할 겁니다. | **You will depart from** ABC Station **at** 12:30 p.m.

❹ 당신은 6월 8일 일요일 오후 7시에 La Guardia 공항에서 출발할 겁니다. | **You will depart from** La Guardia Airport **at** 7 p.m. on Sunday June 8th.

❺ 귀하의 여행 일정표에* 따르면, 당신은 오후 4시에 Chitose 공항에서 출발할 겁니다. | According to your itinerary, **you will depart from** Chitose Airport **at** 4 p.m.

힌트 여행 일정표 itinerary

---

**Step 2    도전! 영작문** 주어진 우리말을 영어로 써보세요.

❶ _____

(당신은 6월 8일 일요일 오후 7시에 La Guardia 공항에서 출발할 겁니다.) You will fly with AAA Airlines and your flight number is JA106.

❷ I'm sorry to say that you have the wrong information. _____

_____

(귀하의 여행 일정표에 따르면, 당신은 오후 4시에 Chitose 공항에서 출발할 겁니다.)

---

모범 답안

❶ You will depart from La Guardia Airport at 7 p.m. on Sunday June 8th. 당신은 AAA 항공사를 이용할 거고, 당신의 비행기 번호는 JA106입니다.

❷ 유감스럽게도 잘못된 정보를 가지고 계시네요. According to your itinerary, you will depart from Chitose Airport at 4 p.m.

## Pattern 116  You will arrive at/in 장소

당신은 ~에 도착할 겁니다

depart가 '떠나다'라면, arrive는 '도착하다'입니다. 나라나 도시처럼 큰 장소에 도착할 때는 arrive 뒤에 in을 붙이고, 공항이나 기차역 등 특정 장소에 도착할 때는 arrive 뒤에 at을 붙입니다.

---

**Step 1  패턴 익히기** 예문을 통해 영작 필수 패턴을 익히세요.

❶ 당신은 오후 6시에 Seattle에 도착할 겁니다.

**You will arrive in** Seattle at 6 p.m.

❷ 당신은 5월 25일 오후 2시 30분에 Washington D.C.에 도착할 겁니다.

**You will arrive in** Washington D.C. at 2:30 p.m. on May 25th.

❸ 귀하의 여행 일정표에 따르면, 당신은 4월 30일에 Montreal에 도착할 겁니다.

According to your itinerary, **you will arrive in** Montreal on April 30th.

❹ Mandy씨는 7월 3일에 Pearson 국제공항에 도착할 겁니다.

Mandy **will arrive at** Pearson International Airport on July 3rd.

❺ 신입사원들은 공장견학을 가기* 위해 오후 2시에 A 공장에 도착할 겁니다.

New employees **will arrive at** A factory at 2 p.m. to go on a tour of the factory.

힌트 공장견학을 가다 go on a tour of the factory

---

**Step 2  도전! 영작문** 주어진 우리말을 영어로 써보세요.

❶ ✎_____

(Mandy씨는 7월 3일에 Pearson 국제공항에 도착할 겁니다.) Please keep in mind that you must arrive before 11 a.m. because you are in charge of picking her up at the airport.

❷ A few things are scheduled. First of all, ✎_____

_____ (신입사원들은 공장견학을 가기 위해 오후 2시에 A 공장에 도착할 겁니다.) Next, they will have a meeting with the manager.

---

모범 답안

❶ Mandy will arrive at Pearson International Airport on July 3rd. 당신은 공항에서 그녀를 픽업하는 것을 맡고 있으므로 오전 11시 전에 도착해야 한다는 것을 유념해 주세요.

❷ 몇 개의 스케줄이 있습니다. 첫째로, new employees will arrive at A factory at 2 p.m. to go on a tour of the factory. 그 후 그들은 부장님과 회의를 할 겁니다.

## Pattern 117 · There will be a session on...

~에 대한 시간이 있겠습니다

session은 특정 활동을 위한 '시간'이나 '기간'을 말합니다. 회의나 행사에서 다음에 어떤 시간을 갖는지 알려줄 때 이 패턴을 사용해 보세요.

### Step 1 패턴 익히기 예문을 통해 영작 필수 패턴을 익히세요.

❶ 건강식에 대한 시간이 있겠습니다.

There will be a session on healthy food.

❷ 1분기* 매출에 대한 시간이 있을 겁니다.

There will be a session on the first quarter sales.

❸ 직장생활에서 성공하는 방법에 대한 시간이 있겠습니다.

There will be a session on how to succeed in work life.

❹ James씨가 이끄는 회사 복리후생에* 대한 시간이 있겠습니다.

There will be a session on the company's benefits led by James.

❺ 마케팅 부장인 Peter씨가 이끄는 아시아 시장에 대한 시간이 있겠습니다.

There will be a session on the Asian market led by Peter, the manager of the Marketing Department.

힌트 사분기 quarter 복리후생, 수당 benefits

### Step 2 도전! 영작문 주어진 우리말을 영어로 써보세요.

❶ There are three sessions. At 10 a.m., 🖊_____

_____ (직장생활에서 성공하는 방법에 대한 시간이 있겠습니다.) Then, you will have lunch. After that, you will watch a video.

❷ James will talk about two things. At 2 p.m., 🖊_____

_____ (그가 이끄는 회사 복리후생에 관한 시간이 있겠습니다.) Also, at 5 p.m., he will give a presentation on the new design.

모범 답안

❶ 3개의 세션이 있습니다. 오전 10시에는 there will be a session on how to succeed in work life. 그 후 점심을 먹을 겁니다. 그런 다음 비디오를 시청하겠습니다.

❷ James씨는 두 가지에 대해 이야기할 겁니다. 오후 2시에 there will be a session on the company's benefits led by him. 또한 오후 5시에 그는 새로운 디자인에 대한 발표를 할 겁니다.

# Pattern 118  will last for 시간

~동안 진행될 겁니다

회의나 발표 등이 얼마나 오래 진행될지 알려 주려면 last(계속되다)를 이용해서 이렇게 말하면 됩니다. It takes...는 '시간이 ~ 걸린다', last for는 '~동안 계속되다'의 의미로 기억해 두면 구별해서 사용할 수 있을 겁니다.

## Step 1  패턴 익히기  예문을 통해 영작 필수 패턴을 익히세요.

❶ 회의는 8시간 동안 진행될 겁니다.
The meeting **will last for** 8 hours.

❷ 교육* 세션은 5시간 동안 진행될 겁니다.
The training session **will last for** 5 hours.

❸ 그의 발표는 한 시간 동안 진행될 겁니다.
His presentation **will last for** an hour.

❹ 채용 박람회는* 8시간 동안 진행되고 ABC 센터에서 열릴 겁니다.
The job fair **will last for** 8 hours and be held in ABC Center.

❺ 컴퓨터 수업은 매주 월요일에 3시간 동안 진행될 겁니다.
The class on computers **will last for** 3 hours on Mondays.

힌트 교육, 연수 training   채용 박람회 job fair

## Step 2  도전! 영작문  주어진 우리말을 영어로 써보세요.

❶
I'm sorry to say that you have the wrong information. ✎ _____

_____ (교육 세션은 5시간 동안 진행될 겁니다.)

It will start at 1 p.m. and end at 6 p.m.

❷
✎ _____

(회의는 8시간 동안 진행될 겁니다.) First, our CEO, Carolos, will give an opening speech* at 9 a.m. Then, Rita will lead a discussion on problems we are currently facing.

opening speech 개회사

모범 답안
❶ 유감스럽게도 잘못된 정보를 가지고 계시네요. The training session will last for 5 hours. 오후 1시에 시작해서 오후 6시에 끝날 겁니다.
❷ The meeting will last for 8 hours. 우선 우리 CEO인 Carolos씨께서 오전 9시에 개회사를 하실 겁니다. 그 다음, Rita씨가 우리가 현재 처한 문제에 대해 토론을 이끄실 겁니다.

# Pattern 119 participate in...

~에 참여하다

어떤 행사나 프로젝트에 참여할 때 participate(참여하다) 뒤에 in을 붙여서 말하면 됩니다. 그런 다음 행사나 프로젝트를 자세히 묘사하면 길게 말하기 수월합니다.

## Step 1 패턴 익히기 예문을 통해 영작 필수 패턴을 익히세요.

❶ 때때로 학생들은 게임에 참여해야 한다.

❷ 아이들은 다양한 종류의 활동들에 참여해야 한다.

❸ 당신은 내일 저녁에 팀 프로젝트에 참여해야 합니다.

❹ 사람들은 동아리에 참여함으로써 인맥을* 쌓을 수 있다.

❺ 이번 회식에 참석하는 것은 좋은 생각인 것 같습니다.

Students sometimes need to **participate in** games.

Children should **participate in** various kinds of activities.

You have to **participate in** team projects tomorrow evening.

People can build personal connections by **participating in** clubs.

It would be a good idea to **participate in** this company party.

힌트 인맥 personal connection

## Step 2 도전! 영작문 주어진 우리말을 영어로 써보세요.

❶

_____

(아이들은 다양한 종류의 활동들에 참여해야 한다.) Through the activities, they might find their interest and potential.*

potential 잠재력

❷

I found out that you need to check the schedule. _____

_____ (당신은 내일 저녁에 팀 프로젝트에 참여해야

합니다.) I will send the information to you tomorrow morning for your reference.*

for your reference 당신이 참고하도록

모범 답안

❶ Children should participate in various kinds of activities. 활동들을 통해서 그들은 흥미와 잠재력을 발견할 수도 있다.

❷ 저는 당신이 스케줄을 확인할 필요가 있다는 것을 알게 됐습니다. You have to participate in team projects tomorrow evening. 참고하시라고 내일 아침에 자료를 보내 줄게요.

## Pattern 120 It will be...

그것은 ~일 것이다

It will be helpful.(그건 도움이 될 겁니다.)과 같이 미래에 어떨지 얘기할 때 쉽게 사용할 수 있는 패턴입니다. 아이디어를 제공하면서 같이 사용하기 좋습니다.

---

### Step 1 패턴 익히기 예문을 통해 영작 필수 패턴을 익히세요.

❶ 그건 도움이 될 겁니다.      **It will be** helpful.

❷ 그건 효과적일 겁니다.      **It will be** effective.

❸ 그건 가능할 겁니다.      **It will be** possible.

❹ 그건 참고가* 될 겁니다.      **It will be** a reference.

❺ 그곳은 200명 이상을 수용하기에* 충분히 넓      **It will be** large enough to accommodate more than
 을 겁니다.      200 people.

힌트 참고 reference    수용하다 accommodate

---

### Step 2 도전! 영작문 주어진 우리말을 영어로 써보세요.

❶
Why don't we distribute* flyers in front of hotels? Since tourists usually stay in a hotel, ✐_____ (그건 효과적일 거예요.) The first thing is to call a printing company.

distribute 나누어 주다

❷
Fortunately, I still have the list of shops that participated in our event last year. I'm going to send you it. ✐_____
(그건 참고가 될 거예요.)

---

모범 답안

❶ 호텔 앞에서 전단지를 돌리는 게 어떨까요? 관광객들은 주로 호텔에서 머무니까, it will be effective. 제일 먼저 할 일은 인쇄소에 전화하는 거예요.
❷ 다행히도, 저는 작년 우리 행사에 참석했던 가게들의 리스트를 아직 가지고 있어요. 당신에게 그것을 보내 줄게요. It will be a reference.

## Pattern 121  I agree with/that...

나는 ~에 동의한다

의견을 나타내는 부분에서는 자신의 의견을 분명히 나타내는 것이 중요합니다. 애매모호한 의견으로는 높은 점수를 받지 못합니다. agree(동의하다)나 disagree(반대하다) 뒤에 with나 that절을 붙여서 정확한 의견을 나타내 보세요.

---

**Step 1  패턴 익히기** 예문을 통해 영작 필수 패턴을 익히세요.

❶ 저는 이 의견에 동의합니다.

**I agree with** this opinion.

❷ 광고가* 소비자들에게 큰 영향을* 준다는 것에 동의합니다.

**I agree that** advertising has a big impact on consumers.

❸ 학생들이 대학을 고를 때 교수진이* 가장 중요한 요소라는 것에 동의해요.

**I agree that** the faculty is the most important factor when students choose a college.

❹ 부모님들이 그들의 자녀들에게 최고의 선생님이 될 수 있다는 것에 동의하지 않아요.

**I disagree that** parents can be the best teachers for their children.

❺ 자녀들이 결혼할 때까지 부모들이 그들을 부양해야 한다는 것에 나는 동의하지 않는다.

**I disagree that** parents should support their children until the children get married.

힌트 광고 advertising  영향 impact  (대학의) 교수진 faculty

---

**Step 2  도전! 영작문** 주어진 우리말을 영어로 써보세요.

❶ _____

_____ (자녀들이 결혼할 때까지 부모들이 자녀들을 부양해야 한다는 것에 나는 동의하지 않는다) because I think college students are old enough to take care of themselves financially.*

❷ _____ (부모님들이 그들의 자녀들에게 최고의 선생님이 될 수 있다는 것에 동의하지 않는다.) These days, the number of dual-income* couples is increasing which means parents don't spend enough time with their children.

dual-income 맞벌이

모범 답안

❶ I disagree that parents should support their children until the children get married 왜냐하면 대학생들은 재정적으로 자신들을 돌볼 수 있는 나이라고 생각하기 때문이다.

❷ I disagree that parents can be the best teachers for their children. 요즘 맞벌이 부부의 수가 증가하고 있다. 이것은 부모들이 자녀들과 함께 충분한 시간을 보내지 않는다는 것을 의미한다.

# Pattern 122  In my case, 주어+동사

내 경우에는 ~한다

의견을 전달할 때 설명만 나열하기보다 예를 들어 주면 더 설득력 있게 내 주장을 펼칠 수 있습니다. 개인 예시를 들기 전에 in my case(내 경우에는)를 써 주세요.

---

## Step 1  패턴 익히기  예문을 통해 영작 필수 패턴을 익히세요.

❶ 내 경우에는 혼자 사는 것이 힘들다.

❷ 내 경우에는 매일 야근하는 것은 나를 피곤하게 했다.

❸ 내 경우에는 우리 부모님이 내 생활에 간섭하는* 것은 안 좋았다.

❹ 내 경우에는 돈을 현명하게 관리하는* 법을 아는 것이 중요하다고 느꼈다.

❺ 내 경우에는 대학생 때 공부하는 것이 취업을 하기 위해서 가장 중요한 요소라고 생각했다.

In my case, living alone is hard.

In my case, working overtime everyday made me tired.

In my case, it was not good that my parents meddled in my life.

In my case, I realized that it is important to know how to manage money wisely.

In my case, I thought studying was the most important factor to get a job when I was in college.

힌트 간섭하다 meddle   관리하다 manage

---

## Step 2  도전! 영작문  주어진 우리말을 영어로 써보세요.

❶

✎_____ (내 경우에는 매일 야근하는

것은 나를 피곤하게 했다.) At first, I was enthusiastic about my job, but I had to work late every day. Finally, I got sick and tired of my work and had no willingness* to do it anymore.

willingness 기꺼이 하는 마음

❷

People should do as many activities as possible in their school days. ✎_____

_____

(내 경우에는 대학생 때 공부하는 것이 취업을 하기 위해서 가장 중요한 요소라고 생각했다.)

---

모범 답안

❶ In my case, working overtime everyday made me tired. 처음에는 내 일에 열정이 있었다. 하지만 나는 매일 야근을 해야 했다. 결국에는 나는 내 일이 무척 지겨워졌고 더 이상 일하고 싶은 의지가 없어졌다.

❷ 사람들은 학창시절에 가능한 많은 활동을 해봐야 한다. In my case, I thought studying was the most important factor to get a job when I was in college.

## Pattern 123 Thanks to..., 주어 + 동사

~ 덕분에 …하다

'~때문에'라는 의미로 because of 혹은 due to를 많이 사용할 겁니다. 하지만 결과가 좋아서 '~덕분에'라고 말하고 싶다면 그보다는 Thanks to...를 사용해 보세요. 결과가 좋다는 것도 암시해 주는 효과가 있습니다.

---

**Step 1** 패턴 익히기 예문을 통해 영작 필수 패턴을 익히세요.

❶ 인터넷 덕분에 사람들은 세계에서 무슨 일이 일어나고 있는지 압니다.

**Thanks to** the Internet, people know what's happening around the world.

❷ 기술 발전* 덕분에 사람들은 먼 곳에 있는 사랑하는 사람들과 수다를 떨 수 있습니다.

**Thanks to** advances in technology, people can chat with loved ones from long distance.

❸ 스마트폰 덕분에 사람들은 언제 어디서든 유용한 정보를 얻을 수 있습니다.

**Thanks to** smart phones, people can get useful information anytime anywhere.

❹ 부모님의 지원 덕분에 저는 제가 시도하고 싶었던 것은 모두 시도해 볼 수 있었습니다.

**Thanks to** my parents' support, I was able to try whatever I wanted to try.

❺ 인터넷 덕택에, 동네에 수준 높은 기관이* 없는 학생들이 온라인 강의를 들을 수 있습니다.

**Thanks to** the Internet, students who live in neighborhoods without higher level facilities can take online lectures.

💡힌트 발전 advance  (생활 편의를 위한) 시설, 기관 facility

---

**Step 2** 도전! 영작문 주어진 우리말을 영어로 써보세요.

❶ ✏️ _____

(기술 발전 덕분에 사람들은 먼 곳에 있는 사랑하는 사람들과 수다를 떨 수 있습니다.) Also, we can check our friends' daily lives with some applications on our cellphones such as Skype or Facebook.

❷ ✏️ _____

_____ (인터넷 덕택에, 동네에 수준 높은 기관이 없는 학생들이 온라인 강의를 들을 수 있습니다.) In the past, students in rural areas could study only at school.

---

모범 답안

❶ Thanks to advances in technology, people can chat with loved ones from long distance. 또한 우리는 스카이프와 페이스북 같은 휴대폰 어플리케이션을 이용하여 친구들의 일상생활을 확인할 수도 있습니다.

❷ Thanks to the Internet, students who live in neighborhoods without higher level facilities can take online lectures. 과거에는 시골에 있는 학생들은 오직 학교에서만 공부할 수 있었습니다.

## Pattern 124 — on weekdays/weekends

주중에는/주말마다

주말마다 하는 일을 설명할 때는 문장 끝에 on weekends를 붙이고, 주중에 하는 일을 설명할 때는 문장 끝에 on weekdays를 붙입니다. 주말/주중마다 반복되는 것이므로 복수형인 weekdays/weekends를 사용하는 것을 잊지 마세요.

### Step 1 패턴 익히기 예문을 통해 영작 필수 패턴을 익히세요.

❶ 나는 주말마다 교회에 갑니다.
I go to church **on weekends**.

❷ 나는 주말마다 가족들과 외식을 합니다.*
I eat out with my family **on weekends**.

❸ 나는 주중에는 영어 학원에 갑니다.
I go to an English institute **on weekdays**.

❹ 나는 주중에는 아르바이트를 합니다.
I do a part-time job **on weekdays**.

❺ 대부분의 친구들은 일 때문에 주중에 만날* 시간이 없습니다.
Most of my friends have no time to get together **on weekdays** because of their jobs.

힌트 외식하다 eat out   만나다 get together

### Step 2 도전! 영작문 주어진 우리말을 영어로 써보세요.

❶ _____ (나는 주말마다 가족들과 외식을 합니다.) We usually go to the Italian restaurant near my house. It takes about 5 minutes by car.

❷ _____ (저는 주중에는 영어학원에 갑니다.) because I cannot speak English well. I hope I can speak it fluently in the near future.

모범 답안
❶ I eat out with my family on weekends. 우리는 주로 집 가까이에 있는 이탈리아 식당에 갑니다. 차로 5분 정도 걸립니다.
❷ I go to an English institute on weekdays 왜냐하면 영어회화를 잘 못하기 때문입니다. 저는 조만간 영어를 유창하게 말할 수 있기를 바랍니다.

## Pattern 125   It costs 돈 for 물건

~은 …의 돈이 든다

cost는 '(비용이) 들다'라는 뜻이에요. 뭔가를 하는 데 어느 정도의 비용이 드는지 설명할 때 이 패턴을 사용하세요. 이때 주어로 It을 사용한다는 것과 과거형의 형태가 cost로 같다는 것을 기억해 두세요.

---

**Step 1**   **패턴 익히기**   예문을 통해 영작 필수 패턴을 익히세요.

❶ 명품 가방은 많은 돈이 듭니다. | **It costs** a lot of money **for** brand-name bags.

❷ 그 박물관 입장료는* 적은 돈이 듭니다. | **It costs** a little money **for** the admission to the museum.

❸ 그 자켓은 약 500달러의 돈이 들었습니다. | **It cost** about $500 **for** the jacket.

❹ 수리 비용으로 50달러 이상의 돈이 들었습니다. | **It cost** more than $50 **for** the repair.

❺ 전망탑에* 들어가는 데 약간의 돈이 들었습니다. | **It cost** some money **to** enter the observation tower.

입장료 admission   전망탑 observation tower

---

**Step 2**   **도전! 영작문**   주어진 우리말을 영어로 써보세요.

❶
When I went on a trip to Seattle, I visited the Space Needle to see the whole view of Seattle. ✏_____

(전망탑에 들어가는 데 약간의 돈이 들었어요.) but it was worth it.

❷
Last weekend, I went to a department store because I needed a jacket for a job interview. After I looked around some shops, I bought a nice jacket. ✏_____

_____ (그것은 약 500달러의 돈이 들었습니다.)

---

모범 답안

❶ 시애틀에 여행을 갔을 때, 저는 시애틀의 전경을 보기 위해 Space Needle에 갔습니다. It cost some money to enter the observation tower, 하지만 그만한 가치가 있었어요.

❷ 지난 주말 저는 면접에 입을 자켓이 필요해서 백화점에 갔습니다. 몇 개의 상점을 돌고 난 후 저는 멋진 자켓을 샀습니다. It cost about $500 for it.

## Pattern 126  I consider... when -ing

나는 ~할 때 …을 고려한다

consider는 '고려하다, 감안하다'라는 뜻이에요. 어떤 행동을 하면서 고려할 점이나 감안할 점을 나타낼 때 이 패턴을 사용하세요. consider 뒤에 전치사 없이 바로 명사가 오는 점에 주의하세요.

---

**Step 1  패턴 익히기** 예문을 통해 영작 필수 패턴을 익히세요.

❶ 저는 집을 빌릴 때 가격을 고려합니다.

**I consider** the price **when** renting a house.

❷ 나는 옷을 살 때 질을 고려해요.

**I consider** the quality **when** buying clothes.

❸ 저는 일을 구할 때 안정성을* 고려합니다.

**I consider** the stability **when** looking for a job.

❹ 나는 어떤 영화를 볼지 고를 때 리뷰를 고려한다.

**I consider** the reviews **when** choosing which movie to watch.

❺ 나는 여행을 갈 때 얼마나 많은 활동들이 있는지 고려해요.

**I consider** how many activities there are available **when** going on a trip.

*안정성 stability*

---

**Step 2  도전! 영작문** 주어진 우리말을 영어로 써보세요.

❶ _____ (저는 일을 구할 때 안정성을 고려합니다.) If I get a job without stability, I can't save money or build my career.

❷ _____ (나는 어떤 영화를 볼지 고를 때 리뷰를 고려한다.) I can easily check comments* about movies on the Internet using my smart phone.

*comment 논평*

모범 답안

❶ I consider the stability when looking for a job. 만약 안정성이 없는 직업을 구하면, 저는 돈을 모을 수도 없고 경력도 쌓을 수도 없습니다.
❷ I consider the reviews when choosing which movie to watch. 나는 내 스마트폰을 이용해서 인터넷에 있는 영화에 대한 의견들을 쉽게 확인할 수 있다.

OPIc은 Background Survey(사전 설문조사)를 통해 수험자가 관심 주제와 난이도를 선택할 수 있습니다. 답변에 대한 제한시간이 없고 스스로 답변 시간을 조절해서 전체 문제를 40분 안에 말하면 되기 때문에 TOEIC 스피킹에 비해 상대적으로 부담이 적은 편입니다. 개인적인 경험을 얘기하는 부분이 많기 때문에 편하게 답할 수 있지만, 문장이 정확하지 않으면 높은 점수를 받기 어렵습니다. 책 속의 패턴들을 이용해 정확한 문장을 만드는 연습을 해 보세요.

## ✔ 영작문 포인트 정리

OPIc에서는 항상 자기소개 문제가 출제되며, 개인적인 경험이 있는 장소나 시설을 묘사하는 문제가 자주 출제됩니다. 자주 사용되는 표현들을 꼭 익혀 두세요.

### 1. 자기소개

자기소개의 경우 현재와 현재 진행형을 많이 사용합니다.

I **live** in Seoul with my parents. 저는 가족과 함께 서울에 삽니다.

I **have** a family of four. 저희 가족은 네 명입니다.

I **am majoring** in Computer Science. 저는 컴퓨터 공학을 전공하고 있습니다.

### 2. 장소·시설 묘사

1) 장소와 시설을 묘사하는 경우 There is/are 구문을 자주 사용합니다. (Pattern 005 참고)

Surrounding this city, **there are** many trees. 이 도시를 둘러싸고 있는 많은 나무들이 있습니다.

**There are** specific kinds of convenient devices. 특정한 종류의 편리한 기구들이 있습니다.

2) 장소와 시설을 묘사하는 경우 수동태 문장도 자주 사용합니다. 수동태 표현은 이 책에서 숙어 패턴으로 소개하고 있으니 꼼꼼히 학습해 두세요.

My company **is located** in Incheon. 저희 회사는 인천에 위치해 있습니다.

It **is equipped** with advanced machines. 그곳은 선진 기계들이 갖추어져 있습니다.

My company **is well known** for smart phones. 우리 회사는 스마트폰으로 잘 알려져 있습니다.

It **is used** to send messages directly. 이것은 직접 메시지를 보내는 데 사용됩니다.

## Pattern 127 graduate from...

~를 졸업하다

자기소개를 할 때는 대개 출신 학교를 얘기하게 됩니다. 이때는 graduate(졸업하다) 뒤에 from을 붙여서 학교를 소개해요. 간혹 I was graduate from...이라고 쓰는 사람들이 있는데, graduate은 동사이므로 be동사를 같이 쓰면 틀린 표현이 됩니다.

### Step 1 패턴 익히기 예문을 통해 영작 필수 패턴을 익히세요.

❶ 저는 작년에 대학교를 졸업했습니다. | I **graduated from** college last year.

❷ 저는 아직 학교를 졸업하지 않았습니다. | I didn't **graduate from** school yet.

❸ 저는 학교를 졸업하기 싫습니다. | I don't want to **graduate from** school.

❹ 저는 이번 여름에 대학교를 졸업할 예정입니다. | I'm scheduled to **graduate from** college this summer.

❺ 제 친구들은 모두 이미 학교를 졸업했습니다. | All of my friends already **graduated from** school.

### Step 2 도전! 영작문 주어진 우리말을 영어로 써보세요.

❶
_____

(저는 작년에 대학교를 졸업했습니다.) I majored in Business Management. When I was a university student, I worked on a lot of projects.

business management 경영학

❷
_____

(저는 아직 학교를 졸업하지 않았습니다.) I wanted to graduate from school this year, but I took a semester off.

모범 답안

❶ I graduated from college last year. 저는 경영학을 전공했습니다. 대학생이었을 때, 저는 많은 프로젝트를 진행했습니다.
❷ I didn't graduate from school yet. 올해 학교를 졸업하고 싶었지만 한 학기 휴학을 했습니다.

## Pattern 128   major in...

~을 전공하다

major는 '전공'이라는 명사로도 쓰이고, '전공하다'라는 동사라도 쓰입니다. 뒤에 in을 붙여서 뭘 전공하는지 말하세요. '복수전공하다'는 double-major in이라고 하면 됩니다.

---

**Step 1   패턴 익히기** 예문을 통해 영작 필수 패턴을 익히세요.

❶ 저는 기계공학을* 전공하고 있습니다.

I'm **majoring in** Mechanical Engineering.

❷ 제 친구들은 대부분 영어영문을 전공하고 있습니다.

Most of my friends are **majoring in** English Language and Literature.

❸ 대학 시절 저는 경영학을 전공했습니다.

I **majored in** Business Management when I was in college.

❹ 고등학교 때 저는 건축공학을* 전공하고 싶었습니다.

I wanted to **major in** Construction Engineering when I was in high school.

❺ 저는 정치학과* 법학을 복수전공 했습니다.

I **double-majored in** Political Science and Law.

힌트 기계의 mechanical   건축 construction   정치학 political science

---

**Step 2   도전! 영작문** 주어진 우리말을 영어로 써보세요.

❶ ✎_____ (저는 기계공학을 전공하고 있습니다.) After graduation, I'd like to work for a company where I can make the best use of* my major.

make the best use of ~를 최대한 활용하다

❷ ✎_____
_____ (제 친구들은 대부분 영어영문을 전공하고 있습니다.) I envy them because they are good at English.

---

모범 답안

❶ I'm majoring in Mechanical Engineering. 졸업 후에는 제 전공을 최대한 활용할 수 있는 회사에서 일하고 싶습니다.
❷ Most of my friends are majoring in English Language and Literature. 그들은 영어를 잘하기 때문에 저는 그들이 부럽습니다.

# Pattern 129 work for/in...

~에서 일하다

자기가 일하는 곳, 다니는 직장을 말할 때는 work(일하다)를 사용합니다. 이때 회사에 다닌다고 말하려면 work for를 사용하고, 어느 부서에서 일하는지 말하려면 work in을 사용합니다. 잘 구별해서 사용하세요.

---

**Step 1** **패턴 익히기** 예문을 통해 영작 필수 패턴을 익히세요.

❶ 저는 SKY 회사에 다닙니다.

I **work for** SKY Company.

❷ 저는 회사에 다니지 않습니다.

I don't **work for** a company.

❸ 저는 5년째 회사에 다니고 있습니다.

I have been **working for** a company for 5 years.

❹ 마케팅부에서 일하고 싶습니다.

I'd like to **work in** the marketing department.

❺ 저는 영업부에서* 인턴으로 6개월째 일하고 있습니다.

I've been **working** as an intern **in** the sales department for 6 months.

힌트 영업부 sales department

---

**Step 2** **도전! 영작문** 주어진 우리말을 영어로 써보세요.

❶

✎_____

(저는 5년째 회사에 다니고 있습니다.) My company specializes in* machinery* export. It is close to my home.

specialize in ~을 전문으로 하다  machinery 기계류

❷

✎_____

(저는 영업부에서 인턴으로 6개월째 일하고 있습니다.) I am working hard to become a full-time employee.*

full-time employee 정규직 직원

---

모범 답안

❶ I have been working for a company for 5 years. 저희 회사는 기계 수출을 전문으로 합니다. 회사는 저희 집에서 가깝습니다.
❷ I've been working as an intern in the sales department for 6 months. 저는 정규직이 되기 위해 열심히 일하고 있습니다.

OPIc: 자기소개

## Pattern 130 I have experience -ing

나는 ~한 경험이 있다

내 경험을 얘기할 때 유용한 패턴입니다. 어떤 경험을 갖고 있는지 설명하려면 I have experience 뒤에 동명사(-ing) 형태로 연결해 나가면 됩니다.

### Step 1 패턴 익히기 예문을 통해 영작 필수 패턴을 익히세요.

❶ 저는 회사에서 일한 경험이 있습니다.

**I have experience** working for a company.

❷ 저는 인턴으로 일한 경험이 있습니다.

**I have experience** working as an intern.

❸ 저는 많은 봉사활동을* 한 경험이 있습니다.

**I have experience** doing a lot of volunteer work.

❹ 저는 외국생활을 한 경험이 없습니다.

**I don't have experience** living abroad.

❺ 저는 아이디어 공모전을 위해 팀으로 작업한 경험이 있습니다.

**I have experience** working on a team for an idea contest.

힌트 봉사 활동 volunteer work

### Step 2 도전! 영작문 주어진 우리말을 영어로 써보세요.

❶ As I majored in Sociology,* 🖊 _____

_____ (저는 많은 봉사활동을 한 경험이 있습니다.) I prepared meals for the poor, and I spent time talking to the elderly.

sociology 사회학

❷ When I was in college, 🖊 _____

_____ (저는 아이디어 공모전을 위해 팀으로 작업한 경험이 있습니다.) I made a team for the contest, which consisted of six students from other majors.

모범 답안

❶ 사회학을 전공했기 때문에 I have experience doing a lot of volunteer work. 가난한 사람들을 위해 식사를 준비했고, 시간을 들여 어르신들의 말동무가 되었습니다.
❷ 대학생이었을 때, I have experience working on a team for an idea contest. 저는 공모전을 위해서 팀을 만들었는데, 그 팀은 전공이 다른 6명의 학생들로 구성되었습니다.

164

## Pattern 131  I have been living in 장소 for 기간

나는 ~에 …동안 살고 있는 중이다

과거부터 살아 왔고 지금도 살고 있는 곳을 말할 때는 현재완료 진행형을 이용해 I have been living으로 말합니다. 뒤에 in과 for를 붙여서 장소와 기간도 밝혀 보세요.

---

**Step 1  패턴 익히기** 예문을 통해 영작 필수 패턴을 익히세요.

❶ 저는 아파트에서 10년 동안 살고 있습니다.

**I have been living in** an apartment **for** 10 years.

❷ 저는 부산에서 5년 동안 살고 있습니다.

**I have been living in** Busan **for** 5 years.

❸ 저는 20년 동안 서울 부근에* 살고 있습니다.

**I have been living in** the vicinity of Seoul **for** 20 years.

❹ 저는 대학교에 입학한 이래로 서울에서 5년 동안 살고 있습니다.

**I have been living in** Seoul **for** 5 years since I entered college.

❺ 제 친구 중 한 명은 미국에서 3년 동안 살고 있습니다.

One of my friends **has been living in** America **for** 3 years.

힌트 ~의 부근 vicinity of

---

**Step 2  도전! 영작문** 주어진 우리말을 영어로 써보세요.

❶ _____

_____ (저는 대학교에 입학한 이래로 서울에서 5년 동안 살고 있습니다.) At first, it was hard for me to live alone, but I'm getting used to living without my parents.

❷ _____

(제 친구 중 한 명은 미국에서 3년 동안 살고 있습니다.) Every summer, I go on a trip there to meet her. The only thing I need to do is book* a flight.

book 예약하다

---

모범 답안

❶ I have been living in Seoul for 5 years since I entered college. 처음에는 혼자 사는 게 힘들었지만 부모님 없이 사는 것에 적응하고 있습니다.
❷ One of my friends has been living in America for 3 years. 매년 여름, 저는 그 애를 만나러 미국으로 여행을 갑니다. 저는 항공권만 예약하면 됩니다.

165

## Pattern 132  I used to 동사원형 when I was young

나는 어렸을 때 ~하곤 했다

과거의 일을 얘기할 때 when I was young(내가 어렸을 때)과 used to(~하곤 했었다)를 함께 사용하면 깔끔하게 영작할 수 있습니다. 스피킹 시험에서 가장 많이 틀리는 부분이 시제입니다. When I was young을 사용할 경우 주절의 동사도 과거로 써야 한다는 점을 잊지 마세요.

---

**Step 1  패턴 익히기** 예문을 통해 영작 필수 패턴을 익히세요.

❶ 저는 어렸을 때 서울에 살았습니다.

I **used to** live in Seoul **when I was young.**

❷ 저는 어렸을 때 강아지를 길렀습니다.*

I **used to** raise a dog **when I was young.**

❸ 저는 어렸을 때 수업을 전혀 빼먹지* 않았습니다.

I **used to** not skip any classes **when I was young.**

❹ 저는 어렸을 때 가족과 함께 소풍을 가곤 했습니다.

I **used to** go on picnics with my family **when I was young.**

❺ 제가 어렸을 때 저희 엄마는 건강하셨습니다.

My mother **used to** be healthy **when I was young.**

🔊 힌트 기르다, 키우다 raise  (수업을) 빼먹다 skip

---

**Step 2  도전! 영작문** 주어진 우리말을 영어로 써보세요.

❶ 🖉 _____ (저는 어렸을 때 강아지를 길렀습니다.) I liked playing with my dog. After it died, I felt miserable.* Ever since then, I decided to never raise a dog again.

miserable 비참한

❷ 🖉 _____ (저는 어렸을 때 가족과 함께 소풍을 가곤 했습니다.) However, as I'm getting older and older, I now go on picnics with my friends instead of my family.

---

모범 답안

❶ I used to raise a dog when I was young. 저는 강아지와 노는 것을 좋아했습니다. 강아지가 죽고 난 후 저는 너무 슬펐습니다. 그 이후로 저는 다시는 강아지를 기르지 않기로 했습니다.

❷ I used to go on picnics with my family when I was young. 하지만 점점 더 나이가 들면서 이제는 가족 대신 친구들과 소풍을 갑니다.

## Pattern 133 I enjoy -ing

나는 ~하는 것을 즐긴다

어떤 일을 좋아하거나 즐겨 하는 일을 묘사할 때는 동사 enjoy를 이용하세요. enjoy 뒤에는 명사나 동명사(-ing) 형태로 연결해야 합니다.

---

**Step 1 패턴 익히기** 예문을 통해 영작 필수 패턴을 익히세요.

❶ 저는 해외여행 가는 것을 즐깁니다. | **I enjoy** traveling abroad.

❷ 저는 테라스에서* 커피 마시는 것을 즐깁니다. | **I enjoy** drinking coffee on a terrace.

❸ 저는 친구들과 야구하는 것을 즐깁니다. | **I enjoy** playing baseball with my friends.

❹ 저는 운전하면서 음악을 크게 듣는 것을 즐깁니다. | **I enjoy** listening to music loudly while driving.

❺ 저는 집 근처 공원에서 강아지와 산책하는 것을 즐깁니다. | **I enjoy** going for a walk with my dog in a park near my house.

힌트 테라스 terrace

---

**Step 2 도전! 영작문** 주어진 우리말을 영어로 써보세요.

❶ _____

(저는 친구들과 야구하는 것을 즐깁니다.) Sometimes we bet on the game and decide that the losing team buys lunch.

❷ After watching a movie, I usually go to a coffee shop near the movie theater. There are a lot of coffee shops, but I like the coffee shop called ABC because its coffee tastes really good. Also, _____

_____ (저는 그 커피숍의 테라스에서 커피 마시는 것을 즐깁니다.)

---

모범 답안

❶ I enjoy playing baseball with my friends. 가끔 우리는 게임에 내기를 걸고 진 팀이 점심을 사기로 정합니다.

❷ 영화를 보고 난 후에, 저는 보통 영화관 가까이에 있는 커피숍에 갑니다. 많은 커피숍이 있지만 저는 ABC라는 커피숍을 좋아합니다. 왜냐하면 그곳은 커피가 정말 맛있기 때문입니다. 또한 I enjoy drinking coffee on the terrace of the coffee shop.

## Pattern 134 I like... more than~

나는 ~보다 …을 더 좋아한다

선호도를 나타낼 때 단순히 〈I like 명사〉만 쓰기보다 뒤에 more than(~보다 더)을 쓰면 다른 것과 비교해서 더 좋아한다고 강조해서 말할 수 있습니다.

---

**Step 1 패턴 익히기** 예문을 통해 영작 필수 패턴을 익히세요.

❶ 저는 다른 음료보다 커피를 더 좋아합니다.
**I like** coffee **more than** other drinks.

❷ 저는 다른 운동보다 춤추는 것을 더 좋아합니다.
**I like** dancing **more than** other exercise.

❸ 저는 다른 사람들보다 제 주위 사람들을 더 좋아합니다.
**I like** the people around me **more than** others.

❹ 저는 다른 색깔보다 검은색 옷을 사는 것을 더 좋아합니다.
**I like** buying black clothes **more than** any other colors.

❺ 저는 재미있는 직장보다 돈을 많이 주는 직장을 더 좋아합니다.
**I like** a better paying job **more than** an interesting job.

---

**Step 2 도전! 영작문** 주어진 우리말을 영어로 써보세요.

❶ _____

(저는 다른 색깔보다 검은색 옷을 사는 것을 더 좋아합니다.) When I was young, I used to follow fashion trends. But after I realized that black clothes look good on me, I only buy them.

❷ _____

(저는 다른 운동보다 춤추는 것을 더 좋아합니다.) If I dance, I can lose weight* as well as get rid of stress.

lose weight 살을 빼다

---

모범 답안

❶ I like buying black clothes more than any other colors. 어렸을 때는 패션 트렌드를 쫓곤 했습니다. 하지만 검은색 옷이 저에게 어울린다는 것을 알게 된 후에는 검은색 옷만 삽니다.
❷ I like dancing more than any other exercise. 춤을 추면 살도 뺄 수 있고 스트레스도 풀 수 있습니다.

168

## Pattern 135 I have/lose interest in...

나는 ~에 흥미를 갖다/잃다

interest는 '흥미, 관심'이라는 뜻이에요. 뭔가에 흥미가 있는 것은 have interest in...을 이용해서 말하고, 뭔가에 흥미를 잃는 것은 lose interest in...을 이용해서 말해요.

---

**Step 1** **패턴 익히기** 예문을 통해 영작 필수 패턴을 익히세요.

❶ 저는 자선* 행사에 관심이 있습니다.

**I have interest in** charity events.

❷ 저는 온라인 쇼핑에 흥미가 있습니다.

**I have interest in** online shopping.

❸ 저는 제 친구 때문에 홍차에* 흥미를 갖게 되었습니다.

**I have interest in** black tea because of my friend.

❹ 저는 낚시하러 가는 것에 흥미를 잃었습니다.

**I lost interest in** going fishing.

❺ 저는 운동에 흥미를 잃어가고 있습니다.

**I'm losing interest in** working out.

힌트 자선 charity  홍차 black tea

---

**Step 2** **도전! 영작문** 주어진 우리말을 영어로 써보세요.

❶
_____

(저는 온라인 쇼핑에 흥미가 있습니다.) Due to advances in technology, I have access to the Internet even late at night, which means that I can buy products on the Internet at any time.

❷
_____

(저는 제 친구 때문에 홍차에 흥미를 갖게 되었습니다.) When I was invited to my friend's party, there were so many different kinds of teas. At that time, one of my friends recommended black tea to me and it suited* my taste.

suit ~에 맞다, 어울리다

---

모범 답안

❶ I have interest in online shopping. 기술 발전 때문에 저는 밤늦게도 인터넷에 접속할 수 있습니다. 따라서 저는 언제라도 인터넷에서 물건들을 살 수 있습니다.

❷ I have interest in black tea because of my friend. 제가 친구의 파티에 초대되었을 때, 다양한 종류의 차가 있었습니다. 그때 제 친구 중 하나가 제게 홍차를 소개시켜 줬는데 그것은 제 입맛에 맞았습니다.

## Pattern 136 I have trouble -ing

나는 ~하느라 어려움을 겪는다

어떤 일을 하면서 힘든 점이나 곤란한 상황을 말할 때 trouble을 이용해서 이렇게 말해요. trouble 앞에 관사를 쓰지 않는다는 것과 trouble 뒤에 동명사(-ing)를 쓴다는 점에 유의하세요.

### Step 1 패턴 익히기 예문을 통해 영작 필수 패턴을 익히세요.

❶ 저는 밤에 잠을 자는 데 어려움을 겪습니다.

**I have trouble** sleep**ing** at night.

❷ 요새 눈 때문에 출퇴근하는* 데 어려움을 겪습니다.

These days **I have trouble** commut**ing** to work because of the snow.

❸ 저는 학교에서 새로운 반 친구들과 잘 지내는* 데 어려움을 겪었습니다.

**I had trouble** gett**ing** along with my new classmates at school.

❹ 저는 처음 시작했을 때 일에 적응하느라 어려움을 겪었습니다.

**I had trouble** gett**ing** used to my work when I first started.

❺ 어렸을 때 젓가락을 사용하느라 어려움을 겪곤 했습니다.

I used to **have trouble** us**ing** chopsticks when I was young.

힌트 출퇴근하다 commute ~와 잘 지내다 get along with

### Step 2 도전! 영작문 주어진 우리말을 영어로 써보세요.

❶ I've been living in Seoul since I entered high school. At first, ✏_____

_____ (저는 학교에서 새로운 반 친구들과 잘 지내는 데 어려움을 겪었습니다) because I had no one to talk to.

❷ Since the weather is getting hotter, ✏_____

(저는 밤에 잠을 자는 데 어려움을 겪습니다.) So I have gotten into the habit of reading books at night. I like autobiographies* because I can learn how to deal with daily life.

autobiography 자서전

모범 답안

❶ 저는 고등학교에 입학한 이래로 서울에서 살고 있습니다. 처음에는 I had trouble getting along with my new classmates at school 왜냐하면 말할 사람이 없었기 때문입니다.

❷ 날씨가 점점 더워지고 있어서, I have trouble sleeping at night. 그래서 저는 밤에 책을 읽는 취미가 생겼습니다. 저는 자서전을 좋아합니다. 왜냐하면 일상생활에 대처하는 법을 배울 수 있기 때문입니다.

## Pattern 137  on a regular basis

정기적으로

regular는 '규칙적인, 정기적인'이라는 뜻이고, basis는 '기준'이라는 뜻입니다. 따라서 on a regular basis 하면 '정기적으로, 규칙적으로'라는 뜻으로 regularly와 의미가 같습니다. 습관적으로 하거나 규칙적으로 하는 일을 말할 때 사용해 보세요.

---

**Step 1  패턴 익히기** 예문을 통해 영작 필수 패턴을 익히세요.

❶ 저는 정기적으로 운동을 하려고 노력합니다.  I try to work out **on a regular basis**.

❷ 저는 이웃 주민들과 정기적으로 만납니다.  I meet my neighbors **on a regular basis**.

❸ 저는 서점에 정기적으로 갑니다.  I go to a bookstore **on a regular basis**.

❹ 저희 부모님께서는 건강을 유지하기 위해서 정기적으로 건강검진을* 받습니다.  My parents get a check-up **on a regular basis** to stay healthy.

❺ 저는 영어실력을 향상시키기 위해서 규칙적으로 영어일기를 쓰기로 결심했습니다.  I decided to keep a diary in English **on a regular basis** to improve my English skills.

힌트 건강검진 check-up

---

**Step 2  도전! 영작문** 주어진 우리말을 영어로 써보세요.

❶

_____ (저는 정기적으로 운동을 하려고 노력합니다.) Since I entered my company, my health condition has gotten worse because of stress. So whenever I have enough free time, I always play badminton with my brother.

❷

There is a monthly neighborhood meeting in my apartment, so _____ _____ (저는 이웃 주민들과 정기적으로 만납니다.) We discuss current problems such as double-parking* and recycling in the meeting.

double-parking 이중 주차

**모범 답안**

❶ I try to work out on a regular basis. 회사에 입사한 이래로 스트레스 때문에 제 건강이 나빠졌습니다. 그래서 자유시간이 충분히 있을 때마다, 저는 항상 형과 배드민턴을 칩니다.

❷ 우리 아파트에는 월례 반상회가 있습니다. 그래서 I meet my neighbors on a regular basis. 우리는 회의에서 이중주차와 재활용과 같은 현안들에 대해서 토론합니다.

## Pattern 138 **get rid of stress**

스트레스를 풀다

스피킹 시험에서 스트레스는 답변을 이어 나가기 좋은 소재입니다. 스트레스를 푸는 일환으로 친구 만나기, 운동하기 등을 연결할 수 있기 때문이지요. '스트레스를 풀다'를 영어로 표현할 때 get rid of(~을 없애다)를 사용하면 됩니다.

---

**Step 1** **패턴 익히기** 예문을 통해 영작 필수 패턴을 익히세요.

❶ 저는 스트레스를 풀기 위해서 친구들과 술을 마십니다.

I drink with my friends to **get rid of stress**.

❷ 저는 게임을 하면서 스트레스를 풀 수 있습니다.

I can **get rid of stress** by playing games.

❸ 저는 스트레스를 풀기 위해서 친구들과 노래방에서* 노래 부르는 것을 좋아합니다.

I like singing songs in karaoke with my friends to **get rid of stress**.

❹ 어떤 여자들은 스트레스를 풀기 위해 단 것을 먹습니다.

Some women eat something sweet to **get rid of stress**.

❺ 저는 운동이 스트레스를 푸는 데 가장 좋은 방법이라고 생각합니다.

I think working out is the best way to **get rid of stress**.

힌트 노래방 karaoke

---

**Step 2** **도전! 영작문** 주어진 우리말을 영어로 써보세요.

❶

✎ _____

_____ (저는 스트레스를 풀기 위해서 친구들과 노래방에서 노래 부르는 것을 좋아합니다.) The karaoke place is located downtown.

❷

There are a lot of advantages of swimming. First of all, I haven't had a cold since I started swimming. Also, after swimming I feel refreshed. ✎ _____

_____ (저는 운동이 스트레스를 푸는데 가장 좋은 방법이라고 생각합니다.)

---

모범 답안

❶ I like singing songs in karaoke with my friends to get rid of stress. 노래방은 시내에 있습니다.

❷ 수영에는 장점이 많습니다. 무엇보다도, 수영을 시작한 이후로 감기에 걸리지 않았습니다. 또한, 수영을 하고 난 뒤에는 기분이 상쾌합니다. I think working out is the best way to get rid of stress.

## Pattern 139 · I wasted time/money -ing

나는 ~하느라 시간/돈을 낭비했다

시간이나 돈을 낭비해서 후회할 때 사용하기 좋은 패턴입니다. 시간을 낭비한 것은 waste time -ing, 돈을 낭비한 것은 waste money -ing를 사용해요. 뒤에 동명사(-ing)로 연결한다는 것을 기억하세요.

---

**Step 1** 패턴 익히기  예문을 통해 영작 필수 패턴을 익히세요.

❶ 저는 잘못된 길로 가느라 시간을 낭비했습니다. | **I wasted time** going the wrong way.

❷ 저는 과거를 후회하느라 시간을 낭비했습니다. | **I wasted time** regretting the past.

❸ 저는 쓸데없는 것들을 사느라 돈을 낭비했습니다. | **I wasted money** buying useless things.

❹ 저는 온라인 게임에서 아이템들을 사느라 돈을 낭비했습니다. | **I wasted money** purchasing items in the online game.

❺ 저는 시간과 돈을 낭비하는 것을 피하려고 항상 계획을 세웁니다. | I always make plans to avoid **wasting time and money.**

---

**Step 2** 도전! 영작문  주어진 우리말을 영어로 써보세요.

❶

When I went on a trip to America, there were a lot of products in the shopping malls. At that time, I didn't think about whether a product was worth buying or not, I just bought it on impulse.* Later, ✎_____

_____ (저는 쓸데없는 것들을 사느라 돈을 낭비했다는 것을 깨달았습니다.)

on impulse 충동적으로

❷

✎_____

(저는 시간과 돈을 낭비하는 것을 피하려고 항상 계획을 세웁니다.) Especially before I go to a grocery store, I make a list of what I should buy.

---

**모범 답안**

❶ 미국으로 여행을 갔을 때, 쇼핑몰에는 많은 물건들이 있었습니다. 그 당시 저는 물건이 살 만한 가치가 있는지 아닌지 생각하지 않았습니다. 저는 그냥 충동 구매를 해 버렸습니다. 나중에 I realized that I wasted money buying useless things.

❷ I always make plans to avoid wasting time and money. 특히 식료품점에 가기 전에, 저는 무엇을 사야 할지 리스트를 만듭니다.

## Pattern 140  be worth -ing

~할 가치가 있다

worth는 '~의 가치가 있는'이라는 뜻입니다. 무엇을 할 가치가 있는지 나타내려면 뒤에 동명사(-ing) 형태를 붙여 주면 됩니다. 가치가 있다고 생각되는 것을 주어로 사용해서 표현하세요.

---

**Step 1  패턴 익히기** 예문을 통해 영작 필수 패턴을 익히세요.

❶ 영어는 공부할 가치가 있습니다.　　English **is worth** study**ing**.

❷ 그 책은 읽을 만한 가치가 있습니다.　　That book **is worth** read**ing**.

❸ 그의 노래들은 들을 만한 가치가 있습니다.　　His songs **are worth** listen**ing** to.

❹ 그 옷은 살 만한 가치가 있었습니다.　　That clothing **was worth** buy**ing**.

❺ 그 수업은 들을 만한 가치가 있었습니다.　　The class **was worth** tak**ing**.

---

**Step 2  도전! 영작문** 주어진 우리말을 영어로 써보세요.

❶
My favorite singer is Michael Jackson. ✎＿＿＿＿＿＿＿＿＿＿＿＿＿＿＿
＿＿＿＿＿＿＿＿＿ (그의 노래들은 들을 만한 가치가 있습니다.) A lot of singers remake his
songs and perform his dances at famous award shows.

❷
All of my friends recommended* me take a class on financial* management. When
I heard the name of the class for the first time, it sounded very difficult. So I didn't
want to take it, but in the end ✎＿＿＿＿＿＿＿＿＿＿＿＿＿＿＿＿＿＿＿＿
(그 수업은 들을 만한 가치가 있었습니다.)

recommend 추천하다　financial 금융의, 재정의

---

모범 답안

❶ 제가 좋아하는 가수는 마이클 잭슨입니다. His songs are worth listening to. 많은 가수들이 그의 노래를 리메이크하고, 유명한 시상식장에서 그의
춤을 춥니다.

❷ 제 친구들 모두가 저에게 재무관리 수업을 들으라고 추천해 줬습니다. 처음에 그 수업 이름을 들었을 때는 너무 어렵게 들렸습니다. 그래서 저는 그 수업을
듣고 싶지 않았지만, 결국 the class was worth taking.

## Pattern 141　be well-known among 사람

~에게 잘 알려져 있다

'유명한'이라는 뜻으로 famous뿐만 아니라 well-known도 무척 많이 쓰입니다. 누구에게 유명한지 나타내려면 뒤에 among(~사이에)을 붙여서 표현하면 됩니다.

---

### Step 1 　패턴 익히기 　예문을 통해 영작 필수 패턴을 익히세요.

❶ 그 식당은 관광객들에게 잘 알려져 있습니다.　The restaurant **is well-known among** tourists.

❷ 그 요가 수업은 주민들에게 잘 알려져 있습니다.　The yoga class **is well-known among** residents.

❸ 그 도서관은 사람들에게 잘 알려져 있습니다.　The library **is well-known among** people.

❹ 그 공원은 우리나라에서 가장 큰 것으로 사람들에게 잘 알려져 있습니다.　The park **is well-known among** people as the biggest one in our country.

❺ 우리 대학교는 학생들에게 잘 알려져 있지 않습니다.　My college **isn't well-known among** students.

---

### Step 2 　도전! 영작문 　주어진 우리말을 영어로 써보세요.

❶

✎_____ (그 도서관은 사람들에게 잘 알려져 있습니다) because there are many different kinds of books and enough desks and chairs where people can focus on their studies.

❷

✎_____
(그 공원은 우리나라에서 가장 큰 것으로 사람들에게 잘 알려져 있습니다.) There is a lot of sporting equipment and a running path.* So the park is always crowded with people.

path (작은) 길

---

모범 답안

❶ The library is well-known among people 왜냐하면 다양한 종류의 책이 많이 있고, 사람들이 공부에 집중할 수 있도록 책상과 의자가 충분히 있기 때문입니다.

❷ The park is well-known among people as the biggest one in our country. 많은 운동기구와 달릴 수 있는 길이 있습니다. 그래서 그 공원은 항상 사람들로 붐빕니다.

## Pattern 142 be good/poor at...

~을 잘하다/못하다

어떤 것을 잘하거나 못할 때 사용하는 패턴입니다. 알고 있으면서도 막상 스피킹 시험에서 잘 사용하지 못하는 패턴이기도 합니다. At 뒤에는 명사나 동명사(-ing)를 붙여 주세요.

---

**Step 1** **패턴 익히기** 예문을 통해 영작 필수 패턴을 익히세요.

❶ 저 배우는 춤도 노래도 잘합니다. | That actor **is good at** dancing and singing.

❷ 제 회사 동료는 고객들의 불만 처리를 잘합니다. | My co-worker **is good at** dealing with customers' complaints.

❸ 수영을 잘하는 친구가 나에게 수영하는 법을 가르쳐 주었습니다. | My friend, who **is good at** swimming, taught me how to swim.

❹ 저는 격투기를* 잘하고 싶었습니다. | I wanted to **be good at** martial arts.

❺ 저는 어렸을 때 스케이팅을 못 탔습니다. | I **was poor at** skating when I was young.

힌트 무술, 격투기 martial arts

---

**Step 2** **도전! 영작문** 주어진 우리말을 영어로 써보세요.

❶ ✎_____ (저는 어렸을 때 스케이팅을 못 탔습니다) because I was afraid of skating on the ice. Last year, my boyfriend took me to a skate park. The park wasn't that crowded, so I was able to learn how to skate slowly and correctly.

❷ ✎_____ (저는 격투기를 잘 하고 싶었습니다) so I went to a Hapkido studio. At first, I thought it was quite dangerous and tough because I might get injured after fighting with someone.

---

모범 답안

❶ I was poor at skating when I was young 왜냐하면 빙판에서 스케이트를 타는 것이 무서웠기 때문입니다. 작년에 제 남자 친구가 저를 스케이트장에 데려갔습니다. 스케이트장은 그다지 붐비지 않아서 저는 스케이트 타는 법을 정확히 그리고 천천히 배울 수 있었습니다.

❷ I wanted to be good at martial arts 그래서 합기도장에 갔습니다. 처음에는 꽤 위험하고 거칠어 보였습니다. 왜냐하면 누군가와 싸우다가 다칠 수도 있기 때문입니다.

## Pattern 143    decide to 동사원형

~하기로 결심하다

영어학원을 다니거나 다이어트를 하는 등 뭔가를 시작하면서 각오를 다질 때 decide를 사용하세요. 스피킹 시험에서 자주 사용하는 패턴으로서, 항상 to부정사로 연결하는 점에 주의하세요.

---

**Step 1    패턴 익히기**  예문을 통해 영작 필수 패턴을 익히세요.

❶ 저는 다이어트를 하기로 결심했습니다.　　I **decided to** go on a diet.

❷ 퇴근 후에 컴퓨터 수업을 듣기로 결심했습니다.　　I **decided to** take a computer class after work.

❸ 저는 일주일에 최소한 한 권의 책을 읽기로 결심했습니다.　　I **decided to** read at least one book a week.

❹ 살을 빼기 위해서 한 시간 동안 걷기로 결심했습니다.　　I **decided to** walk for an hour to lose weight.

❺ 저는 군것질하지* 않기로 결심했습니다.　　I **decided not to** eat between meals.

힌트 군것질하다 eat between meals

---

**Step 2    도전! 영작문**  주어진 우리말을 영어로 써보세요.

❶ When my company introduced a new computer system, I didn't know how to use the new program because I was poor at dealing with computer programs. At that time,

✎_____ (퇴근 후에

컴퓨터 수업을 듣기로 결심했습니다.)

❷ ✎_____ (살을 빼기 위해서 걷기로 결심했습니다.)

So I tried to walk as often as possible. For example, I would walk a short distance instead of taking a taxi or bus.

---

모범 답안

❶ 우리 회사에서 새로운 컴퓨터 시스템을 도입했을 때, 저는 새로운 프로그램을 어떻게 사용할지 몰랐습니다. 왜냐하면 저는 컴퓨터 프로그램을 잘 다루지 못했기 때문입니다. 그때 I decided to take a computer class after work.

❷ I decided to walk to lose weight. 그래서 가능한 자주 걸으려고 노력했습니다. 예를 들어 짧은 거리는 택시나 버스를 타기보다는 걸었습니다.

## Pattern 144  instead of...

~ 대신에

어떤 결정을 내릴 때 instead of를 이용해서 포기한 것을 쓸 수 있습니다. Instead of 뒤에 명사나 동명사(-ing)를 붙여서 포기한 것을 써 주세요.

---

**Step 1**  **패턴 익히기**  예문을 통해 영작 필수 패턴을 익히세요.

❶ 저는 패스트푸드 대신 밥을 먹기로 결정했습니다.
I decided to eat rice **instead of** fast food.

❷ 저는 흰색 대신에 베이지색 벽지를* 제 방에 붙였습니다.
I put beige wallpaper in my room **instead of** white.

❸ 저는 버스를 타는 대신에 학원에서 집까지 걸어갑니다.
I walk home from the institute **instead of** taking a bus.

❹ 꽃샘추위* 때문에 봄옷 대신에 겨울옷을 입었습니다.
I wore winter clothes **instead of** spring clothes because of the spring chill.

❺ 저는 아르바이트를 하는 대신에 집안일을* 하면서 돈을 벌었습니다.
I earned money doing household chores **instead of** doing a part-time job.

힌트 벽지 wallpaper  꽃샘추위 spring chill  집안일 household chores

---

**Step 2**  **도전! 영작문**  주어진 우리말을 영어로 써보세요.

❶ I like my room the best because I can decorate it however I want. Last year, I was sick of my wallpaper, so I bought new wallpaper. ✎ _____
_____ (흰색 대신에 베이지색 벽지를 제 방에 붙였습니다.)

❷ When I was in middle school, ✎ _____
_____ (저는 아르바이트를 하는 대신에 집안일을 하면서 돈을 벌었습니다.) I washed dishes after meals and shined my father's shoes. Even though I only made a little bit of money, I was able to understand the value of money.

---

모범 답안

❶ 저는 제 방을 가장 좋아합니다. 왜냐하면 제가 원하는 대로 꾸밀 수 있기 때문입니다. 작년에 벽지가 지겨워져서 새로운 벽지를 샀습니다. I put beige wallpaper in my room instead of white.

❷ 제가 중학생이었을 때, I earned money doing household chores instead of doing a part-time job. 저는 식사 후에 설거지를 했고, 아빠의 구두를 닦았습니다. 비록 저는 적은 돈을 벌었지만, 돈의 가치를 이해할 수 있었습니다.

# Pattern 145 Whenever 주어 + 동사, I always 동사

~할 때마다, 나는 항상 …한다

습관을 나타내는 표현은 매우 다양한데, whenever를 이용해서 이렇게 말하는 방법도 있습니다. 주절에 always(항상)를 추가하면 더 강조하는 표현이 됩니다.

## Step 1 패턴 익히기 예문을 통해 영작 필수 패턴을 익히세요.

❶ 산책할 때마다 저는 항상 신나는* 노래를 듣습니다.

**Whenever** I take a walk, **I always** listen to upbeat music.

❷ 시장에 갈 때마다 저는 항상 싼 가격에 제가 원하는 것을 삽니다.

**Whenever** I go to the market, **I always** get what I want at a cheap price.

❸ 술을 마실 때마다 제 얼굴은 항상 빨개집니다.

**Whenever** I drink, my face **always** turns red.

❹ 친구들을 집에 초대할 때마다 저는 항상 그들이 좋아하는 것들을 준비합니다.

**Whenever** I invite my friends to my home, **I always** prepare things that they like.

❺ 자전거를 탈 때마다 저는 항상 넘어질까* 봐 걱정합니다.

**Whenever** I ride a bicycle, **I'm always** worried about falling off it.

힌트 긍정적인, 즐거운 upbeat  ~에서 떨어지다 fall off

## Step 2 도전! 영작문 주어진 우리말을 영어로 써보세요.

❶ ✎ _____

(산책할 때마다 저는 항상 신나는 노래를 듣습니다) because I feel better and it makes me walk quicker. So I always take my mp3 player whenever I go to the park.

❷ I prefer holding a party at my home. ✎ _____

_____ (친구들을 집에 초대할 때마다

저는 항상 그들이 좋아하는 것들을 준비합니다.)

모범 답안

❶ Whenever I take a walk, I always listen to upbeat music 왜냐하면 기분이 좋아지고 발걸음이 빨라지기 때문입니다. 그래서 저는 공원에 갈 때마다 항상 mp3플레이어를 가지고 갑니다.
❷ 저는 집에서 파티를 여는 것을 좋아합니다. Whenever I invite my friends to my home, I always prepare things that they like.

## Pattern 146  Before going to 장소, 주어 + 동사

~로 가기 전에, …하다

어떤 일을 하기 전에 하는 행동을 말할 때 사용합니다. before 뒤에 〈주어 + 동사〉가 아니라 동명사로 연결하면, 주절의
주어와 같은 사람이 행동하는 것임을 나타내는 겁니다.

---

**Step 1  패턴 익히기**  예문을 통해 영작 필수 패턴을 익히세요.

❶ 공원으로 가기 전에 저는 소풍 준비하는 것을
좋아합니다.

**Before going to** the park, I like to prepare for a picnic.

❷ 야구장에 가기 전에 나는 치킨과 맥주를 산다.

**Before going to** the baseball stadium, I buy chicken
and beer.

❸ 영화관에 가기 전에 저는 항상 영화 리뷰를
확인합니다.

**Before going to** the movie theater, I always check the
movie reviews.

❹ 상점에 가기 전에 저는 할인을 받기 위해 회원
카드를* 가져갑니다.

**Before going to** the shop, I take a membership card in
order to get a discount.

❺ 헬스장에 가기 전에 저는 물 한 병을 사기 위
해 편의점에* 들릅니다.

**Before going to** the gym, I stop by a convenience
store to buy a bottle of water.

힌트 회원카드 membership card   편의점 convenience store

---

**Step 2  도전! 영작문**  주어진 우리말을 영어로 써보세요.

❶ 🖉 _____

(영화관에 가기 전에 저는 항상 영화 리뷰를 확인합니다.) By doing this, I can find a better movie to
watch. So I check the reviews with my smart phone.

❷ 🖉 _____

(야구장에 가기 전에 저는 치킨과 맥주를 삽니다.) While watching the game, I can enjoy my
favorite food. In addition, I'm able to feel the excitement of the game.

---

모범 답안

❶ Before going to the movie theater, I always check the movie reviews. 이렇게 하면 더 볼 만한 영화를 찾을 수 있습니다. 그래서 저는 제
스마트폰으로 리뷰를 확인합니다.
❷ Before going to the baseball stadium, I buy chicken and beer. 경기를 보면서 저는 좋아하는 음식을 즐길 수 있습니다. 또한, 저는 게임의 흥
분을 느낄 수 있습니다.

# Pattern 147   It's the place where I can...

그곳은 내가 ~할 수 있는 공간이다

사무실 혹은 교실, 운동장과 같이 우리가 활용하는 공간을 묘사할 때 사용할 수 있는 표현입니다. place는 장소이므로 관계부사 where를 써서 설명을 이어가는 방식입니다.

---

## Step 1   패턴 익히기   예문을 통해 영작 필수 패턴을 익히세요.

❶ 그곳은 제가 쉴 수 있는 공간입니다.

**It's the place where I can** take a rest.

❷ 그곳은 제가 강아지와 산책할 수 있는 곳입니다.

**It's the place where I can** go for a walk with my dog.

❸ 그곳은 제가 원하는 만큼 크게 음악을 들을 수 있는 공간입니다.

**It's the place where I can** listen to music as loudly as I want.

❹ 그곳은 잎이 알록달록 물든 나무들을 많이 볼 수 있는 곳입니다.

**It's the place where I can** see a lot of trees with colorful leaves.

❺ 그곳은 방해* 받지 않고 제가 원하는 건 뭐든지 할 수 있는 공간입니다.

**It's the place where I can** do whatever I want without being disturbed.

힌트 방해하다 disturb

---

## Step 2   도전! 영작문   주어진 우리말을 영어로 써보세요.

❶ I like going to a camping site near my house. ✎_____

_____ (그곳은 잎이 알록달록 물든

나무들을 많이 볼 수 있는 곳입니다) during both spring and autumn.

❷ My favorite part of my house is my room because ✎_____

_____ (방해 받지 않고 제가 원하는

건 뭐든지 할 수 있는 공간이기 때문입니다.) Whenever I stay in my room, I always feel free.

---

모범 답안

❶ 저는 우리 집 근처의 야영지에 가는 것을 좋아합니다. It's the place where I can see a lot of trees with colorful leaves 봄이나 가을 동안.
❷ 우리 집에서 제가 가장 좋아하는 곳은 제 방입니다. 왜냐하면 it's the place where I can do whatever I want without being disturbed. 저는 방에 있을 때마다, 항상 자유롭다고 느낍니다.

## Pattern 148 It is the most 형용사 + 명사 that I've ever p.p.

그것은 내가 ~한 것 중에 가장 …한 ~다

뭔가를 최고라고 묘사할 때 단순히 최상급을 쓰는 데 그치지 않고, 뒤에 that I've ever p.p.를 붙여 주면 '내가 ~한 것 중에 최고로 ~하다'는 뜻이 되어 더욱 강조할 수 있습니다.

---

**Step 1** 패턴 익히기 예문을 통해 영작 필수 패턴을 익히세요.

❶ 그것은 제가 봤던 것 중에 가장 지루한 영화입니다.

It is the most boring movie **that I've ever** seen.

❷ 그것은 제가 작업했던 것 중 가장 어려운 프로젝트입니다.

It is the most difficult project **that I've ever** worked on.

❸ 그곳은 제가 가 본 곳 중에 가장 기억에 남는* 장소입니다.

It is the most memorable place **that I've ever** been to.

❹ 그것은 제가 봤던 것 중에 가장 흥미진진한 게임이었습니다.

It was the most exciting game **that I've ever** watched.

❺ 그곳은 제가 수영했던 곳 중 가장 깨끗한 해변입니다.

It is the cleanest beach **that I've ever** swam in.

힌트 기억할 만한 memorable

---

**Step 2** 도전! 영작문 주어진 우리말을 영어로 써보세요.

❶ ✎ _____ ( 그곳

은 제가 가 본 곳 중에 가장 기억에 남는 장소입니다.) Before travelling abroad, I thought foreigners

were selfish. However, when I got lost, one woman kindly helped me find the right way.

❷ I like visiting Sam-po Beach, because ✎_____

_____ (그곳은 제가 수영했던 곳 중 가장 깨끗한 해변이기 때문입니다.)

It is in the eastern part of Korea. It usually takes about 3 hours from my house by car.

---

모범 답안

❶ It is the most memorable place that I've ever been to. 외국 여행을 가기 전에는 외국인들은 이기적이라고 생각했습니다. 하지만 제가 길을 잃었을 때, 한 여성이 친절하게 제가 올바른 길을 찾도록 도와줬습니다.

❷ 저는 삼포 해변을 가는 걸 좋아합니다. 왜냐하면 it is the cleanest beach that I've ever swam in. 그곳은 한국 동쪽에 있습니다. 우리 집에서 차로 대략 3시간이 걸립니다.

# Part
# 4

# 영작이 안 되면

쓸 수 없는
라이팅 시험 패턴 44

## Part 4

# 영작이 안 되면 쓸 수 없는
# 라이팅 시험 패턴 44

예전과 달리 영작에 대한 관심이 높아지고 라이팅 시험 응시자도 점점 늘어나고 있는 추세입니다. TOEIC 라이팅의 경우 영어로 비즈니스를 할 수 있는 능력을 측정하는 시험이고, IELTS의 경우 유럽이나 호주·캐나다 등지에 유학이나 이민을 갈 때 필요한 시험입니다. 두 시험 모두 문법·어휘·어순을 정확하게 써야만 좋은 점수를 받을 수 있으며, 에세이 시험을 포함하고 있습니다. 소개하는 패턴들을 통해서 자주 사용하는 문장의 어순을 연습해 보세요.

Unit 1  TOEIC 라이팅
Unit 2  IELTS 라이팅

TOEIC 라이팅

TOEIC 라이팅 시험은 영어로 비즈니스 업무를 수행할 수 있는지 측정하는 시험으로서 사진 묘사, 이메일 쓰기, 에세이 쓰기로 구성되어 있습니다. 특히 〈Part 2 이메일 쓰기〉에서는 모두 비즈니스 상황만 출제됩니다. 친구에게 쓰는 편한 표현이 아니라 예의 바르고 정중한 표현으로 글을 써야 하며, 실제 이메일을 쓰듯 쉼표까지 정확하게 찍어야 합니다. 제한된 시간 안에 글을 써야 하기 때문에 영타 실력도 요구됩니다. 평소에 영타 연습을 해 놓으면 훨씬 유리합니다.

## ✔ 영작문 포인트 정리

TOEIC 라이팅 시험은 각 파트마다 전략이 필요하지만 그 중에서 〈Part 2 이메일 쓰기〉 부분은 특히 정확한 형식을 요구합니다. 쉼표까지 체크하므로 세부적인 사항까지 꼼꼼히 공부하도록 합니다.

---

To whom it may concern,(쉼표)

(한 줄 띄어쓰기)

This is in response to your email regarding the new service.

This is Jane, and I am one of your members.

I bought a laptop from your company two months ago. It was working fine at first, but there is something wrong with it now. When I turn it on, there is static, so I can't work at night. I'd like to know where your service center is. I'd appreciate it if you could send me the directions by email.

I am looking forward to your prompt reply.

(한 줄 띄어쓰기)

Best regards,(쉼표)

Jane(마침표 찍지 않기)

---

## Pattern 149　be looking at...

~을 보고 있다

〈Part 1 사진 묘사〉에서는 사람들이 서류, 메뉴판, 지도 등을 바라보는 장면이 자주 나옵니다. 이때는 look at(~을 보다)을 사용하면 간단합니다. 현재 보고 있는 것이므로 진행형인 be looking at을 쓰면 됩니다.

---

**Step 1　패턴 익히기** 예문을 통해 영작 필수 패턴을 익히세요.

❶ 사람들은 메뉴판을* 보고 있다.

People **are looking at** the menu.

❷ 두 남자는 모니터를 보고 있다.

Two men **are looking at** the monitor.

❸ 남자와 여자는 서로 바라보고 있다.

A man and a woman **are looking at** each other.

❹ 그들은 공사를* 안전하게 마치기 위해서 지도를 보고 있다.

They **are looking at** the map to safely finish the construction.

❺ 몇몇의 여행객들이 관광을 하면서* 그 건물을 보고 있다.

Some tourists **are looking at** the building while taking a tour.

(힌트) 메뉴(판) menu　공사 construction　관광을 하다 take a tour

---

**Step 2　도전! 영작문** 주어진 우리말을 영어로 써보세요.

인물: people / at

❶ 사람들은 메뉴판을 보고 있다.

✎ ....................................................................................................

more People are reading the menu to decide what to eat for dinner at the restaurant.
사람들은 식당에서 저녁으로 무엇을 먹을지 결정하기 위해서 메뉴를 읽고 있다.

인물: look / construction

❷ 그들은 공사를 안전하게 마치기 위해서 지도를 보고 있다.

✎ ....................................................................................................

more They are talking about the construction while looking at the map.
그들은 지도를 보는 동안 공사에 대해서 얘기하고 있다.

모범 답안

❶ People are looking at the menu.
❷ They are looking at the map to safely finish the construction.

186

## Pattern 150    be showing 사물 to 사람

~에게 …을 보여주고 있다

사진 묘사에서는 사무실이나 교실, 여행지와 같은 배경에서 뭔가를 보여주며 설명하는 동작이 자주 출제됩니다. 그런 경우 show를 사용하면 되는데, 동작을 묘사하는 것이므로 진행형인 be showing으로 나타내면 됩니다.

---

**Step 1**    **패턴 익히기**   예문을 통해 영작 필수 패턴을 익히세요.

❶ 한 남자가 상사에게 서류를* 보여주고 있다.

A man **is showing** some documents **to** his boss.

❷ 그녀는 손님들에게 스케줄을 보여주면서 그것을 설명하고 있다.

She **is showing** the schedule **to** her customers and explaining it to them.

❸ 발표자는 회의실에서 청중들에게* 차트를 보여주고 있다.

A speaker **is showing** the chart **to** the audience in the meeting room.

❹ 선생님처럼 보이는 여자가 학생들에게 몇몇 사진을 보여주고 있다.

A woman who looks like a teacher **is showing** some pictures **to** her students.

❺ 아빠처럼 보이는 남자가 딸에게 자동차의 엔진을 보여주고 있다.

A man who looks like a father **is showing** the engine of the car **to** his daughter.

힌트 서류 document 청중 audience

---

**Step 2**    **도전! 영작문**   주어진 우리말을 영어로 써보세요.

인물: man / show

❶ 한 남자가 상사에게 서류를 보여주고 있다.

✎ ......................................................................................................

more A man is showing the project results to his boss.
한 남자가 상사에게 프로젝트 결과들을 보여주고 있다.

인물: audience / show

❷ 발표자는 회의실에서 청중들에게 차트를 보여주고 있다.

✎ ......................................................................................................

more The audience is listening to the woman who is showing the chart.
관중들은 차트를 보여주고 있는 여자의 말을 듣고 있다.

모범 답안

❶ A man is showing some documents to his boss.
❷ A speaker is showing the charts to the audience in the meeting room.

## Pattern 151  사물＋수동태 on the street

길에 ～이 …되어 있다

길거리(street)나 도로(road)에 자동차·가로등·꽃 등이 있는 사진의 경우, 사물을 주어로 하여 수동태로 쓰면 출제 의도에 맞는 답이 됩니다. 사물이 주어일 경우 능동태보다 수동태로 쓰는 것이 자연스러울 때가 많다는 것을 기억해 두세요.

---

**Step 1   패턴 익히기**  예문을 통해 영작 필수 패턴을 익히세요.

❶ 공연을 위해 꽃들이 거리에 전시되어 있다.

Flowers **are displayed on the street** for the performance.

❷ 안전을 위해서 거리에 가로등들이* 설치돼 있다.

Street lamps **are placed on the street** for security.

❸ 그 남자가 팔고 싶어 하는 신발이 거리에 진열되어 있다.

The pair of shoes that the man wants to sell **is displayed on the street**.

❹ 콘서트 후에 많은 쓰레기가 거리에 쌓여 있었다.

A lot of trash **was piled on the street** after the concert.

❺ 출퇴근 시간이어서* 많은 차들이 도로에 줄지어 있다.

Many cars **are lined up on the road** because it's rush hour.

힌트 가로등 street lamp   혼잡 시간대(출퇴근 시간) rush hour

---

**Step 2   도전! 영작문**  주어진 우리말을 영어로 써보세요.

배경: car / on

❶ 출퇴근 시간이어서 많은 차들이 도로에 줄지어 있다.

✏ ........................................................................................................

more Many cars are lined up on the road because people want to go home after work.
퇴근 후에 집에 가려는 사람들 때문에 많은 차들이 도로에 줄지어 있다.

배경: streetlamp / street

❷ 안전을 위해서 거리에 가로등들이 설치돼 있다.

✏ ........................................................................................................

more Street lamps are placed to light the street.
가로등들이 거리를 비추기 위해서 설치돼 있다.

---

모범 답안

❶ Many cars are lined up on the road because it's rush hour.
❷ Street lamps are placed on the street for security.

## Pattern 152　so that 주어 can 동사원형

~하기 위해서

〈Part 1 사진 묘사〉에서는 접속사를 이용한 문제가 두 개 출제되는데, 이때 사용 빈도가 높은 접속사가 so that입니다. so that은 '~하기 위해서'라는 뜻으로, that절에 조동사 can을 넣으면 보다 깔끔하게 영작할 수 있습니다.

---

### Step 1　패턴 익히기　예문을 통해 영작 필수 패턴을 익히세요.

❶ 한 남자가 프레젠테이션을 하기 위해서 위층으로 가고 있다.

A man is going upstairs **so that** he **can** give a presentation.

❷ 한 커플이 날씨를 즐기기 위해서 산책을 하고 있다.

A couple is taking a walk **so that** they **can** enjoy the weather.

❸ 사람들은 집에 가기 위해서 짐을* 기다리고 있는 중이다.

People are waiting for their luggage **so that** they **can** go home.

❹ 한 여자가 전화 건 사람이 말하는 것을 기억하기 위해서 메모를 하고* 있다.

A woman is taking notes **so that** she **can** remember what the caller is saying.

❺ 몇몇 예술가들이 사람들의 주위를 끌기* 위해서 길거리에서 공연을 하고 있다.

Some artists are performing on the street **so that** they **can** draw people's attention.

힌트 짐 luggage　메모를 하다 take notes　~의 관심을 끌다 draw one's attention

---

### Step 2　도전! 영작문　주어진 우리말을 영어로 써보세요.

인물: man / go

❶ 한 남자가 프레젠테이션을 하기 위해서 위층으로 가고 있다.

✎ ....................................................................................

more A man is going upstairs with his colleague to have a meeting.
한 남자가 회의를 하기 위해서 동료와 위층으로 가고 있다.

인물: take / so

❷ 한 커플이 날씨를 즐기기 위해서 산책을 하고 있다.

✎ ....................................................................................

more Today is Sunday, so they are taking a walk in the park.
오늘은 일요일이다. 그래서 그들은 공원에서 산책을 하고 있다.

모범 답안

❶ A man is going upstairs so that he can give a presentation.
❷ A couple is taking a walk so that they can enjoy the weather.

## Pattern 153    As long as 주어 + 동사, 주어 can...

~하는 한, …할 수 있다

사진 묘사 5문제 중에 2문제는 접속사를 사용하는 문제입니다. 접속사 중에 as long as는 '~하는 한', '~하기만 한다면'
이라는 뜻으로 굉장히 자주 출제 되는 접속사이므로 충분히 연습해 두세요.

---

**Step 1**   **패턴 익히기**   예문을 통해 영작 필수 패턴을 익히세요.

❶ 상자가 가볍기만 하다면, 그 남자는 아무 도움
없이 그것을 옮길 수 있다.

❷ 휴일이기만 하면, 아이들은 밤까지 놀 수 있다.

❸ 그 사람들이 좋은 해결책을 가지고 있기만 하
다면, 그들은 그 문제를 해결할 수 있다.

❹ 그 차가 그렇게 비싸지만 않다면, 그 커플은
그것을 살 수 있다.

❺ 발표자가 주제를 명확히 설명하기만 한다면,
청중들은 그것을 완벽하게 이해할 수 있다.

**As long as** the box is light, the man **can** move it without any help.

**As long as** it is a holiday, the children **can** play until night time.

**As long as** the people have some good solutions, they **can** solve the problem.

**As long as** the car is not that expensive, the couple **can** buy it.

**As long as** the speaker clearly explains the topic, the audience **can** understand it perfectly.

---

**Step 2**   **도전! 영작문**   주어진 우리말을 영어로 써보세요.

❶ 상자가 가볍기만 하다면, 그 남자는 아무 도움 없이 그것을 옮길 수 있다.

✎ ..........................................................................................................

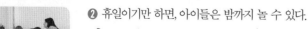

more  As long as he is not busy, he has time to move the boxes and arrange the room.
그가 바쁘지 않는 한, 그는 박스를 옮기고 방을 정리할 시간이 있다.

인물: man / box

❷ 휴일이기만 하면, 아이들은 밤까지 놀 수 있다.

✎ ..........................................................................................................

more  As long as the parents allow the children to play games, they can continue playing.
부모들이 아이들이 게임하는 것을 허락하기만 한다면, 그들은 계속 게임을 할 수 있다.

인물: children / play

---

**모범 답안**

❶ As long as the box is light, the man can move it without any help.
❷ As long as it is a holiday, the children can play until night time.

## Pattern 154 　This is in response to 명사

~에 대한 답장입니다

〈Part 2 이메일 쓰기〉의 도입부분에 사용할 수 있는 표현입니다. 시험에 '보내는 사람, 받는 사람, 보낸 날짜' 등이 모두 나오기 때문에, 그 부분을 이용해서 시작한다면 큰 고민 없이 답안을 작성할 수 있습니다. 일상적인 이메일에서도 매우 활용도가 높습니다.

### Step 1 　패턴 익히기　예문을 통해 영작 필수 패턴을 익히세요.

❶ 귀하의 이메일에 대한 답장입니다.

**This is in response to** your email.

❷ 수리에* 관한 귀하의 이메일에 대한 답장입니다.

**This is in response to** your email regarding the renovation.

❸ 7월 12일에 보낸 귀하의 이메일에 대한 답장입니다.

**This is in response to** your email dated July 12.

❹ 은퇴식에* 관한 귀하의 이메일에 대한 답장입니다.

**This is in response to** your email regarding the retirement party.

❺ 새로운 스케줄에 대한 귀하의 이메일에 대한 답장입니다.

**This is in response to** your email regarding the new schedule.

힌트 수리, 혁신 renovation　은퇴식 retirement party

### Step 2 　도전! 영작문　주어진 우리말을 영어로 써보세요.

❶ ✏ _____

(7월 12일에 보낸 귀하의 이메일에 대한 답장입니다.) I'm happy to hear that your store will start a sale in a few days because I'm planning to visit your store next week.

❷ ✏ _____

_____ (은퇴식에 관한 귀하의 이메일에 대한 답장입니다.) I'm sorry to hear that Jack is going to resign.* As his co-worker, I'd like to give you some suggestions for his party.

resign 사직하다

모범 답안

❶ This is in response to your email dated July 12. 귀하의 가게가 며칠 후에 세일을 시작한다고 하니 기쁩니다. 왜냐하면 다음 주에 귀하의 가게에 갈 계획이거든요.

❷ This is in response to your email regarding the retirement party. Jack이 그만둔다고 하니 유감입니다. 그의 동료로서, 저는 당신에게 그의 파티를 위한 제안을 몇 가지 해 드리고 싶습니다.

## Pattern 155 I have a few 복수명사 about...

~에 관해 몇 가지 …가 있습니다

〈Part 2 이메일 쓰기〉에서는 이메일을 읽고 답을 작성하라는 지시사항이 3개 나옵니다. 지시사항으로는 '질문하기, 제안하기, 불만사항 나타내기, 요구사항 전달하기' 등이 출제됩니다. 본론에 들어가기 전에 이 패턴을 이용하면 지시사항을 간결하게 시작할 수 있습니다.

**Step 1 패턴 익히기** 예문을 통해 영작 필수 패턴을 익히세요.

❶ 주문에 관해 몇 가지 요청사항이 있습니다.    **I have a few** requests **about** the order.

❷ 회사 행사에 관해 몇 가지 제안사항이 있습니다.    **I have a few** suggestions **about** our company's event.

❸ 호텔 시설과* 관련해서 몇 가지 불만사항이* 있습니다.    **I have a few** complaints **about** the facilities in the hotel.

❹ 귀사의 가족여행 패키지에 관해 몇 가지 질문이 있습니다.    **I have a few** questions **about** your family trip packages.

❺ 회의에 관해 물어볼 게 몇 가지 있습니다.    **I have a few** things to ask you **about** the meeting.

힌트 시설 facility 불만사항 complaint

**Step 2 도전! 영작문** 주어진 우리말을 영어로 써보세요.

❶ _____ (호텔 시설과 관련해서 몇 가지 불만사항이 있습니다.) Last weekend, I stayed in your hotel. I made a reservation for a non-smoking room but the room I stayed in was a smoking room.

❷ _____ (주문에 관해 몇 가지 요청사항이 있습니다.) First of all, can I have my package delivered at a specific* time? The reason for this is that, unlike others, I go to work at noon and come home at night.

specific 특정한

모범 답안

❶ I have a few complaints about the facilities in the hotel. 지난 주말 저는 귀사의 호텔에 숙박했습니다. 저는 금연 객실로 예약했는데 제가 묵었던 방은 흡연 객실이었습니다.

❷ I have a few requests about the order. 우선 제 소포를 특정한 시간에 배송 받을 수 있을까요? 왜냐하면 다른 사람들과 달리 저는 정오에 출근해서 밤늦게 집에 옵니다.

## Pattern 156   be interested in...

~에 관심이 있습니다

이메일의 본론을 쓸 때 딱딱하게 바로 용건에 들어가기보다는 받는 사람의 기분을 좋게 하면서 시작하는 방법을 사용해 보세요. 상대방 회사에 관심을 나타내는 표현으로 be interested in을 이용하면 좋은 인상을 줄 수 있습니다.

---

**Step 1** | **패턴 익히기** 예문을 통해 영작 필수 패턴을 익히세요.

❶ 귀사의 서비스에 관심이 있습니다.

**I'm interested in** your service.

❷ 귀사에서 최근에 출시한 책에 관심이 있습니다.

**I'm interested in** your newly released book.

❸ 귀사의 케이터링* 서비스에 계속 관심을 가져 왔습니다.

**I have been interested in** your catering service.

❹ 지난해부터 귀사의 상품들에 계속 관심을 가져 왔습니다.

**I have been interested** in your products since last year.

❺ 저희 가족은 뉴욕 여행에 계속 관심이 있었습니다.

My family **has been interested in** going on a trip to New York.

힌트 (행사·연회 등의) 음식 공급 catering

---

**Step 2** | **도전! 영작문** 주어진 우리말을 영어로 써보세요.

❶ ✎ _____

(귀사의 케이터링 서비스에 계속 관심을 가져 왔습니다.) Last year, I attended a science fair. At that time, I had lunch that your company had prepared.

❷ ✎ _____

(지난해부터 귀사의 상품들에 관심이 있었습니다.) I am satisfied with my computer from your company because it never breaks down.

---

모범 답안

❶ I have been interested in your catering service. 작년에 저는 과학 박람회에 참석했습니다. 그때 저는 귀사가 준비한 점심을 먹었습니다.
❷ I have been interested in your products since last year. 저는 귀사에서 산 제 컴퓨터에 만족하고 있습니다. 왜냐하면 그것은 한 번도 고장 난 적이 없거든요.

## Pattern 157 | I don't know why 주어 + 동사

왜 ~인지 모르겠어요

이메일의 본론 부분에서 문제 제기를 하면서 많이 쓸 수 있는 패턴입니다. I don't know의 목적어로 why절이 온 형태입니다. why 뒤에는 〈주어+동사〉가 오는 점을 기억해 주세요.

---

### Step 1 패턴 익히기 예문을 통해 영작 필수 패턴을 익히세요.

❶ 그것이 왜 작동을 안 하는지 모르겠어요.

**I don't know why** it doesn't work.

❷ 인터넷 연결이 왜 안 되는지 모르겠어요.

**I don't know why** I can't connect to the Internet.

❸ 귀사의 사이트에서 물건 주문이 왜 안 되는지 모르겠어요.

**I don't know why** I can't order your product on your website.

❹ 제 물건이 왜 아직까지 도착하지 않았는지 모르겠네요.

**I don't know why** my package hasn't been delivered yet.

❺ 그가 왜 당신에게 피드백을 주지 않았는지 모르겠네요.

**I don't know why** he didn't give you his feedback.

---

### Step 2 도전! 영작문 주어진 우리말을 영어로 써보세요.

❶

✎_____ (인터넷 연결

이 왜 안 되는지 모르겠어요.) I'd appreciate it if you could send someone down to solve this problem as soon as possible.

❷

I ordered a book on your website two weeks ago. Actually, I was supposed to give my friend the book as her birthday gift. However, her birthday has now passed and

✎_____ (제 물건이 왜

아직까지 도착하지 않았는지 모르겠네요.)

---

모범 답안

❶ I don't know why I can't connect to the Internet. 가능한 빨리 이 문제를 해결할 사람을 보내 주신다면 감사하겠습니다.

❷ 저는 2주 전에 귀사의 홈페이지에서 책을 주문했습니다. 사실 저는 친구에게 생일선물로 그 책을 주려고 했습니다. 하지만 그녀의 생일은 이제 지나버렸고 I don't know why my package hasn't been delivered yet.

## Pattern 158 · There is something wrong with...

~에 이상이 있습니다

이메일의 본론 부분에서 이상 증상을 얘기할 때 유용한 패턴입니다. 기계·시스템·웹사이트 등 다양한 것들에 이상 증상이 있을 때 사용할 수 있으며 생활 회화에서도 매우 유용한 표현입니다.

---

**Step 1** **패턴 익히기** 예문을 통해 영작 필수 패턴을 익히세요.

| | |
|---|---|
| ❶ 제 컴퓨터에 이상이 있습니다. | **There is something wrong with** my computer. |
| ❷ 저희 배송 시스템에 이상이 있습니다. | **There is something wrong with** our delivery system. |
| ❸ 저희 웹사이트에 이상이 있습니다. | **There is something wrong with** our website. |
| ❹ 제 핸드폰의 볼륨을 조절하는* 데 이상이 있습니다. | **There is something wrong with** the volume adjustment on my cellphone. |
| ❺ 팩스에 이상이 있었습니다. | **There was something wrong with** the fax machine. |

힌트 조정, 조절 adjustment

---

**Step 2** **도전! 영작문** 주어진 우리말을 영어로 써보세요.

❶ I bought the computer from the store three months ago, but ✎_____
_____ (현재 그것에 이상이 있습니다.)

❷ ✎_____
_____ (제 핸드폰의 볼륨을 조절하는 데 이상이 있습니다.) I can't turn up the
volume when I listen to music. It makes me irritated.*

irritated 짜증이 난

---

모범 답안

❶ 저는 3개월 전에 그 가게에서 컴퓨터를 샀습니다. 그런데 there is something wrong with it now.
❷ There is something wrong with the volume adjustment on my cellphone. 저는 음악을 들을 때 볼륨을 키울 수 없습니다. 그것 때문에 짜증이 나네요.

## Pattern 159  How about -ing?

~하는 게 어때요?

이메일 쓰기에서 제안을 할 때 이 패턴을 사용해 보세요. 전치사 about 뒤에는 명사나 동명사(-ing)를 쓴다는 점을 잊지 마세요.

---

### Step 1  패턴 익히기  예문을 통해 영작 필수 패턴을 익히세요.

❶ 귀사의 헬스장을 확장하는* 게 어떨까요?

How about expanding your gym?

❷ 남자와 여자 휴게실을* 분리하는 건 어떤가요?

How about separating the men and women's lounges?

❸ 믿을 만한* 청소업체를 고용하는 게 어때요?

How about hiring a reliable cleaning company?

❹ ABC 호텔을 예약하는 건 어떨까요?

How about making a reservation at the ABC Hotel?

❺ Peter의 일을 누가 인계할지* 의논하는 게 어때요?

How about discussing who will take over Peter's work?

힌트 확장하다 expand  휴게실 lounge  믿을 만한 reliable  이어받다, 인계하다 take over

---

### Step 2  도전! 영작문  주어진 우리말을 영어로 써보세요.

❶

_____ (믿을 만한 청소업체를 고용하는 게 어때요?) Our lounge is too dirty for employees to take a rest.

❷

_____ (ABC 호텔을 예약하는 건 어떨까요?) The hotel is located right next to our company. It just takes about 3 minutes on foot. There should be no complaint about the venue* from anyone.

venue (콘서트·경기·회담 등의) 장소

---

모범 답안

❶ How about hiring a reliable cleaning company? 우리 휴게실은 너무 더러워서 직원들이 쉴 수가 없어요.

❷ How about making a reservation at the ABC Hotel? 그 호텔은 우리 회사 바로 옆에 있어요. 걸어서 3분 정도밖에 안 걸려요. 아무도 그 장소에 대해 불평하지 않을 거예요.

## Pattern 160　Would it be possible to 동사원형?

~하는 게 가능할까요?

이메일 쓰기에서 요청을 할 때 사용하기 좋은 패턴입니다. 이렇게 would를 사용하면 Is it possible to...?보다 좀 더 조심스럽게 물어보는 느낌을 줍니다. to부정사의 의미상의 주어를 넣고 싶으면 to 앞에 for you(네가), for me(내가)와 같이 for를 이용해서 넣어 줍니다.

---

**Step 1　패턴 익히기** 예문을 통해 영작 필수 패턴을 익히세요.

❶ 할인 받는* 게 가능할까요?

**Would it be possible to** get a discount?

❷ 프레젠테이션을 취소하는 게 가능할까요?

**Would it be possible to** cancel the presentation?

❸ 귀하의 신상품에 대해 더 자세한 정보를 좀 얻을 수 있을까요?

**Would it be possible to** get some more detailed information about your new product?

❹ 귀하가 채식을 준비하는 게 가능할까요?

**Would it be possible for you to** prepare vegetarian food?

❺ 제가 오늘 그 수업을 등록하는 게 가능할까요?

**Would it possible for me to** sign up for the class today?

힌트 할인을 받다 get a discount

---

**Step 2　도전! 영작문** 주어진 우리말을 영어로 써보세요.

❶

Five employees in my company are vegetarian. ✎_____

_____ (귀하가 채식을 준비하는 게 가능할까요?)

❷

✎_____

(프레젠테이션을 취소하는 게 가능할까요?) Something needing my urgent attention has occurred,* so I have no time to prepare for it.

occur 발생하다

---

모범 답안

❶ 우리 회사의 직원 5명은 채식주의자입니다. Would it be possible for you to prepare vegetarian food?
❷ Would it be possible to cancel the presentation? 제가 챙겨야 할 급한 일이 생겨서 프레젠테이션을 준비할 시간이 없네요.

## Pattern 161　Could you please tell me 의문사절?

~을 알려 주시겠어요?

정보를 요청할 때 이 패턴을 사용해 보세요. 비즈니스 이메일에서는 문법도 중요하지만 정중하게 표현하는 것도 중요합니다. 정중하게 Could you please tell me(좀 알려 주시겠어요?)로 말을 꺼낸 다음, 뒤에 의문사절을 붙이면 됩니다.

---

**Step 1　패턴 익히기**　예문을 통해 영작 필수 패턴을 익히세요.

❶ 거기에 어떻게 가야 하는지 좀 알려 주시겠어요?

**Could you please tell me how** to get there?

❷ 제가 몇 시에 그곳에 가야 하는지 좀 알려 주시겠어요?

**Could you please tell me what time** I should be there?

❸ 회의가 얼마나 걸릴지 좀 알려 주시겠어요?

**Could you please tell me how long** the meeting will last?

❹ 얼마나 많은 참석자가 회의에 올지 좀 알려 주시겠어요?

**Could you please tell me how many** participants will attend the meeting?

❺ 얼마나 할인해 주실 수 있는지 좀 알려 주시겠어요?

**Could you please tell me how much** of a discount you can give me?

---

**Step 2　도전! 영작문**　주어진 우리말을 영어로 써보세요.

❶

I heard that your conference center has moved recently. However, I don't know where it is. ✎＿＿＿＿＿＿＿＿＿＿＿＿＿＿＿＿＿＿＿＿＿＿＿＿＿＿＿

(거기에 어떻게 가야 하는지 좀 알려 주시겠어요?)

❷

✎＿＿＿＿＿＿＿＿＿＿＿＿＿＿＿＿＿＿＿＿＿＿＿＿＿＿＿

(얼마나 많은 참석자가 회의에 올지 좀 알려 주시겠어요?) I will distribute some handouts* to the participants, so I will make copies based on the number of people attending.

handout 인쇄물

---

모범 답안

❶ 귀사의 컨퍼런스 센터가 최근에 이주했다고 들었어요. 하지만 어디인지 모르겠네요. Could you please tell me how to get there?
❷ Could you please tell me how many participants will attend the meeting? 저는 참석자들에게 유인물을 나눠주려고 합니다. 그래서 참석 인원에 맞춰 복사를 하려고 합니다.

## Pattern 162    I am sorry to say that...

유감스럽게도 ~을 말씀드립니다

비즈니스 이메일에서는 상대방의 부탁을 거절하거나 안 좋은 소식을 전할 때 더 신경 쓰고 주의해야 합니다. 그런 얘기를 꺼내기 전에 I am sorry to say that...을 붙이면 공손한 표현이 됩니다. I regret to say that...과 같은 표현입니다.

**Step 1**   **패턴 익히기** 예문을 통해 영작 필수 패턴을 익히세요.

❶ 유감스럽게도 저는 프레젠테이션에 갈 수 없습니다.

**I am sorry to say that** I can't come to the presentation.

❷ 유감스럽게도 그 회의가 취소되었습니다.

**I am sorry to say that** the meeting has been cancelled.

❸ 유감스럽게도 저희는 귀사와 더 이상 일을 할 수 없습니다.

**I am sorry to say that** we can't do business with you anymore.

❹ 유감스럽게도 그 제품이 품절입니다.*

**I am sorry to say that** the product is out of stock.

❺ 유감스럽게도 저희는 아무도 채용하지 않기로 결정했습니다.

**I am sorry to say that** we decided not to hire anyone.

힌트 품절인 out of stock

**Step 2**   **도전! 영작문** 주어진 우리말을 영어로 써보세요.

❶ _____

(유감스럽게도 그 회의가 취소되었습니다.) There was an issue with our managing staff, and they will not be able to attend the meeting until next month.

❷ _____ (유감스럽게도 그

제품이 품절되었습니다.) We should have a new shipment within the week. If you are still interested in pre-ordering, please leave your name and contact information. I apologize for the inconvenience.

**모범 답안**

❶ I am sorry to say that the meeting has been cancelled. 저희 경영진에 문제가 있었습니다. 그래서 그들은 다음 달까지 회의에 참석할 수 없을 것입니다.

❷ I am sorry to say that the product is out of stock. 이번 주 안에 물건이 새로 들어올 겁니다. 전에 주문하신 내역에 여전히 관심이 있으면 성함과 연락처를 남겨 주세요. 불편을 끼쳐 드려 죄송합니다.

## Pattern 163  Many people think that...

많은 사람들은 ~라고 생각한다

〈Part 3 에세이 쓰기〉에서 내 생각을 쓰기 전에 일반 사람들의 생각을 알려줄 때 이렇게 시작해 보세요. 다양한 의견이 있음을 알려줌으로써 내 주장이 더 설득력을 갖게 됩니다.

---

**Step 1  패턴 익히기**  예문을 통해 영작 필수 패턴을 익히세요.

❶ 많은 사람들은 좋은 리더는 사려 깊어야* 한다고 생각한다.

**Many people think that** a good leader should be considerate.

❷ 많은 사람들은 십대들은 그들의 미래를 위해서 대학교에 입학해야 한다고 생각한다.

**Many people think that** teenagers should enter universities for their future.

❸ 많은 사람들은 온라인 쇼핑이 가장 편한 방법이라고 생각한다.

**Many people think that** online shopping is the most convenient method.

❹ 많은 사람들은 미래에 사람들은 더 이상 신문을 읽지 않을 거라고 생각한다.

**Many people think that** people will no longer read newspapers in the future.

❺ 많은 사람들은 탄력 근무제가* 직원들을 더 열심히 일하게 만들 수 있다고 생각한다.

**Many people think that** flexible working hours could motivate employees to work harder.

힌트 사려 깊은 considerate  탄력 근무제 flexible working hours

---

**Step 2  도전! 영작문**  주어진 우리말을 영어로 써보세요.

❶

✏_____

(많은 사람들은 탄력 근무제가 직원들을 더 열심히 일하게 만들 수 있다고 생각한다.) I disagree with that opinion because irregular working hours could affect the rhythm of their everyday life.

❷

✏_____

(많은 사람들은 미래에 사람들은 더 이상 신문을 읽지 않을 거라고 생각한다.) I agree with that opinion because the number of people who subscribe to newspapers has been decreasing.

---

모범 답안

❶ Many people think that flexible working hours could motivate employees to work harder. 나는 그 의견에 동의하지 않는다. 왜냐하면 불규칙한 근무시간은 그들의 생활 리듬에 영향을 줄 수 있기 때문이다.

❷ Many people think that people will no longer read newspapers in the future. 나는 그 의견에 동의한다. 왜냐하면 신문을 구독하는 사람들의 수가 계속 줄어들고 있기 때문이다.

## Pattern 164 However, there are others who believe that...

하지만 ~라고 생각하는 사람들이 있다

에세이에서 상반된 두 가지 의견을 보여줄 때 Many people think that...으로 한 가지 의견을 보여준 후, 바로 뒤에 However, there are others who believe that...을 써서 또 다른 의견을 보여주면 효과적입니다.

### Step 1  패턴 익히기  예문을 통해 영작 필수 패턴을 익히세요.

❶ 하지만 인터넷이 정보를 얻는 데 가장 좋은 방법이라고 생각하는 사람들이 있다.

**However, there are others who believe that** the Internet is the best way to get information.

❷ 하지만 십대들이 운전면허를 따기에 충분한 나이라고 생각하는 사람들이 있다.

**However, there are others who believe that** teenagers are old enough to get a driver's license.

❸ 하지만 학생들이 교실에서 수업을 듣지 않아도 된다고 생각하는 사람들이 있다.

**However, there are others who believe that** students don't need to take lessons in a classroom.

❹ 하지만 아이들이 집안일을 할 때 돈을 받아야 한다고 생각하는 사람들이 있다.

**However, there are others who believe that** children should get money when they do house chores.

❺ 하지만 직업을 찾을 때 높은 급여가 유일한 고려사항이라고 생각하는 사람이 있다.

**However, there are others who believe that** a high salary is the only consideration when people look for a job.

### Step 2  도전! 영작문  주어진 우리말을 영어로 써보세요.

❶

✎ _____ (하지만 인터넷이 정보를 얻는 데 가장 좋은 방법이라고 생각하는 사람들이 있다.) I disagree with that opinion. Some information on the Internet could be false since the Internet is based on anonymity.*

anonymity 익명, 무명

❷

✎ _____

(하지만 학생들이 교실에서 수업을 듣지 않아도 된다고 생각하는 사람들이 있다.) I agree with that opinion because there are a lot of online courses being offered at a reasonable price.

모범 답안

❶ However, there are others who believe that the Internet is the best way to get information. 나는 그 의견에 동의하지 않는다. 인터넷은 익명성에 기초하기 때문에 인터넷에 있는 일부 정보는 거짓일 수도 있다.

❷ However, there are others who believe that students don't need to take lessons in a classroom. 나는 그 의견에 동의한다. 왜냐하면 합리적인 가격에 제공되는 온라인 강의들이 많이 있기 때문이다.

## Pattern 165 In addition, 주어 + 동사

또한 ~하다

에세이에서 부가 설명을 할 때 유용한 표현이에요. 뒤에 명사가 올 때는 〈In addition to + 명사〉와 같이 사용하지만, 뒤에 문장이 올 때는 〈In addition, 주어 + 동사〉와 같이 사용해요.

---

**Step 1  패턴 익히기** 예문을 통해 영작 필수 패턴을 익히세요.

❶ 또한 더 좋은 해결책이 나올 수도 있다.

**In addition,** a better solution could be expressed.

❷ 또한 사람들은 서로 더 친해질 수도 있다.

**In addition,** people can become closer to each other.

❸ 또한 그들은 다른 사람들과 협동하는 방법을 배울 수도 있다.

**In addition,** they can learn how to cooperate with others.

❹ 또한 학생들은 책을 통해 간접경험을* 얻을 수도 있다.

**In addition,** students can gain secondhand experience through books.

❺ 또한 유머감각* 있는 직원은 직장에서 좋은 분위기를* 만들 수도 있다.

**In addition,** an employee with a sense of humor could create a good atmosphere at work.

힌트 간접적인 secondhand   유머감각 sense of humor   분위기 atmosphere

---

**Step 2  도전! 영작문** 주어진 우리말을 영어로 써보세요.

❶

✎ _____ (또한 사

람들은 서로 더 친해질 수도 있다.) For example, my family bought a video game last year. All of us were able to play the game together.

❷

✎ _____

_____ (또한 학생들은 책을 통해 간접경험을 얻을 수 있다.) There is a lot of information in books. In particular, they can learn about foreign cultures through books without having to take a trip to other countries.

---

모범 답안

❶ In addition, people can become closer to each other. 예를 들어, 작년에 우리 가족은 비디오 게임을 샀다. 우리는 모두 함께 그 게임을 할 수 있었다.

❷ In addition, students can gain secondhand experience through books. 책에는 많은 정보가 있다. 특히, 그들은 다른 나라로 여행을 가지 않아도 책을 통해 외국 문화에 대해서 배울 수 있다.

## Pattern 166  People tend to 동사원형

사람들은 ~하는 경향이 있다

에세이 쓰기에서 가장 중요한 것은 자기 주장이다. 주장을 끌어내기 위해서 사람들의 일반적인 경향을 언급할 때가 많은데 이때 tend to(~하는 경향이 있다)를 이용하면 적절하다.

---

**Step 1  패턴 익히기** 예문을 통해 영작 필수 패턴을 익히세요.

❶ 사람들은 어학연수를 가려는 경향이 있다.

**People tend to** study abroad.

❷ 사람들은 잘 알려진 물건을 사려는 경향이 있다.

**People tend to** buy a well-known product.

❸ 사람들은 문제에 처했을 때, 도움을 받으려는 경향이 있다.

**People tend to** get some help when they face a problem.

❹ 사람들은 자신의 블로그에 어떤 물건이 좋은지 안 좋은지 공유하려는 경향이 있다.

**People tend to** share which product is good or not on their blogs.

❺ 사람들은 그들이 필요한 모든 것을 한 번에 사기 위해 큰 가게에 가려는 경향이 있다.

**People tend to** go to a big store in order to buy everything they need at one time.

---

**Step 2  도전! 영작문** 주어진 우리말을 영어로 써보세요.

❶
_____ (사람들은 잘 알려진 물건을 사려는 경향이 있다) because they can trust the quality of the product. It's important for companies to keep a good reputation.*

reputation 평판, 명성

❷
_____
_____ (사람들은 그들이 필요한 모든 것을 한 번에 사기 위해 큰 가게에 가려는 경향이 있다.) If they go to a specialty store, they might spend more time buying the things they need because they would have to stop by several different stores.

---

모범 답안

❶ People tend to buy a well-known product 왜냐하면 그들은 물건의 질을 믿을 수 있기 때문이다. 회사는 좋은 평판을 유지하는 것이 중요하다.

❷ People tend to go to a big store in order to buy everything they need at one time. 만약 그들이 전문점에 간다면, 여러 가게를 들러야 하기 때문에 그들이 필요한 것을 사느라 더 많은 시간을 보낼 수도 있다.

## Pattern 167  On one hand, people can...

한편으로는 사람들은 ~할 수 있다

에세이 쓰기에서 장점과 단점을 보여줄 때 많이 사용합니다. On one hand(한편으로는)라는 표현을 이용해서 한쪽 입장을 정리해 줍니다. 이때 hands라고 쓰지 않도록 주의하세요.

---

**Step 1  패턴 익히기** 예문을 통해 영작 필수 패턴을 익히세요.

❶ 한편으로는 사람들은 경력을 쌓을 수 있다.

**On one hand, people can** build their career.

❷ 한편으로는 사람들은 회사에 더욱 만족할* 수 있다.

**On one hand, people can** feel more content at work.

❸ 한편으로는 사람들은 자기 자신에게 동기부여를* 할 수 있다.

**On one hand, people can** motivate themselves.

❹ 한편으로는 사람들은 가족 및 친구들과 함께 충분한 시간을 보낼 수 있다.

**On one hand, people can** spend enough time with their family and friends.

❺ 한편으로는 사람들은 돈으로 그들이 원하는 건 뭐든지 할 수 있다.

**On one hand, people can** do whatever they want with money.

(힌트) 만족하는 content   동기를 부여하다 motivate

---

**Step 2  도전! 영작문** 주어진 우리말을 영어로 써보세요.

❶ _____ (한편으로는 사람들은 경력을 쌓을 수 있다.) For example, my friend who works for a small company manages a lot of things because there are only a few employees, so she has to deal with various tasks.

❷ _____ (한편으로는 사람들은 돈으로 그들이 원하는 건 뭐든지 할 수 있습니다.) Of course it is important to have fun and spend money, but we should also have a sufficient amount of money saved up as well, just in case.

---

모범 답안

❶ On one hand, people can build their career. 예를 들어, 중소기업에 다니는 내 친구는 많은 것들을 관리한다. 왜냐하면 직원들이 얼마 없기 때문이다. 그래서 그녀는 다양한 업무들을 다뤄야만 한다.

❷ On one hand, people can do whatever they want with money. 물론 돈을 쓰면서 즐겁게 지내는 것도 중요하지만, 우리는 또한 만약을 대비해서 충분한 액수의 돈을 모아 둬야 합니다.

# Pattern 168  On the other hand, it's not good to 동사원형

반면에 ~하는 것은 좋지 않다

에세이 쓰기에서 장단점을 보여줄 때 사용합니다. 앞에서 배운 On one hand(한편으로는)를 이용해 한쪽 입장을 정리했다면, On the other hand(반면에)를 통해서 다른 입장을 정리해 주면 됩니다.

## Step 1  패턴 익히기  예문을 통해 영작 필수 패턴을 익히세요.

❶ 반면에 자주 이직하는* 것은 좋지 않다.

**On the other hand, it's not good to** switch jobs often.

❷ 반면에 혼자 결정하는 것은 좋지 않다.

**On the other hand, it's not good to** make a decision alone.

❸ 반면에 모험을 하는* 것은 좋지 않다.

**On the other hand, it's not good to** take a risk.

❹ 반면에 밤늦게까지 일하는 것은 좋지 않다.

**On the other hand, it's not good to** work until late at night.

❺ 반면에 학생들이 학교 교과과정만* 듣도록 하는 것은 좋지 않다.

**On the other hand, it's not good to** force students to take only school curricula.

힌트) 직업을 바꾸다 switch jobs   위험을 무릅쓰다, 모험을 하다 take a risk   교과과정 curricula

## Step 2  도전! 영작문  주어진 우리말을 영어로 써보세요.

❶ _____ (반면에 자주 이직 하는 것은 좋지 않다.) Companies don't want to hire people who will work for a company for just a few months because it seems more likely* that they will change jobs again.

more likely 좀더 ~할 것 같은

❷ _____ (반면에 혼자 결정하는 것은 좋지 않다.) If many people participate in the decision making* process, they could make a better decision because each person has their own experience and knowledge.

decision making 의사 결정

모범 답안

❶ On the other hand, it's not good to switch jobs often. 회사들은 단지 몇 달만 일할 사람을 뽑고 싶어 하지는 않는다. 왜냐하면 그들은 또 이직할 가능성이 있기 때문이다.

❷ On the other hand, it's not good to make a decision alone.  만약 많은 사람들이 의사결정 과정에 참여한다면, 더 좋은 결정을 내릴 수 있다. 왜냐하면 사람들은 각자 다른 경험과 지식을 가지고 있기 때문이다.

## Pattern 169 It is possible for 사람 to 동사원형

~가 …하는 것이 가능하다

에세이 쓰기에서 나의 주장으로 인해 어떤 효과가 있는지 나타낼 때 이 패턴을 사용해 보세요. 가주어 it과 진주어 to부정사를 사용한 구문으로서, 의미상의 주어는 for를 이용해 밝혀 줍니다.

---

**Step 1** **패턴 익히기** 예문을 통해 영작 필수 패턴을 익히세요.

❶ 사람들이 이직하는 것은 가능하다.  **It is possible for** people **to** change jobs.

❷ 학생들이 건강을 유지하는 것이 가능하다.  **It is possible for** students **to** stay healthy.

❸ 학생들이 보수가 더 좋은 일자리를 얻는 게 가능하다.  **It is possible for** students **to** get a better paying job.

❹ 직원들이 시간을 더욱 건설적으로* 쓰는 게 가능하다.  **It is possible for** employees **to** spend their time more constructively.*

❺ 사람들이 언제 어디서든 물건을 사는 게 가능하다.  **It is possible for** people **to** buy products anytime and anywhere.

🔊힌트 건설적으로 constructively

---

**Step 2** **도전! 영작문** 주어진 우리말을 영어로 써보세요.

❶
If installing vending machines* is banned in schools, 🖋_____

_____ (학생들이 건강을 유지하는 것이 가능하다) because some ingredients*
in the drinks available in the vending machines are harmful to their growth.

vending machine 자판기  ingredient 성분

❷
🖋_____ (사람들이 언제
어디서든 물건을 사는 게 가능하다.) As we all know, online shopping is becoming more common
due to advances on the Internet. People have access to the Internet around the clock.*

around the clock 24시간 내내

---

모범 답안

❶ 학교 안에 자판기를 설치하는 것이 금지된다면, it is possible for students to stay healthy 자판기 음료수에 있는 일부 성분이 그들의 성장에 해롭기 때문이다.

❷ It is possible for people to buy products anytime and anywhere. 우리 모두가 알듯이 인터넷의 발전 때문에 온라인 쇼핑은 더욱 보편화되고 있다. 사람들은 24시간 내내 인터넷에 접속할 수 있다.

# Pattern 170    In this regard, people should...

다시 말하면 사람들은 ~해야 한다

에세이 쓰기에서 마지막 정리 부분에 사용할 수 있습니다. 본론에서 주장했던 내용들을 다시 한 번 정리해 주는 패턴이에요. In this regard는 '이런 점에서'라는 뜻이므로, '다시 말하면'이라는 의미도 됩니다.

---

## Step 1    패턴 익히기    예문을 통해 영작 필수 패턴을 익히세요.

❶ 다시 말하면, 사람들은 그들의 경력을 고려해야 한다.

**In this regard, people should** consider their career.

❷ 다시 말하면, 사람들은 좋은 점수를 받아야 한다.

**In this regard, people should** get good grades.

❸ 다시 말하면, 사람들은 다른 사람들과 협동하는 방법을 배워야 한다.

**In this regard, people should** learn how to cooperate with others.

❹ 다시 말하면, 기업들은 그들의 이미지에 많은 시간과 돈을 투자해야 한다.

**In this regard, companies should** invest a lot of time and money on their image.

❺ 다시 말하면, 학교들은 학생들에게 수업을 선택할 권리를 줘야 한다.

**In this regard, schools should** give students the right to choose classes.

---

## Step 2    도전! 영작문    주어진 우리말을 영어로 써보세요.

❶

_____

_____ (다시 말하면, 기업들은 그들의 이미지에 많은 시간과 돈을 투자해야

한다) because customers tend to buy a product from a reputable* company.

reputable 평판이 좋은

❷

_____

_____ (다시 말하면, 학교들은 학생들에게 수업을 선택할 권리를 줘야 한다.) because students

could possibly lose interest in their studies, which might make them quit school.

---

모범 답안

❶ In this regard, companies should invest a lot of time and money on their image 왜냐하면 고객들은 평판이 좋은 기업의 물건을 사려는 경향이 있기 때문이다.

❷ In this regard, schools should give students the right to choose classes, 왜냐하면 학생들은 공부에 흥미를 잃을 수 있고, 그로 인해 학교를 자퇴할 수도 있기 때문이다.

## Pattern 171 — For these reasons, I agree/disagree that...

이러한 이유로 나는 ~에 동의한다/동의하지 않는다

에세이를 마무리하면서 쓸 수 있는 표현입니다. For these reasons(이러한 이유로) 뒤에 I agree/disagree that을 붙여서 본론의 메인 아이디어들을 자신의 주장으로 정리하면 됩니다.

---

**Step 1 패턴 익히기** 예문을 통해 영작 필수 패턴을 익히세요.

❶ 이러한 이유로 나는 모든 기업이 탄력 근무제를* 시행해야 한다는 것에 동의한다.

**For these reasons, I agree that** all companies should implement flexible working hours.

❷ 이러한 이유로 나는 야간 근무를* 하는 사람들이 급여를 더 받아야 한다는 것에 동의한다.

**For these reasons, I agree that** those who work the night shift should be paid more.

❸ 이러한 이유로 나는 학생들이 무엇을 입을지 선택하도록 허락해야 한다는 것에 동의하지 않는다.

**For these reasons, I disagree that** students should be allowed to choose what to wear.

❹ 이러한 이유로 나는 하루 종일 공부하는 것이 학생의 미래에 유익하다는 것에 동의하지 않는다.

**For these reasons, I disagree that** studying all day is helpful for a student's future.

❺ 이러한 이유로 나는 좋은 리더는 직원들의 말에 귀 기울여야 한다는 것에 동의한다.

**For these reasons, I agree that** a good leader should listen to their employees.

> 힌트 탄력 근무제 flexible working hours  야간 근무 night shift

---

**Step 2 도전! 영작문** 주어진 우리말을 영어로 써보세요.

❶ It is difficult for employees who work at night to spend time with their family and friends, or to have time to run important errands during the day. ✎_____

_____

(이런 이유로 저는 야간 근무를 하는 사람들이 급여를 더 받아야 한다는 것에 동의합니다.)

❷ The most important aspect of a successful company is to have happy employees and a positive work environment. ✎_____

_____ (이런 이유로 저는 좋은 리더는 직원들의 말에 귀 기울여야 한다는 것에 동의합니다.)

---

**모범 답안**

❶ 밤에 일하는 직원들은 가족 및 친구들과 시간을 보내거나 낮 시간에 중요한 볼일을 보는 시간을 갖기 어렵습니다. For these reasons, I agree that those who work the night shift should be paid more.

❷ 성공한 기업의 가장 중요한 점은 행복한 직원들과 긍정적인 근무환경을 갖는 것입니다. For these reasons, I agree that a good leader should listen to their employees.

# Unit 2 IELTS 라이팅

IELTS 시험은 listening, reading, writing, speaking 시험으로 구성되어 있는데, 그 중에서 대부분의 사람들이 가장 어렵게 여기는 부분이 writing 파트입니다. 단순히 내 생각을 쓰는 것을 넘어서 도표나 그래프를 보고 설명해야 하는데, 이런 영작을 처음 하는 학생들에게는 매우 낯설게 느껴질 겁니다. 이 책에는 그런 설명을 할 때 꼭 필요한 패턴을 수록해 놓았으므로, 모두 숙지한다면 도표·그래프뿐만 아니라 에세이에서도 유용하게 사용할 수 있을 겁니다.

## ✔ 영작문 포인트 정리

에세이 쓰기에서는 서론·본론·결론에 어울리는 관용어구가 있습니다. 초급자뿐만 아니라 중급자들도 이런 관용어구를 잘 활용하면 훨씬 편하고 자연스럽게 영작할 수 있습니다.

### 1. 서론

❶ **Many people think that** 주어＋동사: 많은 사람들은 ～라고 생각한다

**Many people think that** living in a big city is necessary for people to socialize and network. 많은 사람들은 사회생활을 하거나 인맥을 만들기 위해서는 대도시에 사는 것이 필수라고 생각한다.

❷ **There is a debate about** 명사: ～에 관한 논란이 있다

**There is a debate about** whether or not the current education system is working.
현재 교육 시스템이 효과가 있는가 아닌가에 대한 논란이 있다.

❸ **People say that** 주어＋동사: 사람들은 ～라고 말한다

**People say that** the influence of mass media, like advertisements, films and Internet ads, can be detrimental to a company.
사람들은 광고, 영화, 인터넷 광고와 같은 대중매체의 영향이 회사에 해롭다고 말한다.

### 2. 본론 ❶

❶ **To begin with,** 주어＋동사: 우선 ～이다

**To begin with,** grades are a good motivator for studying.
우선 성적은 공부하는 데 좋은 동기 부여 요소이다.

**❷ First of all, 주어+동사:** 무엇보다 ~이다

**First of all,** you shouldn't spend too much time getting used to a new place.

무엇보다 당신은 새로운 장소에 적응하는 데 너무 많은 시간을 소비해서는 안 된다.

**❸ Firstly, 주어+동사:** 첫째로 ~이다

**Firstly,** smoking and drinking are bad for a person's health.

첫째로 흡연과 음주는 사람의 건강에 해롭다.

### 3. 본론 ❷

**❶ In addition, 주어+동사:** 게다가 ~이다

**In addition,** grades make students feel motivated.

게다가 성적은 학생들의 의욕을 고취시킨다.

**❷ Second of all, 주어+동사:** 둘째로 ~이다

**Second of all,** it costs students a lot of money to study English in America.

둘째로 학생들이 미국에서 영어공부 하는 데 많은 돈이 든다.

**❸ Secondly, 주어+동사:** 둘째로 ~이다

**Secondly,** parents tend to force their children to study.

둘째로 부모님들은 아이들에게 공부하라고 강요하는 경향이 있다.

### 4. 결론

**❶ In conclusion,:** 결론적으로

**In conclusion,** the use of mass media has many advantages.

결론적으로 대중매체의 사용은 많은 장점을 가지고 있다.

**❷ In summary,:** 요약하면

**In summary,** the government should invest money in youth education.

요약하면 정부는 아이들 교육에 돈을 투자해야 한다.

**❸ To sum up,:** 정리하면

**To sum up,** hard work will pay off in the end.

정리하면 열심히 일하면 결국 보상을 받을 것이다.

## Pattern 172　The graph/chart illustrates...

그래프/차트는 ~을 나타낸다

IELTS에서는 그래프나 차트를 설명하는 문제가 많이 나옵니다. 이때는 graph/chart를 주어로 쓰고 illustrates를 동사로 사용하면 깔끔하게 영작할 수 있습니다. 여기에서 illustrate는 '(그림·표 등으로) 분명히 보여주다'는 뜻입니다.

### Step 1　패턴 익히기　예문을 통해 영작 필수 패턴을 익히세요.

❶ 차트는 노인들의 수를 나타낸다.

The chart illustrates the number of elders.

❷ 차트는 도쿄에 있는 남자 대학생들의 수를 나타낸다.

The chart illustrates the number of male college students in Tokyo.

❸ 그래프는 2000년부터 2010년까지 서울의 전기 생산을 나타낸다.

The graph illustrates the electricity production in Seoul from 2000 to 2010.

❹ 그래프는 1990년도와 2010년도 사이의 결혼율과 이혼율을 나타낸다.

The graph illustrates the marriage and divorce rates between 1990 and 2010.

❺ 그래프는 A국가와 B국가의 농업용* 물 소비의* 차이를 나타낸다.

The graph illustrates the differences in agricultural water consumption between country A and country B.

힌트 농업의 agricultural 소비 consumption

### Step 2　도전! 영작문　주어진 우리말을 영어로 써보세요.

❶ _____

(차트는 도쿄에 있는 남자 대학생들의 수를 나타낸다.) In 2000, the number of students in Business Administration was approximately 2,000.

❷ _____

_____ (그래프는 1990년도와 2010년도 사이의 결혼율과 이혼율을 나타낸다.) The divorce rate peaked* in 1995, while at the same time the marriage rate fell to its lowest point.

peak 최고조에 달하다

모범 답안

❶ The chart illustrates the number of male college students in Tokyo. 2000년에는 경영학과 학생들의 수가 대략 2000명이었다.
❷ The graph illustrates the marriage and divorce rates between 1990 and 2010. 1995년도 이혼율은 최고점을 찍었다. 반면 같은 기간에 결혼율은 최저점을 찍었다.

# Pattern 173  As clearly seen from the chart,...

차트에서 분명하게 볼 수 있듯이, ~

차트에서 나타내는 내용을 설명할 때 사용하는 패턴입니다. 특히 수치가 눈에 띄게 증가하거나 감소했을 때 clearly(분명하게)를 넣은 이 패턴을 앞에 붙이고 내용을 연결해 나가면 자연스럽습니다.

## Step 1  패턴 익히기  예문을 통해 영작 필수 패턴을 익히세요.

❶ 차트에서 분명하게 볼 수 있듯이 근로자들의 수가 증가했다.

**As clearly seen from the chart,** the number of workers increased.

❷ 차트에서 분명하게 볼 수 있듯이 설탕 소비는 줄어들었다.

**As clearly seen from the chart,** sugar consumption decreased.

❸ 차트에서 분명하게 볼 수 있듯이 농작물의* 가격은 5% 증가했다.

**As clearly seen from the chart,** the price of crops increased by 5 percent.

❹ 차트에서 분명하게 볼 수 있듯이 인구 수는 2010년도에 최고점에 도달했다.

**As clearly seen from the chart,** the population reached a peak in 2010.

❺ 차트에서 분명하게 볼 수 있듯이 비율은 1997년부터 2003년까지 지속적으로* 감소했다.

**As clearly seen from the chart,** the rates steadily decreased from 1997 to 2003.

힌트 농작물 crops  지속적으로 steadily

## Step 2  도전! 영작문  주어진 우리말을 영어로 써보세요.

❶ ✎ _____

(차트에서 분명하게 볼 수 있듯이 1990년부터 2013년까지 근로자들의 수는 증가했다.) However, the income gap between men and women increased. The most significant difference was in 2007.

❷ ✎ _____

(차트에서 분명하게 볼 수 있듯이 농작물의 가격은 5% 증가했다.) On the other hand, the price of industrial products* decreased by 10 percent.

industrial products 공산품

모범 답안

❶ As clearly seen from the chart, the number of workers increased from 1990 to 2013. 하지만 남자와 여자 사이의 임금 격차는 갈수록 커졌다. 2007년도에 가장 큰 차이가 있었다.

❷ As clearly seen from the chart, the price of crops increased by 5 percent. 반면에 공산품의 가격은 10% 감소했다.

## Pattern 174 There was a gradual growth/decline in...

~은 점진적으로 증가/하락했다

수치의 변화를 나타낼 때 가장 많이 쓰는 패턴입니다. 수치가 점차적으로 증가한 경우 There was a gradual growth in...을 사용하고, 수치가 점차적으로 감소한 경우 There was a gradual decline in...을 사용해요.

---

**Step 1** 패턴 익히기 예문을 통해 영작 필수 패턴을 익히세요.

❶ 식비가* 점진적으로 증가했다.

**There was a gradual growth in** food expenses.

❷ 불법 이민자의* 수가 점진적으로 증가했다.

**There was a gradual growth in** the number of illegal immigrants.

❸ 호주의 결혼율이 점진적으로 하락했다.

**There was a gradual decline in** Australia's marriage rate.

❹ 교통사고 수가 점진적으로 하락했다.

**There was a gradual decline in** the number of car accidents.

❺ 4년 내에 졸업하는 학생들의 비율이 점진적으로 하락했다.

**There was a gradual decline in** the percentage of students graduating within a 4 year period.

힌트 식비 food expense 이민자 immigrant

---

**Step 2** 도전! 영작문 주어진 우리말을 영어로 써보세요.

❶ ✎ _____

(교통사고 수가 점진적으로 하락했다.) This was mainly due to the fact that the age limit of drivers changed from 16 to 18.

❷ The cost of Korean education has continued to rise slightly every semester. Due to this,

✎ _____

_____ (4년 내에 졸업하는 학생들의 비율이 점진적으로 하락했다.)

---

모범 답안

❶ There was a gradual decline in the number of car accidents. 이것은 주로 운전자의 나이 제한을 16세에서 18세로 바꾼 것 때문이었다.

❷ 한국의 교육비가 계속해서 매학기 조금씩 증가해 왔다. 이런 이유 때문에, there was a gradual decline in the percentage of students graduating within a 4 year period.

## Pattern 175 There was a dramatic downturn in...

~은 급격히 하락했다

수치가 점차적으로 하락한 것은 gradual decline으로 표현하지만, 수치가 갑자기 하락한 것은 dramatic downturn으로 표현하는 것이 적절합니다. dramatic은 '극적인, 급격한'이라는 뜻이고 downturn은 '하락, 침체'라는 뜻입니다.

---

### Step 1 패턴 익히기 예문을 통해 영작 필수 패턴을 익히세요.

❶ 고기 소비는 급격히 하락했다.      **There was a dramatic downturn in** meat consumption.

❷ 컴퓨터 판매는 급격히 하락했다.      **There was a dramatic downturn in** computer sales.

❸ 건설은 급격히 하락했다.      **There was a dramatic downturn in** construction.

❹ 호텔 예약은 급격히 하락했다.      **There was a dramatic downturn in** hotel reservations.

❺ 시장 가격은 급격히 하락했다.      **There was a dramatic downturn in** market prices.

---

### Step 2 도전! 영작문 주어진 우리말을 영어로 써보세요.

❶

Earlier this year ✎_____

_____ (컴퓨터 판매량이 급격히 감소했습니다.) We at ABC Company are trying

our best to find more innovative* and advanced products to ensure that sales will

increase by next spring.

innovative 획기적인

❷

✎_____ (호텔 예약이 급격히 하락했습니다)

due to the publicity* scandal last year. I think the hotel's best solution is to wait it out

and focus their attention on improving their image through new marketing strategies.

publicity 언론의 관심

---

모범 답안

❶ 올해 초 there was a dramatic downturn in computer sales. 저희 ABC 회사에서는 내년 봄까지 반드시 매출을 증가시키기 위해 좀 더 획기적이고 선진적인 제품들을 찾는 데 최선을 다하고 있습니다.

❷ There was a dramatic downturn in hotel reservations 지난해 스캔들에 대한 언론의 관심으로 인해. 저는 이것이 지나갈 때까지 기다리고, 새로운 마케팅 전략을 통해 이미지를 개선하는 데 주의를 집중하는 것이 그 호텔의 최선책이라고 생각합니다.

# Pattern 176  significantly increase

상당히 증가하다

수치가 점차적으로 증가한 것은 gradual growth로 표현하지만, 수치가 갑자기 증가한 것은 significantly increase로 표현합니다. 반대로 갑자기 감소했을 때는 significantly decrease를 사용합니다.

## Step 1  패턴 익히기  예문을 통해 영작 필수 패턴을 익히세요.

❶ 대학교에 입학하는 학생들의 수가 상당히 증가했다.

The number of students entering college **significantly increased**.

❷ 2013년도 전기 사용량이 상당히 증가했다.

The use of electricity in 2013 **significantly increased**.

❸ 50세에 접어드는 사람들의 수가 상당히 증가해 왔다.

The number of people approaching the age of 50 has **significantly increased**.

❹ 리콜된 상품의 양이 지난 5년 동안 급격히 감소했다.

The amount of products recalled **significantly decreased** in the past 5 years.

❺ 이 특정 도시에서 인구가 1989년에서 2000년 사이에 급격히 감소했다.

The population in this particular city **significantly decreased** between 1989 and 2000.

## Step 2  도전! 영작문  주어진 우리말을 영어로 써보세요.

❶

A recent study shows that ✎_____

_____ (2013년도 전기 사용량이 상당히 증가했다는 것을.) This is mainly due to the fact that people these days tend to use more than 5 electronic products at the same time.

❷

In the past 10 years, ✎_____

_____ (50세에 접어드는 사람들의 수가 상당히 증가했습니다.) Thanks to modern technology and medicine, more people are now able to prevent long term or serious diseases, and have even started to change their exercise and eating habits.

모범 답안

❶ 최근의 한 연구는 보여 줍니다 the use of electricity in 2013 significantly increased. 이것은 주로 요즘 사람들이 5개 이상의 전자제품을 동시에 사용하는 경향이 있다는 사실 때문입니다.

❷ 지난 10년간, the number of people approaching the age of 50 has significantly increased. 현대기술과 의학 덕분에 이제 좀 더 많은 사람들이 장기 질병이나 중증 질병들을 예방할 수 있게 되었고, 심지어 그들의 운동과 식습관도 바꾸기 시작했습니다.

## Pattern 177　went up by A percent between 년도 and 년도

~년도와 …년도 사이에 A퍼센트까지 증가했다

그래프와 차트 묘사에서는 몇 년 사이의 증가폭을 나타낼 때가 많습니다. went up by를 이용해서 증가한 퍼센트를 나타내고, between A and B를 이용해서 년도를 나타내면 간결하고 정확하게 표현할 수 있습니다.

---

**Step 1**　**패턴 익히기**　예문을 통해 영작 필수 패턴을 익히세요.

❶ 농작물 생산은 1990년도와 2010년도 사이에 13퍼센트까지 증가했다.

Crop production **went up by** 13 **percent between** 1990 **and** 2010.

❷ 마케팅 분야의 초봉은 2008년과 2013년 사이에 3퍼센트까지 증가했다.

The starting salary in the marketing field **went up by** 3 **percent between** 2008 **and** 2013.

❸ 온라인 쇼핑의 사용은 1995년도와 2010년도 사이에 52퍼센트까지 증가했다.

The use of online shopping **went up by** 52 **percent between** 1995 **and** 2010.

❹ 자기 소유의 자동차를 가지고 있는 사람들의 수는 1980년과 2000년 사이에 29퍼센트까지 증가했다.

The number of those who had their own car **went up by** 29 **percent between** 1980 **and** 2000.

❺ 혼자 살기를 원하는 여자들의 수는 1990년과 2005년 사이에 18퍼센트 증가했다.

The number of women who wanted to live alone **went up by** 18 **percent between** 1990 **and** 2005.

---

**Step 2**　**도전! 영작문**　주어진 우리말을 영어로 써보세요.

❶ ✎ _____

_____ (자기 소유의 자동차를 가지고 있는 사람들의 수는 1980년과 2000년 사이에 29퍼센트까지 증가했습니다.) One reason for this spike in car purchases was because the economy during those 20 years increased a substantial amount, thus resulting in a surplus of income.

❷ As we can see in the chart, ✎ _____

_____ (혼자 살기를 원하는 여자들의 수는 1990년과 2005년 사이에 18퍼센트까지 증가했습니다.) There are many reasons for this increase, one being that there was a rise in women employees in the work force during that time.

---

**모범 답안**

❶ The number of those who had their own car went up by 29 percent between 1980 and 2000. 자동차 구입이 이렇게 급증한 한 가지 이유는 경제가 그 20년 동안 상당히 성장했고, 그리하여 결과적으로 수입의 잉여금이 생겼기 때문입니다.

❷ 이 도표에서 볼 수 있듯이, the number of women who wanted to live alone went up by 18 percent between 1990 and 2005. 이러한 증가에는 많은 이유가 있는데, 하나는 그 시간 동안 노동인구에 있어 여자 직원들이 증가했다는 것입니다.

## Pattern 178   for 숫자 consecutive years

~년 연속

사용량이나 수치 등을 보여줄 때 기간을 함께 나타내면 더 정확한 정보를 제공할 수 있습니다. 기간을 나타낼 때 뭔가가 계속 이어진다는 느낌을 주기 위해서는 consecutive(연이은)를 사용해 보세요.

---

**Step 1**   **패턴 익히기** 예문을 통해 영작 필수 패턴을 익히세요.

❶ 버스 사용량은 3년 연속 여전히 높았다.

Bus usage remained high **for 3 consecutive years**.

❷ ABC 회사의 직원 이직률은* 10년 연속 증가했다.

The turnover of staff in ABC Company went up **for 10 consecutive years**.

❸ 한국의 자동차 생산율은 10년 연속 올랐다.

The rates of automobile production in Korea rose **for 10 consecutive years**.

❹ 런던의 범죄율은* 5년 연속 안정적이었다.

The crime rate in London remained stable **for 5 consecutive years**.

❺ 한국과 일본의 출산율은* 3년 연속 감소했다.

The birthrate in Korea and Japan decreased **for 3 consecutive years**.

(힌트) (기업의 직원) 이직률 turnover 범죄율 crime rate 출산율 birthrate

---

**Step 2**   **도전! 영작문** 주어진 우리말을 영어로 써보세요.

❶ _____

_____ (한국의 자동차 생산율은 10년 연속 올랐다.) According to the figures, the production of midsize cars* had the greatest increase during that period.

midsize car 중형차

❷ _____

_____ (한국과 일본의 출산율은 3년 연속 줄었다.) at the beginning of the decade. However, Japan experienced a 5% increase in 2000.

---

모범 답안

❶ The rates of automobile production in Korea rose for 10 consecutive years. 수치에 따르면, 중형차 생산이 그 기간 동안 가장 크게 증가했다.

❷ The birthrate in Korea and Japan decreased for 3 consecutive years 해당 기간 중 초기 3년 동안. 하지만 일본은 2000년에 5% 상승했다.

## Pattern 179  remained stable at A percent

A 퍼센트로 안정을 유지했다

도표나 그래프 등의 수치를 설명할 때 수치가 크게 증가하거나 감소하지 않고 안정세를 나타낼 경우 remain stable(안정세를 유지하다)을 사용하면 적절한 표현이 됩니다. 수치를 나타낼 때 자주 사용하는 percent를 붙여서 연습해 보세요.

---

**Step 1** **패턴 익히기** 예문을 통해 영작 필수 패턴을 익히세요.

❶ 스위스의 취업률은* 49퍼센트로 안정을 유지했다.

The employment rate in Switzerland **remained stable at 49 percent**.

❷ 런던의 주택 가격은 56퍼센트로 안정을 유지했다.

The price of housing in London **remained stable at 56 percent**.

❸ 차로 출퇴근하는 사람들의 수는 33퍼센트로 안정을 유지했다.

The number of those who commuted to work by car **remained stable at 33 percent**.

❹ 주식매매는* 2009년부터 2012년까지 13%로 안정을 유지했다.

Trading activity **remained stable at 13 percent** from 2009 to 2012.

❺ 도시* 인구는 2000년부터 2010년까지 57%로 안정을 유지했다.

The urban population **remained stable at 57 percent** from 2000 to 2010.

힌트 취업률 employment rate  주식매매 trading activity  도시의 urban

---

**Step 2** **도전! 영작문** 주어진 우리말을 영어로 써보세요.

❶

_____

(스위스의 취업률은 49퍼센트를 유지했다.) However, the employment of male workers grew slightly for 5 consecutive years.

❷

_____

_____ (도시 인구는 2000년부터 2010년까지 57%를 유지했다.) In contrast, the rural population steadily went down from 2000 to 2010.

---

모범 답안

❶ The employment rate in Switzerland remained stable at 49 percent. 하지만 남성 근로자 고용은 5년 연속 약간 증가했다.
❷ The urban population remained stable at 57 percent from 2000 to 2010. 대조적으로, 농촌 인구는 2000년부터 2010년까지 지속적으로 감소했다.

## Pattern 180 　The number of 복수명사 + 단수동사

~의 수는 …하다

그래프·차트 묘사에서는 수를 언급하는 경우가 많습니다. '~의 수는'과 같이 문장을 시작할 때 〈the number of 복수 명사〉를 이용하세요. 복수 명사가 포함되긴 했지만, 주어는 number이므로 뒤에는 단수 동사를 써야 한다는 점에 주의하세요.

---

**Step 1　패턴 익히기** 예문을 통해 영작 필수 패턴을 익히세요.

❶ 회사 직원들의 수는 지난 10년 동안 감소해 왔다.

**The number of** company employees has decreased in the past 10 years.

❷ 이 대학에 다니는 학생들의 수는 작년부터 증가해 왔다.

**The number of** students attending this university has increased since last year.

❸ 올해 출시된 제품의 수는 하락한 것 같다.

**The number of** products released this year seems to have dropped.

❹ 우리 회사에 지원하는 남자들의 수는 작년보다 20% 낮다.

**The number of** men applying to our company is 20% lower than last year.

❺ 한국을 찾는 관광객들의 수는 지난 몇 년 사이 크게 증가했다.

**The number of** tourists visiting Korea has increased greatly in the past few years.

---

**Step 2　도전! 영작문** 주어진 우리말을 영어로 써보세요.

❶ 🖉 _____ (이

대학에 다니는 학생들의 수는 작년부터 증가해 왔다.) Thanks to private funding and government

support, the university can now offer scholarships, resulting in a higher admission rate.

❷ 🖉 _____

_____ (한국을 찾는 관광객의 수는 지난 몇 년 사이 크게 증가했다.)

Because of K-pop and TV dramas, people from various cultures visit our country.

---

**모범 답안**

❶ The number of students attending this university has increased since last year. 민간 자금과 정부 지원 덕분에 대학은 이제 장학금을 제공할 수 있고, 그 결과 더 높은 입학률로 이어졌다.

❷ The number of tourists visiting Korea has increased greatly in the past few years. K-pop과 TV 드라마 때문에 다양한 문화권의 사람들이 우리나라를 방문한다.

## Pattern 181 be A percent lower/higher than...

~보다 A퍼센트 더 낮다/높다

그래프·차트 묘사에서는 비교하는 표현이 자주 사용됩니다. lower than(~보다 더 낮은), higher than(~보다 더 높은)을 이용해 수치를 비교해 주세요. 앞에 몇 퍼센트인지 붙이면 더욱 정확하게 비교할 수 있습니다.

---

**Step 1** 패턴 익히기 예문을 통해 영작 필수 패턴을 익히세요.

❶ 2000년도의 범죄율은 1995년도의 범죄율보다 8퍼센트 낮았다.

The crime rate in 2000 **was 8 percent lower than** the rate in 1995.

❷ 육류 소비량은 야채 소비량보다 18퍼센트 높았다.

The consumption of meat **was 18 percent higher than** that of vegetables.

❸ 한국에서, 1980년도 문맹률은* 1950년도 문맹률보다 31퍼센트 낮았다.

In Korea, the illiteracy rate in 1980 **was 31 percent lower than** the rate in 1950.

❹ 2011년에 미성년자* 음주 비율이 그 전년보다 5퍼센트 높았다.

The percentage of underage drinking in 2011 **was 5 percent higher than** the year before.

❺ 1970년 25~30세 사이의 운전자들의 충돌* 사고율은 1985년보다 10퍼센트 낮았다.

The collision rate of drivers between the ages of 25~30 in 1970 **was 10 percent lower than** in 1985.

힌트 문맹률 illiteracy rate   미성년자가 한 underage   충돌 collision

---

**Step 2** 도전! 영작문 주어진 우리말을 영어로 써보세요.

❶ According to the survey, ✎_____

_____ (중국에서 육류 소비량은 야채 소비량보다 18퍼센트 높았다.) We can assume this is partially due to the poor weather and crop conditions, and the increase in meat production.

❷ ✎_____

_____ (한국에서 1980년도 문맹률은 1950년도 문맹률보다 31퍼센트 낮았다.) This was greatly due to the modernization and advancement made during this time.

---

모범 답안

❶ 조사에 따르면, the consumption of meat was 18 percent higher than that of vegetables in China. 이것은 부분적으로는 악천후와 작황, 그리고 고기 생산의 증가 때문이라고 추정할 수 있다.

❷ In Korea, the illiteracy rate in 1980 was 31 percent lower than the rate in 1950. 이것은 주로 이 시기에 이뤄진 현대화와 발전 때문이었다.

## Pattern 182 From the figures above, we can draw the conclusion that... 위의 수치들로부터 ~라고 결론 내릴 수 있다

figure는 '수치'를 나타내고, draw the conclusion은 '결론을 이끌어 내다'라는 뜻이에요. 수치를 이용해 어떤 상황을 설명한 후, 이를 통해 결론을 이끌어 낼 때 유용하게 사용할 수 있는 표현입니다.

### Step 1 패턴 익히기 예문을 통해 영작 필수 패턴을 익히세요.

❶ 위의 수치들을 통해 한국의 많은 학생들이 해외 연수를 다녀왔다고 결론 내릴 수 있다.

**From the figures above, we can draw the conclusion that** many students from Korea have studied abroad.

❷ 위의 수치들을 통해 5개 중에 배드민턴이 가장 인기가 없다고 결론 내릴 수 있다.

**From the figures above, we can draw the conclusion that** badminton was the least popular sport among the five.

❸ 위의 수치들을 통해 부모님들은 평균적으로 하루 3~4시간을 자녀와 보냈다고 결론 내릴 수 있다.

**From the figures above, we can draw the conclusion that** parents had spent an average of 3~4 hours a day with their children.

❹ 위의 수치들을 통해 그해 가장 공부를 많이 한 전공은 경영과 관리라고 결론 내릴 수 있다.

**From the figures above, we can draw the conclusion that** Business and Management were the most studied majors that year.

### Step 2 도전! 영작문 주어진 우리말을 영어로 써보세요.

❶

✎ _____

_____ (위의 수치들을 통해 한국의 많은 학생들이 해외 연수를 다녀왔다고 결론 내릴 수 있다.) The countries most commonly studied in were Japan, the Philippines, and Australia.

❷

✎ _____

_____ (위의 수치들을 통해 그해 가장 공부를 많이 한 전공은 경영과 관리라고 결론 내릴 수 있다.) In second place was Economics, followed by Graphic Design.

모범 답안

❶ From the figures above, we can draw the conclusion that many students from Korea have studied abroad. 주로 공부를 한 나라는 일본, 필리핀, 호주이다.

❷ From the figures above, we can draw the conclusion that Business and Management were the most studied majors that year. 둘째로 경제학이며, 그 다음이 그래픽 디자인이다.

## Pattern 183 From the diagram, it can be safely concluded that... 도표를 통해 ~라고 결론지어도 무방하다

diagram은 '도표, 도해'라는 뜻이고, conclude는 '결론짓다'라는 뜻이에요. 도표에 대한 설명을 마친 후, 이를 통해 결론을 이끌어 낼 때 유용하게 사용할 수 있는 표현입니다.

**Step 1  패턴 익히기** 예문을 통해 영작 필수 패턴을 익히세요.

❶ 도표를 통해 스마트폰이 훨씬 더 빠르게 발전했다고 결론지어도 무방하다.

**From the diagram, it can be safely concluded that** smart phones have developed much more rapidly.

❷ 도표를 통해 TY 회사의 고용이 점진적으로 증가했다고 결론지어도 무방하다.

**From the diagram, it can be safely concluded that** employment in TY Company has gradually increased.

❸ 도표를 통해 오직 한 연령대만 성형수술 이용에 반대한다고 결론지어도 무방하다.

**From the diagram, it can be safely concluded that** only one of the age groups were against the use of plastic surgery.

❹ 도표로부터 2010~2011년에 모든 나라가 건강과 운동에 관심을 가졌다고 결론지어도 무방하다.

**From the diagram, it can be safely concluded that** all countries have held an interest in health and exercise during 2010~2011.

**Step 2  도전! 영작문** 주어진 우리말을 영어로 써보세요.

❶ _____

_____ (도표를 통해 TY 회사의 고용이 점진적으로 증가했다고 결론지어도 무방하다.) In 2004, the number of employees in the company was around 2,000. Within the next 5 years, the number steadily rose by nearly 4,000.

❷ _____

_____ (도표를 통해 2010~2011년에 모든 나라가 건강과 운동에 관심을 가졌다고 결론지어도 무방하다.) The number of people enrolled in exercise classes was at an all-time high of 70%.

**모범 답안**

❶ From the diagram, it can be safely concluded that employment in TY Company has gradually increased. 2004년에 그 회사의 직원 수가 대략 2,000명이었다. 그 후 5년 안에 거의 4,000명까지 꾸준히 증가했다.

❷ From the diagram, it can be safely concluded that all countries have held an interest in health and exercise during 2010~2011. 운동 강좌에 등록한 사람들의 수는 항상 70%에 달했다.

## Pattern 184　In the A to B age group,...

A에서 B연령대에서 ~

age group은 '연령대'라는 뜻입니다. 연령별 성향의 차이를 보여줄 때 이 패턴을 이용해 보세요. 짧지만 매우 정확도 있게 사용할 수 있습니다.

---

**Step 1　패턴 익히기** 예문을 통해 영작 필수 패턴을 익히세요.

| | |
|---|---|
| ❶ 10~20대까지는 60%가 스마트폰을 사용했다. | **In the** 10 **to** 20 **age group,** 60% of them used smart phones. |
| ❷ 21~30세 연령대에서 사람들은 카드와 가방을 가장 많이 분실했다.* | **In the** 21 **to** 30 **age group,** people misplaced cards and bags the most. |
| ❸ 25~35세 연령대에서는 30%가 결혼할 의사가 없다고 말했다. | **In the** 25 **to** 35 **age group,** 30% said that they had no intention of getting married. |
| ❹ 10~15세 연령대에서 70%가 방과후 프로그램에 참여했다. | **In the** 10 **to** 15 **age group,** 70% attended after school programs. |
| ❺ 60~75세 연령대에서 사람들은 다양하게 제시된 일과 외* 활동 중 골프를 가장 많이 했다. | **In the** 60 **to** 75 **age group,** people played golf the most among the various extracurricular activities listed. |

힌트 제자리에 두지 않다, 분실하다 misplace　본업 외의, 일과 외의 extracurricular

---

**Step 2　도전! 영작문** 주어진 우리말을 영어로 써보세요.

❶ 

_____ (25~35세 연령대에서 30%가 결혼할 의사가 없다고 말했다.)
Career, money, and housing were some of the reasons for their lack of intention.

❷ 

_____ (10~15
세 연령대에서 70%가 방과후 프로그램에 참여했다.) The programs included math, English, sports, and art. When asked why they went, only half said it was because they loved going.

---

모범 답안

❶ In the 25 to 35 age group, 30% said that they had no intention of getting married. 직업, 돈, 그리고 주택이 의사가 없는 이유들이었다.
❷ In the 10 to 15 age group, 70% attended after school programs. 프로그램에는 수학, 영어, 스포츠, 미술 등이 포함되어 있었다. 그들에게 왜 다니는지 물었는데, 절반만이 가는 것이 좋아서라고 대답했다.

## Pattern 185 have the highest percentage of people who... while... have the lowest number of...

~하는 사람들의 비율이 가장 높은 반면, ···인 사람들의 수가 가장 적다

수치 묘사에서 가장 중요한 것은 비교입니다. 그 중에서도 가장 높은 수치(the highest percentage)와 가장 낮은 수치(the lowest percentage)를 사용하여 비교하면 보다 극적인 효과를 낼 수 있습니다.

---

**Step 1** 패턴 익히기 예문을 통해 영작 필수 패턴을 익히세요.

❶ 아르헨티나는 기혼자 비율이 가장 높은 반면, 미국은 성공적인 결혼의 수가 가장 적다.

Argentina **has the highest percentage of people who** are still married, **while** America **has the lowest number of** successful marriages.

❷ 서울은 일주일에 6~7일 일하는 사람들의 비율이 가장 높은 반면, 영국은 야근하는 사람들의 수가 가장 적다.

Seoul **has the highest percentage of people who** work 6~7 days a week, **while** England **has the lowest number of** employees working overtime.

❸ AE 회사는 55세에 은퇴하는 사람들의 비율이 가장 높은 반면, PR회사는 60세 이하 은퇴자들의 수가 가장 적다.

AE Company **has the highest percentage of people who** retired at age 55, **while** PR Company **has the lowest number of** retirees under the age of 60.

❹ 한국은 대중교통을 이용하는 사람들의 비율이 가장 높은 반면, 미국은 자동차가 없는 사람들의 수가 가장 적다.

Korea **has the highest percentage of people who** use public transportation, **while** America **has the lowest number of** people without automobiles.

---

**Step 2** 도전! 영작문 주어진 우리말을 영어로 써보세요.

❶ _____ (아르헨티나는 기혼자 비율이 가장 높은 반면, 미국은 성공적인 결혼의 수가 가장 적다.) In Argentina, 1 out of 5 couples filed for a divorce, while 3 out of 5 in America had been divorced at least once.

❷ _____ (AE 회사는 55세에 은퇴하는 사람들의 비율이 가장 높은 반면, PR 회사는 60세 이전에 은퇴한 사람들의 수가 가장 적다.) AE Company is known for its better benefits and retirement plans.

---

모범 답안

❶ Argentina has the highest percentage of people who are still married, while America has the lowest number of successful marriages. 아르헨티나에서는 5쌍 중에 1쌍이 이혼 소송을 제기했던 반면, 미국에서는 5쌍 중 3쌍이 적어도 한 번은 이혼했다.

❷ AE Company has the highest percentage of people who retired at age 55, while PR Company has the lowest number of retirees under the age of 60. AE 회사는 더 나은 복지와 퇴직연금제도로 잘 알려져 있다.

## Pattern 186  brought about 결과

~을 초래했다

에세이에서 내 주장을 언급하기 전에 어떤 상황에 대한 설명을 하게 됩니다. 이때 특정 사건이나 단체가 어떤 결과를 가져왔을 경우 bring about(초래하다, 야기하다)을 사용해 보세요. bring about 뒤에 결과를 붙여 주면 됩니다.

---

**Step 1**  **패턴 익히기**  예문을 통해 영작 필수 패턴을 익히세요.

❶ 이 시스템이 더 좋은 생산성이라는* 결과를 가져왔다.

This system **brought about** better productivity.

❷ 최근 스캔들이 우리 회사에 재앙을 초래했다.

The recent scandal **brought about** disaster for our company.

❸ 폭염이* 에어컨 사용의 급격한 증가를 초래했다.

The heat wave **brought about** a sharp increase in the use of air conditioners.

❹ 우리 회사의 새로운 본사 공사가 언론의 많은 관심을* 불러일으켰다.

The construction of our company's new headquarters **brought about** a lot of publicity.

❺ HG 회사와의 합병이 두 회사 모두 이익 증가라는 결과를 가져왔다.

The merger with HG Company **brought about** a rise in profit for both companies.

힌트 생산성 productivity  폭염 heat wave  매스컴의 관심 publicity

---

**Step 2**  **도전! 영작문**  주어진 우리말을 영어로 써보세요.

❶ ✎ _____

(우리 회사의 새로운 본사 공사가 언론의 많은 관심을 불러일으켰다.) Thankfully this publicity has led to not only more customers, but also to more potential employees and future investors.

❷ ✎ _____

(최근 스캔들이 우리 회사에 재앙을 초래했다.) We lost a great deal of customers, and our sales dropped exponentially.*

exponentially 기하급수적으로

모범 답안

❶ The construction of our company's new headquarters brought about a lot of publicity. 감사하게도 이러한 언론의 관심이 더 많은 고객들뿐만 아니라 더 많은 잠재 직원들과 미래 투자자들에게도 이어졌다.

❷ The recent scandal brought about disaster for our company. 우리는 많은 고객들을 잃었고, 우리의 매출액은 기하급수적으로 떨어졌다.

## Pattern 187 owing to 이유

~ 때문에

어떤 현상에 대한 원인을 밝히면 더욱 설득력 있는 글이 됩니다. owing to는 '~때문에'라는 뜻으로서 어떤 일의 원인과 결과를 설명할 때 유용한 표현입니다. owing to 앞에는 결과를, owing to 뒤에는 이유를 붙이세요.

### Step 1 패턴 익히기 예문을 통해 영작 필수 패턴을 익히세요.

❶ TV 광고 때문에 판매가 증가했다.

The sales increased **owing to** the TV advertisement.

❷ 개선된 품질 관리 때문에 결함비율이* 감소했다.

Defective rates decreased **owing to** the improved quality management.

❸ 이 새로운 안전 위험요소* 정책 때문에 리콜이 증가했다.

Recalls increased **owing to** this new safety hazard policy.

❹ 우리의 새로운 마케팅 캠페인 덕분에, 판매 수량이 급증했다.

The sales numbers rose dramatically **owing to** our new marketing campaign.

❺ 최근 주주의* 감소 때문에, 시장에서 회사의 평판이* 150위에서 300위로 떨어졌다.

Our company's standing in the market fell from 150 to 300 **owing to** the recent loss of shareholders.

힌트 결함이 있는 defective  안전상 위험 safety hazard  주주 shareholder  지위, 평판 standing

### Step 2 도전! 영작문 주어진 우리말을 영어로 써보세요.

❶

✏ _____

(이 새로운 안전 위험요소 정책 때문에 리콜이 증가했다.) From this point on, we need to focus all of our department's efforts on resolving the issues with our previous products.

❷

✏ _____

_____ (새로운 마케팅 캠페인 덕분에 판매 수량이 급증했습니다.) Instead of marketing strictly on bus stops, in subways, and through magazines, we decided to place promotions in front of department stores and in busy shopping areas.

---

모범 답안

❶ Recalls increased owing to this new safety hazard policy. 이 시점부터, 우리 부서의 모든 노력을 이전 제품들의 문제점을 해결하는 데 집중할 필요가 있다.

❷ The sales numbers rose dramatically owing to our new marketing campaign. 버스정류장, 지하철 안, 그리고 잡지에만 마케팅하는 것 대신에 우리는 백화점과 붐비는 쇼핑지역 앞에서 홍보하기로 결정했습니다.

## Pattern 188 Regardless of..., 주어＋동사

~에 상관없이 …하다

에세이에서는 설득력 있는 자기 주장이 가장 중요합니다. regardless of...를 이용해서 '～와 상관없이' 내가 하는 주장이 타당함을 강조할 수 있습니다.

---

### Step 1 패턴 익히기 예문을 통해 영작 필수 패턴을 익히세요.

❶ 나이에 상관없이 혼자 사는 것은 힘들다.

**Regardless of** age, it's hard to live alone.

❷ 직책에 상관없이 아무도 야근하는 것을 좋아하지 않는다.

**Regardless of** position, no one likes working overtime.

❸ 비용에 상관없이 그는 원하는 것을 뭐든 할 수 있다.

**Regardless of** cost, he can do whatever he wants.

❹ 성별과 나이에 상관없이 TV광고는* 사람들이 상품을 살 때 큰 영향을 준다.

**Regardless of** gender and age, TV commercials have a big influence when people buy products.

❺ 연봉이 얼마나 높은지 상관없이 나는 내 기량을* 최대한 활용할 수 있는 회사에서 일하고 싶다.

**Regardless of** how high the salary is, I want to work for a company where I can make the best use of my skills.

힌트 (텔레비전·라디오의) 광고 commercial  기량 skill

---

### Step 2 도전! 영작문 주어진 우리말을 영어로 써보세요.

❶ ✎ _____

(나이에 상관없이 혼자 사는 것은 힘들다.) Living by oneself can be lonely and tiring. There is no one to talk to or eat with, and all household chores have to be done alone.

❷ ✎ _____

_____ (연봉이 얼마나 높은지 상관없이 나는 내 기량을 최대한 활용할 수 있는 회사에서 일하고 싶다.) Of course a high salary would be nice, but I'm looking for more.

---

모범 답안

❶ Regardless of age, it's hard to live alone. 혼자 사는 것은 외롭고 피곤할 수 있다. 얘기하거나 같이 먹을 사람도 없고, 모든 집안일을 혼자서 해야 한다.

❷ Regardless of how high the salary is, I want to work for a company where I can make the best use of my skills. 물론 높은 연봉도 좋지만, 나는 더 많은 것을 바라고 있다.

## Pattern 189   It's obvious that...

~은 분명하다

에세이에서 내가 제시하는 내용이나 주장이 명백하다는 것을 나타낼 때 사용합니다. It's obvious that 뒤에 말하고자 하는 내용을 문장 형태로 붙이면 됩니다. 예시를 든 후에 정리 단계에서 사용하면 유용합니다.

---

### Step 1   패턴 익히기   예문을 통해 영작 필수 패턴을 익히세요.

❶ 자식들이 어릴 때 부모들이 그들을 부양해야 하는 것은 분명하다.

**It's obvious that** parents should support their children when they are young.

❷ 기업들이 가능한 많은 이익을 추구하는* 것은 분명하다.

**It's obvious that** companies pursue as much profit as possible.

❸ 학생들이 자신의 친구들로부터 영향을 받는* 것은 분명하다.

**It's obvious that** students are influenced by their friends.

❹ 규칙적으로 운동하는 것이 모든 사람들에게 중요하다는 것은 분명하다.

**It's obvious that** working out regularly is important for everyone.

❺ 그의 이전 경험이 그가 일에 빨리 적응하도록 도왔다는 것은 분명하다.

**It's obvious that** his previous experience helped him get used to work quickly.

힌트 추구하다 pursue   영향을 미치다 influence

---

### Step 2   도전! 영작문   주어진 우리말을 영어로 써보세요.

❶

(학생들이 자신의 친구들로부터 영향을 받는 것은 분명하다.) That is why it is important for parents and teachers to make sure students have positive influences in their life.

❷

(규칙적으로 운동하는 것이 모든 사람들에게 중요하다는 것은 분명하다.) In order to live a long and healthy life, people need to motivate themselves to work out at least 3 times a week.

---

모범 답안

❶ It's obvious that students are influenced by their friends. 그래서 학생들이 그들의 인생에서 긍정적인 영향을 미치도록 확실히 하는 것이 부모님들과 선생님들에게 중요하다.

❷ It's obvious that working out regularly is important for everyone. 오래 건강히 살기 위해서, 사람들은 적어도 일주일에 3번은 운동하도록 스스로를 동기부여 해야 한다.

## Pattern 190    It seems clear to me that...

~인 것은 내게 분명한 것 같다

clear는 '분명한, 명확한'이라는 뜻으로서 seem clear 하면 '분명한 것 같다'는 뜻입니다. 에세이에서 내가 하고 있는 주장이 나에게 분명함을 나타낼 수 있습니다.

---

**Step 1**   **패턴 익히기**   예문을 통해 영작 필수 패턴을 익히세요.

❶ 불량식품을 먹는 것에 찬성하는 사람이* 없는 것은 내게 분명한 것 같다.

**It seems clear to me that** there are no pros to eating junk food.

❷ 운전중에는 휴대폰을 사용해서는 안 된다는 것은 내게 분명한 것 같다.

**It seems clear to me that** cell phones should not be used while driving.

❸ 사람들이 학교나 직장을 조사하기 위해 인터넷 그 이상을 사용해야 하는 것은 내게 분명한 것 같다.

**It seems clear to me that** people should use more than just the Internet to do research for school or work.

❹ 어린 나이에 언어를 공부하는 사람들이 유창해질 기회가 더 많은 것은 내게 분명한 것 같다.

**It seems clear to me that** people who study languages at a young age have a better chance at becoming fluent.

❺ 집을 구매하기 전에 고려해야* 할 사항이 많은 것은 내게 분명한 것 같다.

**It seems clear to me that** there are many things to take into consideration before buying a house.

> 힌트   찬성자 pros   고려하다 take into consideration

---

**Step 2**   **도전! 영작문**   주어진 우리말을 영어로 써보세요.

❶ ✎ _____

(불량식품을 먹는 것에 찬성하는 사람이 없는 것은 내게 분명한 것 같다.) Not only does it damage your health, but it can lead to obesity as well.

❷ ✎ _____

_____ (운전중에는 휴대폰을 사용해서는 안 된다는 것은 내게 분명한 것 같다.) It is a danger to not only the person driving, but to those around them as well.

---

모범 답안

❶ It seems clear to me that there are no pros to eating junk food. 그것은 건강에 해로울 뿐 아니라 비만을 유발할 수도 있다.

❷ It seems clear to me that cell phones should not be used while driving. 운전하는 사람 뿐 아니라 그들 주변에 있는 사람들에게도 위험하다.

## Pattern 191  I think A is much more convenient than B

나는 A가 B보다 훨씬 더 편리하다고 생각한다

두 가지를 비교하면서 더 편한 것을 짚어줄 때 이 패턴을 사용해 보세요. convenient는 '편리한, 편한'이라는 뜻이에요.
앞에 much more를 붙이면 '훨씬 더'라고 강조하는 표현이 됩니다.

---

**Step 1  패턴 익히기** 예문을 통해 영작 필수 패턴을 익히세요.

❶ 나는 우리 삶이 조부모님들의 삶보다 훨씬 더 편하다고 생각한다.

**I think** our lives **are much more convenient than** those of our grandparents.

❷ 나는 집을 소유하는 것은 대여하는 것보다 훨씬 더 편하다고 생각한다.

**I think** owning a home **is much more convenient than** renting one.

❸ 나는 대중교통이 차를 소유하는 것보다 훨씬 더 편리하다고 생각한다.

**I think** public transportation **is much more convenient than** owning a car.

❹ 나는 ABC사의 스마트폰이 SKY사의 것보다 훨씬 더 편리하다고 생각한다.

**I think** smart phones produced by ABC Company **are much more convenient than** those of SKY Company.

❺ 나는 컴퓨터로 TV 프로그램을 시청하는 것이 일반 TV로 시청하는 것보다 훨씬 더 편리하다고 생각한다.

**I think** watching TV programs on the computer **is much more convenient than** watching them on regular TV.

---

**Step 2  도전! 영작문** 주어진 우리말을 영어로 써보세요.

❶ 🖉 _____

_____ (나는 우리 삶이 조부모님들의 삶보다 훨씬 더 편하다고 생각한다.) Back when our grandparents were younger, they didn't have the Internet and portable electronics.

❷ 🖉 _____

(나는 대중교통이 차를 소유하는 것보다 훨씬 더 편리하다고 생각한다.) Although you need to wait for the bus or subway, public transportation fees are much cheaper than paying for gas.

---

모범 답안

❶ I think our lives are much more convenient than those of our grandparents. 조부모님들이 어렸을 때, 그들은 인터넷이나 휴대용 전자기기가 없었다.

❷ I think public transportation is much more convenient than owning a car. 비록 버스나 지하철을 기다려야 하긴 하지만, 대중교통 요금이 기름값을 지불하는 것보다 훨씬 저렴하다.

## Pattern 192　Despite what some people say, 주어 + 동사

일부 사람들이 말하는 것과 달리 ~하다

일반적인 주장이 아닐 경우 더 설득력 있는 표현이 필요합니다. 내 주장을 설득력 있게 나타낼 수 있도록 도와주는 패턴입니다.

---

**Step 1　패턴 익히기**　예문을 통해 영작 필수 패턴을 익히세요.

❶ 일부 사람들이 말하는 것과 달리, 인터넷은 부정적인 측면이 많다.

**Despite what some people say,** the Internet has many negative aspects.

❷ 일부 사람들이 말하는 것과 달리, 여자와 남자는 직장에서 여전히 평등하지 않다.

**Despite what some people say,** women and men are still not equal in the work place.

❸ 일부 사람들이 말하는 것과 달리, 부모들은 더 이상 자녀들을 학교에 보낼 형편이 안 된다.

**Despite what some people say,** parents can no longer afford to send their children to school.

❹ 일부 사람들이 말하는 것과 달리, 집에서보다 도서관에서 공부하는 것이 훨씬 더 편하다.

**Despite what some people say,** it is much more convenient to study in the library than at home.

❺ 일부 사람들이 말하는 것과 달리, 돈이 많다고 해서 행복을 살 수는 없다.

**Despite what some people say,** having a lot of money does not buy happiness.

---

**Step 2　도전! 영작문**　주어진 우리말을 영어로 써보세요.

❶ _____ (일부 사람들이 말하는 것과 달리, 집에서보다 도서관에서 공부하는 것이 훨씬 더 편하다.) Although it is much more comfortable to lie around and study at home, it is too easy to get distracted and lose focus.

❷ _____ _____ (일부 사람들이 말하는 것과 달리, 부모님들은 더 이상 자녀들을 학교에 보낼 형편이 안 된다.) Living expenses are rising, as well as the cost of tuition.

---

**모범 답안**

❶ Despite what some people say, it is much more convenient to study in the library than at home. 비록 집에서는 누워서 공부하는 것이 훨씬 더 편하기는 하지만, 정신이 산만해지고 집중력을 잃기 너무 쉽다.

❷ Despite what some people say, parents can no longer afford to send their children to school. 학비 뿐만 아니라 생활비도 오르고 있다.

# Part

# 5

## 번역기는 가라!

급할 때 바로 쓰는
비즈니스 패턴 41

# Part 5

## 번역기는 가라! 급할 때 바로 쓰는
## 비즈니스 패턴 41

사회에서는 갈수록 비즈니스를 영어로 수행할 수 있는 능력을 요구하고 있습니다. 그 중에 가장 많이 요구되는 능력이 영문 이메일 쓰기와 영어 프레젠테이션 진행하기입니다. 이 두 가지를 직장에서 완벽히 수행하는 것을 목표로 공부한다면 훌륭한 동기 부여가 될 겁니다. 이메일과 프레젠테이션은 둘 다 특정한 형식이 있기 때문에 이 책의 패턴들로 공부한다면 어려운 용어나 표현도 쉽게 익힐 수 있을 겁니다.

**Unit 1** 비즈니스 이메일
**Unit 2** 프레젠테이션

# Unit 1  비즈니스 이메일

기업들이 원하는 업무 능력 중 필수적으로 꼽히는 것 중 하나가 바로 영문으로 비즈니스 이메일을 잘 쓰는 겁니다. 비즈니스 용어를 많이 알고 영어 실력이 유창해야만 영어 이메일을 잘 쓸 수 있다고 생각하겠지만 꼭 그렇지는 않습니다. 비즈니스 이메일은 특정 형식이 있기 때문에 그 형식과 더불어서 자주 나오는 패턴들을 연습한다면 누구든지 능숙하게 업무를 처리할 수 있을 겁니다. 이 책에는 직장인들의 실제 이메일을 통해 가장 많이 사용하는 패턴들만 선별하여 수록했으니 잘 익혀 두시기 바랍니다.

## ✔ 영작문 포인트 정리

### 1. 되도록 정중하게 글을 쓰도록 한다.

명령문으로 요구하거나 이모티콘을 과도하게 사용하는 등 글을 가볍게 쓰는 것은 좋지 않습니다.
이메일을 시작할 때는 이름만 쓰면 안 되고, 항상 Dear(친애하는)를 붙입니다.

**Dear Sir,** (남자에게 보낼 때)
**Dear Ms. Lee,** (여자에게 보낼 때)
**Dear Madam,** (여자에게 보낼 때)

### 2. 핵심적인 얘기는 시작 부분에 써 준다.

우리나라 사람들이 이메일을 쓸 때 저지르는 가장 큰 실수는 본론을 맨 뒤에 쓴다는 겁니다. 만약 회의에 참석을 못하는 메일을 쓸 때는 간단한 인사말 후 바로 회의에 갈 수 없음을 써야 합니다.

**I won't be able to attend your meeting because of the internal meeting.**
내부 회의 때문에 귀하와의 회의에 참석하지 못하게 됐습니다.

### 3. 미안한 일이 있을 때 사과는 한 번만 한다.

비즈니스를 하다 보면 사과를 해야 하는 경우가 생깁니다. 그럴 경우 I am sorry.를 시작할 때도 쓰고, 중간에도 쓰고, 끝에도 쓰는 사람들이 있는데, 이런 지나친 사과는 매우 어색합니다. 처음이나 마지막에 한 번만 미안함을 밝혀 주면 됩니다.

**I am sorry for any inconvenience.** 불편을 끼쳐드린 점 사과드립니다.
**I am sorry for the trouble.** 문제가 생긴 점 사과드립니다.
**We apologize for any inconvenience.** 불편을 끼쳐드린 점 사과드립니다.

## Pattern 193   This is 이름 from the 부서

~부서의 …입니다

문서상에서 자신을 소개할 경우에는 My name is...가 아니라 〈This is 이름〉을 사용합니다. 여기에 from을 붙여서 소속 부서를 나타내 줍니다. 이때 부서 앞에는 항상 관사 the를 써야 합니다.

---

**Step 1**   패턴 익히기   예문을 통해 영작 필수 패턴을 익히세요.

❶ 구매부의* 조혜진입니다.     **This is** Hye-jin Joo **from the** purchasing department.

❷ 재무부의* 김영미입니다.     **This is** Young-mi Kim **from the** finance department.

❸ 회계부의* 이현수입니다.     **This is** Hyun-su Lee **from the** accounting department.

❹ SKY 회사 영업부의 김민수입니다.     **This is** Min-su Kim **from the** sales department at SKY Company.

❺ ABC 회사 홍보부의* 김하나입니다.     **This is** Ha-na Kim **from the** public relations department at ABC Company.

> 힌트   구매 purchasing   재정, 재무 finance   회계 accounting   홍보 public relations

---

**Step 2**   도전! 영작문   주어진 우리말을 영어로 써보세요.

❶

✎ _____

(구매부의 조혜진입니다.) Please send me the list of office supplies* that your department wants to order by this week.

office supplies 사무용품

❷

✎ _____

_____ (ABC 회사 홍보부의 김하나입니다.) I'd like to have a meeting about the advertisement's effectiveness* with you. Does this Friday work for you?

effectiveness 효과적임

---

모범 답안

❶ This is Hye-jin Joo from the purchasing department. 귀하의 부서에서 주문하고자 하는 사무용품 리스트를 이번 주까지 보내주시기 바랍니다.
❷ This is Ha-na Kim from the public relations department at ABC Company. 귀하와 광고 효과에 대해서 회의를 하고 싶습니다. 이번 주 금요일 괜찮으신가요?

## Pattern 194 I'm in charge of...

저는 ~을 담당하고 있습니다

in charge of는 '~을 맡고 있는'이라는 뜻이에요. 회사에서 자기가 맡고 있는 부서를 얘기할 때, 혹은 부서 내에서 담당하는 업무를 얘기할 때 자주 사용해 보세요.

---

**Step 1** 패턴 익히기 예문을 통해 영작 필수 패턴을 익히세요.

❶ 저는 마케팅부서를 담당하고 있습니다.     **I'm in charge of** the marketing department.

❷ 저는 해외영업을* 담당하고 있습니다.     **I'm in charge of** the overseas sales.

❸ 저는 신제품 생산라인을 담당하고 있습니다.     **I'm in charge of** the production line of the new product.

❹ 저희 팀은 유튜브 광고를* 담당하고 있습니다.     Our team **is in charge of** the commercials on Youtube.

❺ 법인영업을* 담당하고 계신가요?     **Are** you **in charge of** corporate sales?

힌트 해외의 overseas (텔레비전·라디오 등의) 광고 commercial 기업의, 법인의 corporate

---

**Step 2** 도전! 영작문 주어진 우리말을 영어로 써보세요.

❶
_____ (저는 해외영업을 담당하고 있습니다.) Our company wants to order your products in bulk. Could you please send me the price list by fax?

in bulk 다량으로

❷
_____
(저희 팀은 유튜브 광고를 담당하고 있습니다.) As you know, we are going to make a commercial to promote our new product. If you have any ideas, please feel free to email me.

---

모범 답안

❶ I'm in charge of overseas sales. 저희 회사는 귀사의 제품을 다량으로 구입하고 싶습니다. 가격표를 팩스로 보내 주실 수 있으신가요?

❷ Our team is in charge of the commercials on Youtube. 아시다시피, 우리는 신상품을 홍보하기 위해 광고를 만들 겁니다. 뭐든 아이디어가 있으면 저에게 편하게 이메일 보내 주세요.

# Pattern 195  I'm writing to 동사원형

~하기 위해서 씁니다

이메일 도입 부분에서 이메일을 쓰는 이유를 언급할 때 사용하는 패턴입니다. I'm writing this email to 뒤에 동사를 붙여서 이유를 밝히면 됩니다. this email을 생략하고 간단히 I'm writing to...를 쓰는 경우가 많습니다.

---

## Step 1  패턴 익히기  예문을 통해 영작 필수 패턴을 익히세요.

❶ 귀사의 신제품에 대해 문의하고자* 이메일을 씁니다.

**I'm writing to** inquire about your new product.

❷ 미팅 날짜를 잡고* 싶어서 이메일을 드립니다.

**I'm writing to** arrange a date for our meeting.

❸ 추가* 정보를 요청하기 위해서 이메일을 씁니다.

**I'm writing to** request additional information.

❹ 귀사의 새로운 서비스에 대해 몇 가지 질문을 하려고 이메일을 드립니다.

**I'm writing to** ask some questions about your new service.

❺ 저희 서비스로 인한 불편에* 대해 사과드리기 위해서 이메일을 씁니다.

**I'm writing to** apologize for any inconvenience with our service.

> 힌트  ~에 관하여 묻다 inquire about  주선하다, 처리하다 arrange  추가의 additional  불편 inconvenience

---

## Step 2  도전! 영작문  주어진 우리말을 영어로 써보세요.

❶ _____ (미팅 날짜를 잡고 싶어서 이메일을 드립니다.) I'd like to know what date and time works for you. Please let me know the date and time you are available.

❷ _____ (추가 정보를 요청하기 위해서 이메일을 씁니다.) I already visited your website but I couldn't find the cost of your service. How much do you charge* for your service for a one month period?

charge (요금을) 청구하다

---

모범 답안

❶ I'm writing to arrange a date for our meeting. 저는 당신이 괜찮은 날짜와 시간을 알고 싶습니다. 귀하께서 가능한 날짜와 시간을 알려 주시기 바랍니다.

❷ I'm writing to request additional information. 저는 귀사의 홈페이지에 가 봤지만 서비스 비용을 찾지 못했습니다. 한 달간 귀사의 서비스 이용료는 얼마인가요?

## Pattern 196　I received your email regarding 주제

저는 ~에 관한 귀하의 이메일을 받았습니다

상대방 메일에 대한 답장을 보낼 때 사용할 수 있는 패턴입니다. 상대방 메일의 주제를 언급하려면 〈I received your email regarding + 주제〉와 같이 쓰고, 상대방이 이메일을 보낸 날짜를 언급하려면 〈I received your email dated + 날짜〉와 같이 쓰면 됩니다.

---

### Step 1　패턴 익히기　예문을 통해 영작 필수 패턴을 익히세요.

❶ 저는 컨퍼런스에 관한 귀하의 이메일을 받았습니다.

**I received your email regarding** the conference.

❷ 저는 판촉행사에* 관한 귀하의 이메일을 받았습니다.

**I received your email regarding** the promotional event.

❸ 추가 주문 요청에 관한 귀하의 이메일을 받았습니다.

**I received your email regarding** the request for the additional order.

❹ 저는 2월 26일에 보내신 귀하의 이메일을 받았습니다.

**I received your email dated** February 26.

❺ 할인에* 관련한 3월 10일자 메일 잘 받았습니다.

**I received your email dated** March 10th **regarding** the discount.

힌트 판촉행사 promotional event　할인 discount

---

### Step 2　도전! 영작문　주어진 우리말을 영어로 써보세요.

❶ ✎ _____

(저는 컨퍼런스에 관한 귀하의 이메일을 받았습니다.) I really wanted to attend the conference last year, but I couldn't make it due to an unexpected* problem.

unexpected 예상치 못한

❷ ✎ _____

(추가 주문 요청에 관한 귀하의 이메일을 받았습니다.) However, you didn't mention how many products you are planning to buy. The price depends on the quantity* of the product.

quantity 수량, 분량

---

모범 답안

❶ I received your email regarding the conference. 저는 작년에 컨퍼런스에 무척 참석하고 싶었지만 예상치 못한 문제로 인해 참석하지 못했습니다.

❷ I received your email regarding the request for the additional order. 하지만 얼마나 많은 제품을 구매할 계획인지 말씀해 주시지 않았습니다. 가격은 제품의 양에 달려 있습니다.

## Pattern 197　I'd like to know...

~을 알고 싶습니다

상대방 회사로부터 얻고 싶은 자료가 있을 때, 혹은 알고 싶은 내용이 있을 때 사용하는 패턴입니다. I'd like to 뒤에 know를 붙이면 '~을 알고 싶습니다'라는 정중한 표현이 됩니다.

---

**Step 1　패턴 익히기** 예문을 통해 영작 필수 패턴을 익히세요.

❶ 귀사의 사이트 주소를 알고 싶습니다.　　**I'd like to know** your website address.

❷ 대략적인 견적을* 알고 싶습니다.　　**I'd like to know** a rough estimate.

❸ 우리 계약과 관한 상세 내역을 알고 싶습니다.　　**I'd like to know** the details of our contract.

❹ 지불이* 언제까지 되어야 하는지 알고 싶습니다.　　**I'd like to know** when payment must be made by.

❺ 귀사의 공장에 어떻게 가야 하는지 알고 싶습니다.　　**I'd like to know** how to get to your company's factory.

힌트 견적 estimate　지불 payment

---

**Step 2　도전! 영작문** 주어진 우리말을 영어로 써보세요.

❶
My company is supposed to use your cleaning service from next month. ✎_____
_____ (지불이 언제까지 되어야 하는지
알고 싶습니다.)

❷
This is Mi-na Kim, and I'm working as a secretary at SKY Company. Our manager is
scheduled to go on a business trip in order to see your production lines. ✎_____
_____ (귀사의 공장에 어떻게 가야 하는지 알고 싶습니다.)

---

모범 답안

❶ 저희 회사는 귀사의 청소 서비스를 다음 달부터 이용하려고 합니다. I'd like to know when the payment must be made by.
❷ SKY 회사에서 비서로 일하고 있는 김미나입니다. 저희 부장님께서는 귀사의 생산라인을 보기 위해 출장을 가실 예정입니다. I'd like to know how to get to your company's factory.

## Pattern 198  We appreciate your...

귀하의 ~에 감사드립니다

영문 이메일에서는 간단한 도움에도 고맙다는 말을 아끼지 않고 사용하면 상대방에게 좋은 인상을 줄 수 있습니다. We appreciate은 Thank you보다 더 고마움이 느껴지는 표현입니다.

---

**Step 1** **패턴 익히기** 예문을 통해 영작 필수 패턴을 익히세요.

❶ 귀사의 거래에 감사드립니다. | **We appreciate your** business.

❷ 귀사의 관심에 감사드립니다. | **We appreciate your** interest.

❸ 저희 서비스에 관련한 귀하의 소중한* 피드백에 감사드립니다. | **We appreciate your** precious feedback about our service.

❹ 시간 내서* 저희 제안서를 읽어 주셔서 감사드립니다. | **We appreciate you** taking your time to read our proposal.

❺ 시간 내서 그 가게에서 일어난 일을 저희에게 알려 주셔서 감사드립니다. | **We appreciate you** taking your time to tell us what happened at the store.

힌트 소중한 precious   시간을 들이다 take one's time

---

**Step 2** **도전! 영작문** 주어진 우리말을 영어로 써보세요.

❶

✎ _____ (귀사의 관심에 감사드립니다.)

The key features* of this product are totally different from others on the market.

feature 특징

❷

✎ _____

(시간 내서 저희 제안서를 읽어 주셔서 감사드립니다.) We need a change. Our marketing depends greatly on word of mouth,* but it has not been as effective recently.

word of mouth 입소문

---

모범 답안

❶ We appreciate your interest. 이 제품의 주요 특징은 시장에 나와 있는 다른 것들과는 완전히 다릅니다.

❷ We appreciate you taking your time to read our proposal. 우리는 변화가 필요합니다. 저희 마케팅은 입소문에 크게 의지하고 있습니다. 하지만 최근에는 별 효과가 없었습니다.

## Pattern 199　I'd like to inform you of...

~을 알려 드리고 싶습니다

상대방 회사에게 제품에 대한 정보 등을 알려 줄 때 이 패턴을 이용하면 간단하면서도 정확하게 전달할 수 있습니다. I'd like to...(~하고 싶습니다) 뒤에 inform A of B(A에게 B를 알려 주다)를 붙인 패턴입니다.

---

### Step 1　패턴 익히기　예문을 통해 영작 필수 패턴을 익히세요.

❶ 저희의 신제품을 알려 드리고 싶습니다.

**I'd like to inform you of** our new product.

❷ 선적* 날짜를 알려 드리고 싶습니다.

**I'd like to inform you of** the shipment date.

❸ 계약이 종료되었다는* 것을 알려 드리고 싶습니다.

**I'd like to inform you of** the termination of the contract.

❹ 저희 네트워크 시스템의 업데이트를 알려 드리고 싶습니다.

**I'd like to inform you of** the update on our network system.

❺ 결제 방식에 관한 저희의 새로운 정책을 알려 드리고 싶습니다.

**I'd like to inform you of** our new policy regarding payment methods.

힌트 선적 shipment　종료 termination

---

### Step 2　도전! 영작문　주어진 우리말을 영어로 써보세요.

❶

_____ (저희의 신제품을 알려 드리고 싶습니다.) It features* a 5-inch screen with a camera. If you have an interest in it, we are happy to send you a sample at no charge.*

feature 특징으로 삼다　at no charge 무료로

❷

_____ (결제 방식에 관한 저희의 새로운 정책을 알려 드리고 싶습니다.) As of this month, we will prohibit* our customers from paying by installments.*

prohibit 금지하다　by installments 할부로

모범 답안

❶ I'd like to inform you of our new product. 그것은 5인치 스크린에 카메라가 달린 것이 특징입니다. 만약 귀하가 관심이 있으시면, 저희는 기꺼이 귀하께 무료로 샘플을 보내 드리겠습니다.

❷ I'd like to inform you of our new policy regarding payment methods. 이번 달 부로, 저희는 고객 분들이 할부로 결제하는 것을 금지합니다.

## Pattern 200  I'm wondering if...

~인지 궁금합니다

비즈니스 이메일에서는 단도직입적으로 묻기보다는 공손하게 묻는 것이 좋은데, 이 표현을 이용하면 정중하게 물을 수 있습니다. wonder(궁금해 하다) 뒤에 If절(~인지 아닌지)을 붙인 형태입니다.

---

**Step 1  패턴 익히기** 예문을 통해 영작 필수 패턴을 익히세요.

| | |
|---|---|
| ① 귀하의 제품을 온라인으로 주문할 수 있는지 궁금합니다. | **I'm wondering if** I can order your product online. |
| ② 세금이 이미 포함되었는지 궁금합니다. | **I'm wondering if** tax is already included. |
| ③ 컴퓨터를 새것으로 교환할 수 있는지 궁금합니다. | **I'm wondering if** I can exchange the computer with a new one. |
| ④ 제 소포를 특정* 시간에 배송 받을 수 있는지 궁금합니다. | **I'm wondering if** I can have my package delivered at a specific time. |
| ⑤ 어제 넣은 주문을 변경해도 되는지 궁금합니다. | **I'm wondering if** I can make a change to the order that I placed yesterday. |

힌트 특정한 specific

---

**Step 2  도전! 영작문** 주어진 우리말을 영어로 써보세요.

① My computer is still under warranty.* ✎_____

_____ (그것을 새것으로 교환할 수 있는지 궁금합니다.) If this is

not possible, I'd like to know how much I should pay.

under warranty 보증 기간중인

② I am interested in your product. I'm currently living abroad, so ✎_____

_____ (귀하의 제품을 온라인으로

주문할 수 있는지 궁금합니다.)

---

모범 답안

① 제 컴퓨터는 아직 보증 기간 중입니다. I'm wondering if I can exchange it with a new one. 이것이 가능하지 않다면, 제가 얼마를 내야 하는지 알고 싶습니다.

② 저는 귀사의 제품에 관심을 갖고 있습니다. 저는 현재 해외에 거주 중입니다. I'm wondering if I can order your product online.

## Pattern 201    I'd appreciate it if you could...

당신이 ~해 주시면 감사하겠습니다

이메일로 부탁을 할 때는 상대방에게 최대한 예의를 갖추는 것이 좋습니다. Can you send me...? 혹은 Do you send me...?와 같은 표현보다는 appreciate을 이용해서 이렇게 부탁하면 훨씬 정중한 느낌을 줄 수 있습니다.

---

### Step 1   패턴 익히기   예문을 통해 영작 필수 패턴을 익히세요.

❶ 그 파일을 다시 보내 주시면 감사하겠습니다.

**I'd appreciate it if you could** send me the file again.

❷ 이메일로 회의 내용을 보내 주시겠습니다.

**I'd appreciate it if you could** send me the meeting contents by email.

❸ 저에게 약도를 팩스로 보내 주시면 감사하겠습니다.

**I'd appreciate it if you could** send me the directions by fax.

❹ 제 컴퓨터를 고쳐줄 사람을 보내 주신다면 감사하겠습니다.

**I'd appreciate it if you could** send someone down to fix my computer.

❺ 귀하의 신상품에 대한 자세한 정보를 보내 주시면 감사하겠습니다.

**I'd appreciate it if you could** send me more detailed information about your new product.

---

### Step 2   도전! 영작문   주어진 우리말을 영어로 써보세요.

❶
I received your email dated October 15th. However, the file was unreadable.* 🖉_____
_____ (파일을 다시
보내 주시면 감사하겠습니다.)

unreadable 읽을 수 없는

❷
There is something wrong with my computer. Whenever I turn it on, it turns off randomly.* 🖉_____
(그것을 고쳐줄 사람을 보내 주신다면 감사하겠습니다.)

randomly 닥치는 대로, 임의로

---

모범 답안

❶ 10월 15일에 보내 주신 귀하의 이메일을 받았습니다. 하지만 파일을 읽을 수가 없었습니다. I'd appreciate it if you could send me the file again.
❷ 제 컴퓨터에 이상이 있네요. 컴퓨터를 켤 때마다 마구 꺼져요. I'd appreciate it if you could send someone down to fix it.

## Pattern 202 · We will be happy to 동사원형

기꺼이 ~해 드리겠습니다

상대방 회사의 요청으로 자료를 보내 주거나 고객의 요청을 들어줄 때, 이 패턴을 사용하면 기꺼이 해 준다는 어감을 주어 친절한 인상을 심어줄 수 있습니다.

---

### Step 1 · 패턴 익히기 · 예문을 통해 영작 필수 패턴을 익히세요.

❶ 귀하께 기꺼이 할인을 제공해 드리겠습니다.

**We will be happy to** offer you a discount.

❷ 귀하께 기꺼이 브로슈어를 보내 드리겠습니다.

**We will be happy to** send you our brochure.

❸ 기꺼이 귀하의 요청사항을 곧 처리해 드리겠습니다.

**We will be happy to** process your request soon.

❹ 다음 달 귀사의 행사를 기꺼이 준비해* 드리겠습니다.

**We will be happy to** organize your event on the following month.

❺ 기꺼이 사람을 보내 귀하의 제품을 무료로* 고쳐 드리겠습니다.

**We will be happy to** send someone down to fix your product at no charge.

준비하다, 조직하다 organize   무료로 at no charge

---

### Step 2 · 도전! 영작문 · 주어진 우리말을 영어로 써보세요.

❶ I received your email regarding our newly released cellphone. We are pleased to hear that you are interested in our product. _____

_____ (기꺼이 귀하께 휴대폰과 관련한 브로슈어를 보내 드리겠습니다.)

❷ I'm sorry to hear that there is something wrong with your fax. Since we can offer you free servicing under your warranty, _____

_____ (기꺼이 사람을 보내 귀하의 제품을 무료로 고쳐 드리겠습니다.)

---

모범 답안

❶ 새롭게 출시된 휴대폰에 관련한 귀하의 이메일을 받았습니다. 저희 제품에 관심이 있다고 하시니 기쁩니다. We will be happy to send you our brochure about the cellphone.

❷ 귀하의 팩스에 문제가 있다고 하니 유감입니다. 보증 기간 내에는 귀하에게 무상 서비스를 제공할 수 있기 때문에 we will be happy to send someone down to fix your product at no charge.

# Pattern 203 As you requested, 주어 + 동사

요청하신 대로 ~합니다

비즈니스에서는 자료·계약서·사진 등을 상대방 요청에 따라 보내 주는 경우가 많습니다. 그때 As you requested(요청하신 대로)를 통해서 상대방이 요청한 자료임을 알려줄 수 있습니다.

## Step 1 패턴 익히기 예문을 통해 영작 필수 패턴을 익히세요.

❶ 요청하신 대로 제 이력서를 보냈습니다.

**As you requested,** I sent you my resume.

❷ 요청하신 대로 제 팀원들에게 이 문제를 처리하라고 했습니다.

**As you requested,** I had my team members take care of this problem.

❸ 요청하신 대로 그 샘플의 사진 3개를 첨부했습니다.*

**As you requested,** I attached three pictures of the sample.

❹ 요청하신 대로 귀하의 예약이* 취소되었습니다.

**As you requested,** your reservation has been cancelled.

❺ 요청하신대로 당신의 지시를 제 상사에게 전달해* 드렸습니다.

**As you requested,** I forwarded your directions to my boss.

힌트 첨부하다 attach   예약 reservation   전달하다 forward

## Step 2 도전! 영작문 주어진 우리말을 영어로 써보세요.

❶

_____
(요청하신 대로 귀하의 예약이 취소되었습니다.) We will reimburse* the fee to your account as soon as possible. Please be aware that this may take between 6~7 business days.

reimburse 배상하다, 변제하다

❷

_____ (요청하신 대로 오늘 아침에 제 이력서를 보냈습니다.) If you have any questions or concerns, please feel free to contact me anytime. I look forward to your response and hope to see you next week.

모범 답안

❶ As you requested, your reservation has been cancelled. 요금을 가능한 빨리 귀하의 통장으로 상환해 드리겠습니다. 근무일 기준으로 6~7일 정도가 소요될 거라는 점을 양지해 주십시오.

❷ As you requested, I sent you my resume this morning. 질문이나 관심이 있으시면 언제든 편하게 연락 주십시오. 답장 기다리겠습니다. 그리고 다음 주에 뵐 수 있기를 바랍니다.

## Pattern 204　Attached is...

~을 첨부합니다

이메일에 문서나 사진 등을 첨부하면서 이를 알릴 때 유용한 패턴입니다. attached는 '첨부된'이라는 뜻입니다. Attached is 뒤에 무엇을 첨부했는지 밝혀 주세요.

---

**Step 1　패턴 익히기** 예문을 통해 영작 필수 패턴을 익히세요.

❶ 청구서를* 첨부합니다.

**Attached is** your invoice.

❷ 회의 내용을 첨부합니다.

**Attached is** the meeting content.

❸ 최종 후보자 명단을* 첨부합니다.

**Attached is** the short list of candidates.

❹ 컨퍼런스에 대한 브로슈어를 첨부합니다.

**Attached is** the brochure for the conference.

❺ 귀하께서 8월 2일에 요청하신 파일을 첨부합니다.

**Attached is** the file that you requested on August 2nd.

청구서 invoice　최종 후보자 명단 short list of candidate

---

**Step 2　도전! 영작문** 주어진 우리말을 영어로 써보세요.

❶

I heard that you didn't attend the meeting due to an appointment with your client on that day. ✎_____ (회의 내용을 첨부합니다.) If you have any questions, please don't hesitate to contact me.

❷

✎_____

(귀하께서 8월 2일에 요청하신 파일을 첨부합니다.) I'm sorry for my late reply. It took quite a while to pull together* some of the data.

pull together 취합하다

---

**모범 답안**

❶ 그날 고객과의 약속 때문에 회의에 참석하지 못하셨다고 들었습니다. Attached is the meeting contents. 질문이 있으면, 주저하지 말고 저에게 연락 주세요.

❷ Attached is the file that you requested on August 2nd. 답장이 늦어서 죄송합니다. 자료를 취합하는 데 시간이 꽤 걸렸습니다.

## Pattern 205  I regret to say that...

유감스럽게도 ~합니다

미안하거나 안타까운 얘기, 유감스러운 얘기를 꺼내기 전에 문장을 이렇게 시작하세요. regret은 '유감스럽게 생각하다'라는 뜻이 있어요. 이 패턴 대신 I am sorry to say that...을 쓸 수도 있습니다.

### Step 1  패턴 익히기  예문을 통해 영작 필수 패턴을 익히세요.

❶ 유감스럽게도 회의에 참석 못하게 됐습니다.

**I regret to say that** I won't be able to attend the meeting.

❷ 유감스럽게도 귀하의 주문이 지연됐습니다.

**I regret to say that** your order is behind schedule.

❸ 유감스럽게도 저희 경영진이* 계약 해지를 결정하셨습니다.

**I regret to say that** our executives decided to cancel the contract.

❹ 유감스럽게도 미지불된* 대출금이 있습니다.

**I regret to say that** you still have outstanding debts.

❺ 유감스럽게도 귀하께서 주문하신 제품이 현재 품절이어서* 보내 드릴 수가 없습니다.

**I regret to say that** we are unable to send the product that you ordered, as it is currently out of stock.

힌트 경영진 executive   미지불된 outstanding   품절인 out of stock

### Step 2  도전! 영작문  주어진 우리말을 영어로 써보세요.

❶ _____

_____ (유감스럽게도 귀하께서 주문하신 제품이 현재 품절이어서 보내 드릴 수가 없습니다.) If you would like to get a refund,* please contact me anytime at your convenience.

refund 환불

❷ I am scheduled to go on a business trip, so _____

_____ (유감스럽게도 회의에 참석 못하게 됐습니다.)

I'd appreciate it if you could send me the materials.

모범 답안

❶ I regret to say that we are unable to send the product that you ordered, as it is currently out of stock. 만약 환불을 원하시면 저에게 편하신 시간에 언제든지 연락 주세요.

❷ 제가 출장을 갈 예정이라서 I regret to say that I won't be able to attend the meeting. 저에게 자료를 보내 주시면 감사하겠습니다.

# Pattern 206 Unfortunately, I won't be able to 동사원형

아쉽게도 ~할 수 없을 것 같습니다

비즈니스 이메일에서는 거절을 할 때 상대방의 기분이 상하지 않도록 하는 요령이 필요합니다. 조동사 won't와 be able to를 결합하면 부드러운 거절 표현을 만들 수 있습니다.

## Step 1 패턴 익히기 예문을 통해 영작 필수 패턴을 익히세요.

❶ 아쉽게도 저는 가족 일 때문에 당신의 결혼식에 참석할 수 없을 것 같습니다.

**Unfortunately, I won't be able to** attend your wedding because of family matters.

❷ 아쉽게도 저는 출장 때문에 내일 당신에게 파일을 보낼 수 없을 것 같습니다.

**Unfortunately, I won't be able to** send the file to you tomorrow because of a business trip.

❸ 아쉽게도 저는 내부* 회의 때문에 당신을 만날 수 없을 것 같습니다.

**Unfortunately, I won't be able to** meet you because of an internal meeting.

❹ 아쉽게도 저는 선약* 때문에 귀하의 사무실에 방문할 수 없을 것 같습니다.

**Unfortunately, I won't be able to** visit your office because of a prior engagement.

❺ 아쉽게도 저는 개인적인 급한 일* 때문에 프레젠테이션에 갈 수 없을 것 같습니다.

**Unfortunately, I won't be able to** make it to the presentation because of a personal emergency.

힌트 내부의 internal   선약 prior engagement   비상, 급한 일 emergency

## Step 2 도전! 영작문 주어진 우리말을 영어로 써보세요.

❶

✏ _____

_____ (아쉽게도 저는 개인적인 급한 일 때문에 프레젠테이션에 가지 못할 것 같습니다.)

I would, however, like to get the materials which will be presented in the meeting.

❷

✏ _____

(아쉽게도 저는 출장 때문에 내일 당신에게 파일을 보내 드릴 수가 없습니다.) I will be out of the office for five days starting March 5th. If you have any urgent matters, please leave a message.

모범 답안

❶ Unfortunately, I won't be able to make it to the presentation because of a personal emergency. 하지만 회의에 제출되는 자료를 받고 싶습니다.

❷ Unfortunately, I won't be able to send the file to you tomorrow because of a business trip. 저는 3월 5일부터 5일 동안 자리를 비울 겁니다. 급하신 용무가 있으면 메시지를 남겨 주세요.

비즈니스 이메일

## Pattern 207  How long...?

얼마나/얼마 동안 ~?

비즈니스 이메일에서는 회의시간이 얼마나 걸리는지, 보증 기간은 얼마나 되는지 등 기간을 묻고 확인하는 경우가 많습니다. 그럴 때는 what time이 아니라 how long(얼마나 오래)을 이용해서 문장을 만들어야 합니다.

---

**Step 1  패턴 익히기** 예문을 통해 영작 필수 패턴을 익히세요.

❶ 회의가 얼마나 걸리나요? | **How long** does the meeting last?

❷ 거기까지 가는 데 버스로 얼마나 걸리나요? | **How long** does it take to get there by bus?

❸ $100를 내면 귀사의 서비스를 얼마 동안 이용할 수 있나요? | **How long** can I use your service if I pay $100?

❹ 보증기간이* 얼마나 되는지 알고 싶습니다. | I'd like to know **how long** the warranty is.

❺ 공사가 얼마나 지속될지 알고 싶습니다. | I'd like to know **how long** the construction will last.

힌트 보증기간 warranty

---

**Step 2  도전! 영작문** 주어진 우리말을 영어로 써보세요.

❶

It looks very far from your hotel to the downtown area on your website's map.

✎_____ (버스로

거기까지 가려면 얼마나 걸리나요?)

❷

✎_____ (공사가 얼마나

지속될지 알고 싶습니다.) Our team members have been busy working on a project with our

computers since last month. It's not possible for us to work without computers.

---

모범 답안

❶ 귀사 홈페이지의 지도 상으로는 호텔에서 시내까지 꽤 멀어 보입니다. How long does it take to get there by bus?
❷ I'd like to know how long the construction will last. 저희 팀원들은 컴퓨터로 프로젝트를 작업하느라 지난달부터 계속 바빴습니다. 저희는 컴퓨터 없이 일하는 것이 불가능합니다.

250

## Pattern 208　When do you expect A to...?

A가 ~하는 것이 언제라고 예상하시나요?

비즈니스 이메일에서는 직접적인 질문보다는 가능하면 상대방의 입장을 고려한 부드러운 질문이 좋습니다. 뭔가가 언제 가능할지 시기를 물을 때도 expect를 이용해서 상대방의 예상을 묻는 형태를 취하면 훨씬 부드러운 질문이 됩니다.

---

**Step 1　패턴 익히기**　예문을 통해 영작 필수 패턴을 익히세요.

❶ 사장님께서 언제 돌아올 거라고 예상하시나요?

**When do you expect** your boss back?

❷ 물건이 언제 도착할 거라고 예상하시나요?

**When do you expect** the package to arrive?

❸ 교육 과정이 언제 시작할 거라고 예상하시나요?

**When do you expect** the training session to start?

❹ 신입사원들이 언제 일을 시작할 거라고 예상하시나요?

**When do you expect** the new employees to start working?

❺ 제 요청사항이 언제 처리될* 거라고 예상하시나요?

**When do you expect** my request to be processed?

> 힌트 교육/연수 과정 training session　처리하다 process

---

**Step 2　도전! 영작문**　주어진 우리말을 영어로 써보세요.

❶
I placed an order* last Wednesday but I haven't received it yet. ✎_____

_____ (물건이 언제 도착할 거라고 예상하시나요?)

I was hoping it will be here by tomorrow.

> place an order 주문하다

❷
✎_____

(신입사원들이 언제 일을 시작할 거라고 예상하시나요?) My team is currently short-handed.* Every

team member would like them to start working as soon as possible.

> short-handed 일손이 부족한

**모범 답안**

❶ 저는 지난 수요일에 주문을 했는데 아직 못 받았습니다. When do you expect the package to arrive? 저는 내일까지 물건이 오면 좋겠습니다.

❷ When do you expect the new employees to start working? 저희 팀은 현재 일손이 부족합니다. 모든 팀원들은 그들이 가능한 빨리 일을 시작하기를 원합니다.

## Pattern 209  behind schedule

예정보다 늦은

'지연되다, 미뤄지다'의 표현으로 postpone, delay, put off를 떠올리는 분들이 많을 겁니다. 모두 좋은 단어들이지만 그런 동사들 없이 지연되는 것을 나타낼 수 있는 표현입니다. 예정된 스케줄보다 늦어지고 있을 때 자주 사용해 보세요.

---

### Step 1  패턴 익히기  예문을 통해 영작 필수 패턴을 익히세요.

❶ 귀하의 배달은 지연되고 있습니다.

Your delivery is **behind schedule**.

❷ 프로젝트는 예정보다 늦으면 안 된다.

The project shouldn't be **behind schedule**.

❸ 경영진 회의는 3일간 지연되고 있습니다.

The executives meeting is three days **behind schedule**.

❹ 보안장치에 대한 유지보수* 작업은 한 주간 지연되고 있습니다.

Maintenance work on the security system is a week **behind schedule**.

❺ 합병이* 두 달 지연되고 있습니다.

The merger is two months **behind schedule**.

힌트 (건물·기계 등을 정기적으로 점검·보수하는) 유지 maintenance   합병 merger

---

### Step 2  도전! 영작문  주어진 우리말을 영어로 써보세요.

❶

✎ _____

(귀하의 배달은 지연되고 있습니다.) The product will arrive there next Wednesday. I am sorry for the delay.

❷

✎ _____

(경영진 회의는 3일간 지연되고 있습니다.) All other reference and presentation materials can be downloaded from our website.

reference 참고, 참조

---

모범 답안

❶ Your delivery is behind schedule. 물건은 다음 주 수요일에 그곳에 도착할 겁니다. 지연된 점 사과드립니다.
❷ The executives meeting is three days behind schedule. 다른 참고 자료와 프레젠테이션 자료는 저희 웹사이트에서 다운로드 받을 수 있습니다.

## Pattern 210  In my opinion, 주어 + 동사

제 견해로는 ~입니다

비즈니스 이메일에서 상대방 의견과 내 의견을 조율하기 위해서는 우선 내 의견을 정확하게 나타내 줘야 합니다. In my opinion(제 견해로는)을 시작으로 의견을 나타낸다면 상대방에서 분명한 메시지를 주게 됩니다.

---

### Step 1  패턴 익히기  예문을 통해 영작 필수 패턴을 익히세요.

❶ 제 견해로는 이 제품은 비용 면에서 효율적입니다.*

**In my opinion,** this product is cost-effective.

❷ 제 견해로는 당신은 가격을 낮춰야 합니다.

**In my opinion,** you have to lower the price.

❸ 제 견해로는 우리 제품의 질은 다른 것들보다 훨씬 더 좋습니다.

**In my opinion,** our product quality is a lot better than others.

❹ 제 견해로는 주요한 장애물은* 가격처럼 보입니다.

**In my opinion,** the major obstacle seems to be the price.

❺ 제 견해로는 그는 일에서 오는 스트레스를 잘 대처할* 수 없습니다.

**In my opinion,** he can't cope with the stress that comes from his job.

힌트 비용 대비 효율적인 cost-effective  장애물 obstacle  대처하다, 대응하다 cope with

---

### Step 2  도전! 영작문  주어진 우리말을 영어로 써보세요.

❶ _____

(제 견해로는 당신은 가격을 낮춰야 합니다.) This product is aimed towards students and people in their twenties, therefore I think the price is a bit too high for this demographic.

demographic 계층, 성별, 연령

❷ _____

(제 견해로는 그는 일에서 오는 스트레스를 잘 대처할 수 없습니다.) Although he is a low-level employee, he is forced to do managerial duties as well as his regular work.

managerial 경영의, 관리의

---

**모범 답안**

❶ In my opinion, you have to lower the price. 이 제품은 학생들과 20대를 겨냥한 것이므로 이 고객층에게는 가격이 좀 너무 높다고 생각합니다.
❷ In my opinion, he can't cope with the stress that comes from his job. 그는 말단 직원인데도, 일반적인 업무뿐만 아니라 관리 직무도 하도록 강요 받고 있습니다.

## Pattern 211 Does 시간 work for 사람?

(시간)이 ~한테 괜찮나요?

비즈니스에서 회의·프레젠테이션·출장 등의 업무를 수행할 때 스케줄을 정하기 위해 자주 쓰는 표현입니다. 영작뿐만 아니라 스피킹에서도 정말 유용하게 쓸 수 있는 표현이므로 잘 익혀 두세요.

---

**Step 1** **패턴 익히기** 예문을 통해 영작 필수 패턴을 익히세요.

❶ 이번 주 월요일이 괜찮으신지요?

**Does** this Monday **work for** you?

❷ 오후 2시 괜찮아요?

**Does** 2 p.m. **work for** you?

❸ 이 방이 괜찮으십니까?

**Does** this room **work for** you?

❹ 귀사의 사장님께서는 이 스케줄이 괜찮으신지요?

**Does** this schedule **work for** your boss?

❺ 그분은 다음 주에 시간이 괜찮나요?

**Does** next week **work for** him?

---

**Step 2** **도전! 영작문** 주어진 우리말을 영어로 써보세요.

❶

✎ _____ (오후 2시 괜찮아요?) If not, please let me know as soon as possible, and I will try to find a more suitable time.

❷

✎ _____ (이 방이 괜찮으십니까?) If this one is not to your liking,* I can show you a few more rooms that have all been highly recommended by previous tenants.*

liking 좋아함, 취향   tenant 세입자, 임차인

---

모범 답안

❶ Does 2 p.m. work for you? 아니면 가능한 한 빨리 알려 주세요. 그러면 제가 좀 더 적절한 시간을 알아보겠습니다.
❷ Does this room work for you? 만약 이게 맘에 안 드신다면, 이전 세입자들이 적극 추천한 방을 몇 개 더 보여드릴 수 있습니다.

# Pattern 212  look forward to 명사/-ing

~을 기다리겠습니다

상대방의 답장을 기다린다고 할 때, 곧 만나기를 기대할 때, 함께 일하기를 바랄 때 등 몹시 기대하고 바라는 것을 말할 때 사용합니다. 상대방에게 답장을 꼭 해 줘야 한다는 것을 부드럽게 표현하는 방법입니다. look forward to 뒤에 동사가 올 때는 동명사(-ing) 형태로 써야 합니다.

**Step 1** **패턴 익히기** 예문을 통해 영작 필수 패턴을 익히세요.

① 귀하의 답장을 기다리겠습니다.     I **look forward to** hearing from you.

② 귀하의 빠른* 답장을 기다리겠습니다.     I **look forward to** your prompt reply.

③ 곧 뵙기를 바랍니다.     I **look forward to** seeing you soon.

④ 컨퍼런스에서 만나기를 기대합니다.     I **look forward to** seeing you at the conference.

⑤ 귀사와 일하기를 기대합니다.     I **look forward to** working with you.

힌트 신속한 prompt

**Step 2** **도전! 영작문** 주어진 우리말을 영어로 써보세요.

①
I am interested in your company. I have four years of experience working for ABC Company, and I'd like to change jobs this year. So I've sent you my resume detailing my work history* and educational background.* ✎ _____

_____ (귀하의 답장을 기다리겠습니다.)

work history 경력  educational background 학력

②
We are scheduled to start doing business in America. We heard you have many branches* there. We'd like to make a contract* with you. ✎ _____

_____ (귀사와 일하기를 기대합니다.)

branch 지사, 분점  make a contract 계약하다

모범 답안
① 저는 귀사에 관심을 갖고 있습니다. 저는 ABC 회사에서 4년째 일한 경험이 있으며 올해 이직을 하고 싶습니다. 제 경력과 학력이 자세히 나와 있는 이력서를 보내 드립니다. I look forward to hearing from you.
② 우리는 미국에서 비즈니스를 시작할 예정입니다. 귀사가 그곳에 많은 지사를 가지고 있다고 들었습니다. 우리는 귀사와 계약을 맺고 싶습니다. We look forward to working with you.

## Unit 2  프레젠테이션

영어로 프레젠테이션을 진행하는 것은 영어도 틀리지 않으려고 신경 쓰면서 청중의 관심도 끌어야 하기 때문에 쉽지 않은 일입니다. 영어 프레젠테이션을 잘하기 위해서는 먼저 스크립트를 잘 작성해야 합니다. 이때 청중들에게 정보를 효과적으로 전달해야 하므로, 간결하면서도 정확하게 영작하는 능력이 필요합니다. 어려운 단어와 문법을 써야 영어를 잘한다고 생각하는 사람들이 있는데 그것은 착각입니다. 쉬운 패턴과 표현으로 하고자 하는 말을 정확히 전달하는 것이 진정한 실력자이고, 이 책이 그런 부분을 도와줄 겁니다.

### ✔ 영작문 포인트 정리

프레젠테이션은 도입, 본론, 결론에 자주 쓰이는 패턴들이 있습니다.
초급자뿐만 아니라 중급자들도 이 패턴들을 잘 활용하면 훨씬 편하고 자연스럽게 영작할 수 있습니다.

### 1. 도입

❶ **Thank you for...**  ～해 주셔서 감사합니다

**Thank you for** your attending this presentation.
이 프레젠테이션에 참석해 주셔서 감사합니다.

❷ **The main purpose of my presentation is to 동사원형**  제 프레젠테이션의 주된 목적은 ～하는 것입니다

**The main purpose of my presentation is to** show our new product.
제 프레젠테이션의 주된 목적은 저희의 신제품을 보여 드리는 것입니다.

❸ **My presentation will last for 시간**  제 프레젠테이션은 (시간)이 걸릴 겁니다.

**My presentation will last for** one hour.
제 프레젠테이션은 1시간 동안 진행될 겁니다.

### 2. 본론

❶ **First of all, I'd like to talk about...**  먼저 ～에 대해 얘기하고 싶습니다

**First of all, I'd like to talk about** this year's profit.
먼저 올해 수익에 대해서 얘기하고 싶습니다.

**②** **To move on to...,** 주어+동사   ~로 넘어가서 …하다

**To move on to** the next subject, we will discuss recycling conditions in Seoul.
다음 주제로 넘어가서 우리는 서울의 재활용 현황에 대해서 토론할 겁니다.

**③** **I'd like to compare it with...**   저는 이것을 ~과 비교하고 싶습니다

**I'd like to compare it with** our competitor's product.
저는 이것을 우리의 경쟁사 제품과 비교하고 싶습니다.

**④** **I can speak with confidence,** 주어+동사   저는 ~라고 자신 있게 말할 수 있습니다

**I can speak with confidence,** our customers are satisfied with this item.
저희 고객들은 이 상품에 만족할 거라고 자신 있게 말할 수 있습니다.

### 3. 결론

**①** **In conclusion, we need to...** 결론적으로 우리는 ~할 필요가 있습니다

In conclusion, **we need to** keep doing business with China.
결론적으로 말해서 우리는 중국과 사업을 계속 이어갈 필요가 있습니다.

**②** **I strongly suggest that** 주어 + 동사   ~할 것을 강력히 제안합니다

**I strongly suggest that** we establish an agency.
대행사를 설립할 것을 강력히 제안합니다.

**③** **I hope** 주어+동사   ~하기를 바랍니다

**I hope** you liked the presentation.
이 프레젠테이션이 마음에 드셨기를 바랍니다.

## Pattern 213　There are three main points I'd like to... regarding~ 저는 ~에 관해서 세 가지 사항을 …하고 싶습니다

프레젠테이션을 시작할 때는 앞으로 다룰 주요 사항들을 미리 얘기해 줘야 합니다. 그때 이 패턴을 사용하세요. 그런 다음 First(첫째), Second(둘째), Third(셋째)를 이용해서 세 가지 요소를 열거하면 됩니다.

**Step 1　패턴 익히기** 예문을 통해 영작 필수 패턴을 익히세요.

❶ 최근 프로젝트에 대해 세 가지 사항을 얘기하고 싶습니다.

**There are three main points I'd like to** bring up **regarding** the latest project.

❷ 효과적인 커뮤니케이션에 대해서 여러분에게 세 가지 사항을 말씀드리고자 합니다.

**There are three main points I'd like to** talk about to you **regarding** effective communication.

❸ 우리 회사를 세계화하는 것에 대해서 여러분에게 세 가지 사항을 소개하고 싶습니다.

**There are three main points I'd like to** introduce to you **regarding** globalization of our company.

❹ 우리 부서를 축소하는 것에 대해서 여러분과 세 가지 사항을 의논하고 싶습니다.

**There are three main points I'd like to** discuss with you **regarding** the downsizing of our department.

❺ 우리 회사에서 일하는 것의 이점에 대해서 당신과 세 가지 사항을 논의하고 싶습니다.

**There are three main points I'd like to** discuss with you **regarding** the benefits of working for our company.

**Step 2　도전! 영작문** 주어진 우리말을 영어로 써보세요.

❶ _____

_____ (우리 회사를 세계화하는 것에 대해서 여러분에게 세 가지 사항을 소개하고 싶습니다.) first, who are we trying to sell to; second, what methods do we want to use; and third, which departments will be in charge of this.

❷ _____ (최근 프로젝트에 대해서 세 가지 사항을 얘기하고 싶습니다.) first, the current progress of the project; second, who is in charge of which part; third, when is the deadline for this project.

❶ There are three main points I would like to introduce to you regarding globalization of our company: 첫째는 우리가 누구에게 팔려고 하는가, 둘째는 우리가 사용하길 원하는 방법은 무엇인가, 그리고 셋째는 어떤 부서가 이것을 담당할 것인가입니다.

❷ There are three main points I would like to bring up regarding the latest project: 첫째로 프로젝트의 현 진행상황, 둘째로 누가 어떤 부분을 담당하고 있는지, 셋째로 이 프로젝트의 마감기한은 언제인가 하는 것입니다.

## Pattern 214　My presentation will take 시간

제 프레젠테이션은 ~ 걸릴 겁니다

프레젠테이션을 시작하면서 예상 소요시간을 알려줄 때 take를 이용해서 이렇게 말하세요. 대략적인 시간을 말할 때는 about이나 roughly를 시간 앞에 붙이면 됩니다. 이후에 이어지는 순서를 소개할 때는 followed by를 사용하세요.

### Step 1　패턴 익히기　예문을 통해 영작 필수 패턴을 익히세요.

❶ 제 프레젠테이션은 두 시간 걸릴 겁니다.

**My presentation will take** 2 hours.

❷ 제 프레젠테이션은 30분밖에 안 걸릴 겁니다.

**My presentation will only take** 30 minutes.

❸ 제 프레젠테이션은 한 시간 정도 걸릴 겁니다.

**My presentation will take about** 1 hour.

❹ 제 프레젠테이션은 대략 15분 정도 소요될 것이고, 이어서 10분간의 질문시간이 있을 겁니다.

**My presentation will take roughly** 15 minutes, **followed by** 10 minutes for questions.

❺ 제 프레젠테이션은 20분 소요될 것이며, 이어서 Mr. Smith의 또 다른 프레젠테이션이 있겠습니다.

**My presentation will take** 20 minutes, **followed by** another presentation given by Mr. Smith.

### Step 2　도전! 영작문　주어진 우리말을 영어로 써보세요.

❶ Thank you for joining me this morning. I will give a short presentation about the current issues with our health benefits.* _____ (제 프레젠테이션은 30분밖에 안 걸릴 겁니다.)

health benefits 의료 보험

❷ _____ (제 프레젠테이션은 20분 소요될 것이며, 이어서 Mr. Smith의 또 다른 프레젠테이션이 있겠습니다.) If you have any questions or concerns, please feel free to ask at any time.

---

모범 답안

❶ 오늘 아침 저와 함께 해 주신 여러분께 감사드립니다. 저는 우리 의료보험의 최근 문제에 관해 짧은 프레젠테이션을 할 것입니다. My presentation will only take 30 minutes.

❷ My presentation will take 20 minutes, followed by another presentation given by Mr. Smith. 궁금한 사항이 있으시면, 아무 때나 편하게 질문해 주세요.

## Pattern 215 The purpose of my presentation is to 동사원형

제 프레젠테이션의 목적은 ~입니다

프레젠테이션을 시작하면서 목적(purpose)을 밝힐 때 사용하면 좋은 표현입니다. 프레젠테이션의 목적을 정확히 알려주면 청중들은 내용을 더 쉽게 이해할 수 있으니 꼭 사용해 보세요.

**Step 1** 패턴 익히기 예문을 통해 영작 필수 패턴을 익히세요.

❶ 제 프레젠테이션의 목적은 이번 달의 결과를 보여주는 것입니다.

**The purpose of my presentation is to** show this month's result.

❷ 제 프레젠테이션의 목적은 여러분에게 우리의 새로운 사업계획을 소개하는 것입니다.

**The purpose of my presentation is to** introduce you to our new business plan.

❸ 제 프레젠테이션의 목적은 여러분에게 새로운 사업 기회를 몇 가지 추천하는 것입니다.

**The purpose of my presentation is to** recommend a few new business opportunities to you.

❹ 제 프레젠테이션의 목적은 왜 우리 회사가 이 프로젝트를 위한 최고의 선택인지 설명하는 것입니다.

**The purpose of my presentation is to** explain why our company is the best choice for this project.

❺ 제 프레젠테이션의 목적은 FUTURE Inc. 신 상품의 혜택에 대한 예를 보여주는 것입니다.

**The purpose of my presentation is to** give you an example of the benefits of FUTURE Inc.'s new product.

**Step 2** 도전! 영작문 주어진 우리말을 영어로 써보세요.

❶

✎ _____

_____ (제 프레젠테이션의 목적은 여러분에게 새로운 사업 기회를 몇 가지 추천하는 것입니다.) As your investment advisors, we have tried our best to find beneficial investments for you.

❷

✎ _____

_____ (제 프레젠테이션의 목적은 왜 우리 회사가 이 프로젝트를 위한 최고의 선택인지 설명하는 것입니다.) As you know, we have been in business for 15 years, and have not only excelled in our field, but have also gained an outstanding reputation.

모범 답안

❶ The purpose of my presentation is to recommend a few new business opportunities to you. 여러분의 투자 자문회사로서, 저희는 여러분을 위한 유익한 투자들을 찾기 위해 최선을 다했습니다.

❷ The purpose of my presentation is to explain why our company is the best choice for this project. 아시다시피 저희는 15년 동안 사업을 해오고 있으며, 이 분야에서 탁월할 뿐만 아니라 두드러진 명성도 얻었습니다.

## Pattern 216  How many people here 동사?

여러분 중에 몇 명이나 ~하시나요?

청중들의 관심을 끌기 위해 전체를 대상으로 질문을 던지는 방법이 자주 사용되곤 합니다. How many people 뒤에 here를 붙여서 질문해 보세요. 청중들의 의견이나 경험을 물을 때 사용하면 좋은 표현입니다.

---

### Step 1  패턴 익히기  예문을 통해 영작 필수 패턴을 익히세요.

❶ 여러분 중에 몇 명이나 이 스마트폰을 사용하시나요?

**How many people here** use this smart phone?

❷ 여러분 중에 몇 명이나 이 의견에 동의하시나요?

**How many people here** agree with this opinion?

❸ 여러분 중에 몇 명이나 우리가 캠페인 방식을 바꿔야 한다고 생각하시나요?

**How many people here** think that we should change our campaign style?

❹ 여러분 중에 몇 명이나 이 새로운 시스템을 사용해 보셨나요?

**How many people here** have ever used this new system?

❺ 그곳의 몇 명이나 신문에서 우리의 광고를 봤을까요?

**How many people there** have seen our advertisements in the paper?

---

### Step 2  도전! 영작문  주어진 우리말을 영어로 써보세요.

❶
_____
(여러분 중에 몇 명이나 우리가 캠페인 방식을 바꿔야 한다고 생각하시나요?) For those of you who raised your hands, you may be asking yourselves how we can change our campaign to enable more significant results.

❷ Does anyone know _____
(그곳의 몇 명이나 신문에서 우리 광고를 봤는지?) A recent poll shows that about 200 people had seen the ad, but unfortunately, only about 50 had actually bought our product.

---

모범 답안

❶ How many people here think that we should change our campaign style? 손드신 분들은 우리가 더욱 의미 있는 결과를 내기 위해 캠페인을 어떻게 바꿀 수 있을지 자문하고 계신 건지도 모르겠습니다.

❷ 아는 분 있습니까 how many people there have seen our advertisements in the paper? 최근 여론조사는 약 200명의 사람들이 그 광고를 봤지만 안타깝게도 약 50명만 실제로 저희 제품을 샀다고 보여 줍니다.

프레젠테이션

## Pattern 217  Have you ever wondered why 주어+동사?

왜 ~인지 생각해 본 적 있습니까?

현재완료 구문을 이용해서 청중들의 경험을 물어보세요. Have you ever seen...?(~을 본 적이 있습니까?), Have you ever heard...?(~을 들은 적이 있습니까?)와 같이 동사를 바꿔서 다양하게 질문할 수 있습니다.

### Step 1  패턴 익히기  예문을 통해 영작 필수 패턴을 익히세요.

❶ 왜 사람들이 스마트폰에 흥분하는지 생각해 본 적이 있습니까?

**Have you ever wondered why** people are excited about smart phones?

❷ 왜 그렇게 많은 사람들이 그 코스에 관심이 있는지 생각해 본 적이 있습니까?

**Have you ever wondered why** so many people are interested in the course?

❸ 왜 사람들이 이와 같은 제품에 더 많이 투자하지 않는지 생각해 본 적이 있습니까?

**Have you ever wondered why** people don't invest more in products like this?

❹ 왜 우리가 이 분야에서 선도기업* 중 하나인지 생각해 본 적이 있습니까?

**Have you ever wondered why** we are one of the top leading companies in our field?

❺ 왜 우리 중 아무도 그 계약을 마무리 짓지* 못했는지 생각해 본 적이 있습니까?

**Have you ever wondered why** none of us have been able to finalize the contract?

힌트 선두적인 leading  마무리 짓다 finalize

### Step 2  도전! 영작문  주어진 우리말을 영어로 써보세요.

❶

_____

(왜 사람들이 이와 같은 제품에 더 많이 투자하지 않는지 생각해 본 적이 있습니까?) There are two main reasons for this, one is due to the current market conditions, and the other is the company's lack of effective marketing.

❷

_____

(왜 우리 중 아무도 그 계약을 마무리 짓지 못했는지 생각해 본 적이 있습니까?) The reason for this is because we lack the confidence in the products in which we are selling.

모범 답안

❶ Have you ever wondered why people don't invest more in products like this? 이에는 두 가지 주요 원인이 있는데, 하나는 현재의 시장 상황 때문이고, 다른 하나는 그 회사의 효과적인 마케팅이 부족하기 때문입니다.

❷ Have you ever wondered why none of us have been able to finalize the contract? 그 이유는 우리가 팔고 있는 제품들에 확신이 부족하기 때문입니다.

## Pattern 218 What should we do to 동사원형?

~하기 위해 무엇을 해야 할까요?

좋은 프레젠테이션은 발표자가 일방적으로 발표만 하기보다는 청중들이 주제에 대해서 생각해 보게 하는 겁니다. 발표 중간에 이 패턴을 이용해서 생각을 유도해 주면 좋은 전환점이 될 수 있습니다.

---

### Step 1 패턴 익히기 예문을 통해 영작 필수 패턴을 익히세요.

❶ 이 문제를 해결하기 위해 무엇을 해야 할까요?

**What should we do to** solve this problem?

❷ 우리의 매출을 증진하기 위해 무엇을 해야 할까요?

**What should we do to** improve our sales?

❸ 우리 마케팅부를 축소하기* 위해서 무엇을 해야 할까요?

**What should we do to** downsize our marketing department?

❹ 우리의 이윤을 극대화하기* 위해 무엇을 해야 할까요?

**What should we do to** maximize our profits?

❺ 우리의 고객층을* 넓히기 위해서 무엇을 해야 할까요?

**What should we do to** widen our demographic?

힌트 축소하다 downsize  극대화하다 maximize  계층, 성별, 연령 demographic

---

### Step 2 도전! 영작문 주어진 우리말을 영어로 써보세요.

❶

✎ _____

(우리 마케팅부를 축소하기 위해서 무엇을 해야 할까요?) As of next month, we need to decrease spending by 15%, which means that unfortunately we will have to let some people go.

❷

✎ _____ (우리의 고객층을 넓히기

위해서 무엇을 해야 할까요?) Someone suggested that we should widen our demographic by aiming our marketing towards a younger crowd between the ages of 12 and 22.

---

모범 답안

❶ What should we do to downsize our marketing department? 다음 달부터 우리는 지출을 15% 줄여야 하는데, 이는 안타깝게도 우리가 몇 명을 내보내야 하는 것을 의미합니다.

❷ What should we do to widen our demographic? 누군가는 우리가 12~22세 사이의 더 젊은 층으로 마케팅을 겨냥함으로써 우리의 고객층을 넓혀야 한다고 제안했습니다.

## Pattern 219　Let's take... for example

~을 예로 들어 봅시다

청중들이 더 쉽고 재미있게 이해할 수 있도록 적절한 예를 자주 활용하는 것이 좋습니다. 그때 이 패턴을 사용하면 됩니다.

---

**Step 1** **패턴 익히기** 예문을 통해 영작 필수 패턴을 익히세요.

❶ 우리의 경쟁사들을 예로 들어 봅시다. **Let's take** our competitors **for example.**

❷ 우리의 작년 이윤 폭을* 예로 들어 봅시다. **Let's take** last year's profit margin **for example.**

❸ 영업부를 예로 들어 봅시다. **Let's take** the sales department **for example.**

❹ 우리의 최근 제품을 예로 들어 봅시다. **Let's take** our latest product **for example.**

❺ 회사의 현재 고객층을 예로 들어 봅시다. **Let's take** the company's current demographic **for example.**

힌트 이윤 폭 profit margin

---

**Step 2** **도전! 영작문** 주어진 우리말을 영어로 써보세요.

❶
Companies these days are trying to branch out* their services and products.

✎＿＿＿＿＿＿＿＿＿＿＿＿＿＿＿＿＿＿＿＿＿＿＿＿＿＿＿ (우리의 경쟁사들을
예로 들어 봅시다.)

branch out (새로운 사업을) 시작하다

❷
✎＿＿＿＿＿＿＿＿＿＿＿＿＿＿＿＿＿＿＿＿＿＿＿＿＿＿ (회사의 현재
고객층을 예로 들어 봅시다.) Currently we are directing our sales towards* men between the
ages 30~60, who tend to use applications that are related to business, sports, and travel.

direct towards ~를 겨냥하다

---

모범 답안

❶ 기업들은 요즘 서비스와 제품들을 확장하려고 노력하고 있습니다. Let's take our competitors for example.
❷ Let's take the company's current demographic for example. 최근 우리는 사업, 스포츠, 여행과 관련된 어플리케이션들을 사용하는 경향을
보이는 30~60세 사이의 남자들을 겨냥하여 영업하고 있습니다.

## Pattern 220  draw your attention to 명사

~에 주목하다/주의를 기울이다

draw에는 '그림을 그리다'뿐만 아니라 '(사람의 관심을) 끌다'라는 뜻도 있습니다. 상대방의 관심을 끌기 위해서 이 패턴을 사용해 보세요. 중요한 부분임을 다시 한 번 인식시킬 수 있는 패턴입니다.

---

**Step 1** **패턴 익히기** 예문을 통해 영작 필수 패턴을 익히세요.

❶ 최근 기사를 주목해 주셨으면 합니다.

I would like to **draw your attention to** a recent article.

❷ 제 오른쪽 그래프를 주목해 주셨으면 합니다.

I would like to **draw your attention to** the graph to my right.

❸ Mr. Kim에게 주목해 주시면, 그가 이제 우리의 상황을 좀 더 자세히 설명할 겁니다.

If you could all please **draw your attention to** Mr. Kim, he will now explain our situation in further detail.

❹ 앞에 있는 유인물을 주의 깊게 보시면, 중요 항목* 리스트가 보일 겁니다.

If you would please **draw your attention to** the handout in front of you, you will notice a list of bullet points.

❺ 파워포인트 프레젠테이션을 주의해서 보시면, 이번 년도 판매 개요가 포함된 것이 보일 겁니다.

If you could please **draw your attention to** the PowerPoint presentation, you will notice that I have included this year's sales summary.

힌트 (서류의) 중요 항목 bullet point

---

**Step 2** **도전! 영작문** 주어진 우리말을 영어로 써보세요.

❶ ✎_____

(제 오른쪽 그래프를 주목해 주셨으면 합니다.) As you can see, I have highlighted the section relating to the specific countries that are currently enrolled in our program.

❷ ✎_____

_____ (앞에 있는 유인물을 주의 깊게 보시면, 중요 항목들의 리스트가 보일 겁니다.) This is a summary of the topics that I will go over during my presentation.

---

**모범 답안**

❶ I would like to draw your attention to the graph to my right. 보시다시피, 저희 프로그램에 최근에 등록한 특정 나라들과 관련된 부분을 강조해 놓았습니다.
❷ If you would please draw your attention to the handout in front of you, you will notice a list of bullet points. 이것은 제가 프레젠테이션 동안 살펴볼 주제들의 개요입니다.

## Pattern 221 give... some thought

~에 대해서 생각해 보다

청중들이 특정 주제에 대해 생각해 보도록 유도할 때 사용할 수 있는 패턴입니다. 다른 주제로 넘어갈 때 사용할 수도 있고, 다른 입장이나 방법을 고려해 보라고 할 때도 사용할 수 있어요.

---

**Step 1   패턴 익히기**   예문을 통해 영작 필수 패턴을 익히세요.

❶ 후자를 생각해 보세요.

Please **give** the latter **some thought**.

❷ 우리는 이 주제에 대해서 생각해 봐야 합니다.

We have to **give** this subject **some thought**.

❸ 우리 이 문제에 대해 생각해 보는 게 어떨까요?

Why don't we **give** this matter **some thought**?

❹ 이전의 정보들에 대해 생각해 보기 위해서 우리는 잠시 쉬어야* 할 것 같습니다.

I think we should take a short recess to **give** the previous information **some thought**.

❺ 이 프로젝트에 참여하고 싶은지 아닌지에 대해 생각해 본 적이 있습니까?

Have you **given some thought** to whether or not you would like to join this project?

힌트) 휴회, 휴식 recess

---

**Step 2   도전! 영작문**   주어진 우리말을 영어로 써보세요.

❶

✎_____

(우리 이 문제에 대해서 생각해 보는 게 어떨까요?) Since there has been so much information presented today, I believe it will take some time to come to a conclusion as to what would be the best course of action for our company.

course of action 행동 방침

❷ First, ✎_____

_____ (이전의 정보들에 대해 생각해 보기 위해 잠시 쉬어야 할 것 같습니다.)

Afterwards, I will ask some of you for your opinions on the issues that I have presented.

---

모범 답안

❶ Why don't we give this matter some thought? 오늘 아주 많은 정보가 제시되었기 때문에, 회사를 위한 최선의 행동 방침이 무엇일지에 관해 결론을 내리는 데 시간이 어느 정도 걸릴 거라고 믿습니다.

❷ 우선 I think we should take a short recess to give the previous information some thought. 그런 다음 제가 제시한 문제에 대한 의견을 몇 분에게 여쭤보겠습니다.

## Pattern 222 Moving on to..., 주어 + 동사

~으로 넘어가서 …하다

프레젠테이션 중간에 다음 내용으로 자연스럽게 넘어가도록 도와주는 패턴입니다. 초보자들은 이런 연결어들만 잘 활용해도 프레젠테이션을 매끄럽게 진행할 수 있습니다. To 다음에는 명사를 붙여 주세요.

### Step 1 패턴 익히기 예문을 통해 영작 필수 패턴을 익히세요.

❶ 이 시장의 문제로 넘어가서, 저는 예산을 줄이는 것을 제안하고 싶습니다.

**Moving on to** the question of this market, I would like to suggest reducing the budget.

❷ 온라인 홍보의 주제로 넘어가서, 저는 HYT 온라인을 이용할 것을 제안하고 싶습니다.

**Moving on to** the subject of online promotion, I would like to suggest using HYT Online.

❸ 저희 제품의 디자인으로 넘어가서, 개발팀이 공유하고 싶은 훌륭한 아이디어가 있습니다.

**Moving on to** the design for our product, the development team has a great idea they would like to share.

❹ 다음 처리해야 할 문제로 넘어가서, 현재 제품의 진행상황에 대해 얘기해 봅시다.

**Moving on to** our next order of business, let's talk about the progress of our current product.

❺ 이번 분기의 예산으로 넘어가서, 약간의 실수가 있는 것 같네요.

**Moving on to** the budget for this quarter, there seems to be a slight error.

### Step 2 도전! 영작문 주어진 우리말을 영어로 써보세요.

❶

🖉 _____

_____ (온라인 홍보의 주제로 넘어가서, 저는 HYT 온라인을 이용할 것을 제안하고 싶습니다.) HYT online is known for its young demographic and easy accessible.

❷

🖉 _____

_____ (다음 처리해야 할 사안으로 넘어가서, 우리의 현재 제품에 대한 진행상황에 관해 얘기해 봅시다.) Although we are now in phase two of the development, and are looking at an April 4th deadline, we need to assemble an advertising team before January.

모범 답안

❶ Moving on to the subject of online promotion, I would like to suggest using HYT Online. HYT 온라인은 젊은 층에게 알려져 있고, 접근이 쉽습니다.

❷ Moving on to our next order of business, let's talk about the progress of our current product. 비록 우리는 지금 개발의 두 번째 단계에 있고 4월 4일을 마감일로 보고 있지만, 1월 전에 광고팀을 모을 필요가 있습니다.

267

## Pattern 223 In comparison with..., 주어 + 동사

~과 비교했을 때 …하다

다른 기업이나 상품과 비교를 할 때 사용하기 좋은 패턴입니다. 관사 없이 〈In comparison with 명사〉를 쓰고 뒤에 문장을 붙여서 의견을 이어나가면 됩니다.

---

**Step 1** 패턴 익히기 예문을 통해 영작 필수 패턴을 익히세요.

❶ 시장의 다른 제품들과 비교했을 때, 우리는 가격을 낮춰야 합니다.

**In comparison with** other products in the market, we should reduce the price.

❷ 연초와 비교했을 때, 이윤이 20% 증가했습니다.

**In comparison with** a year earlier, profits are up 20 percent.

❸ 다른 회사들과 비교했을 때, 우리의 고객 서비스는 최고입니다.

**In comparison with** other companies, our customer service is #1.

❹ 지난 버전과 비교했을 때, 이 신제품은 훨씬 빠르고 더 가볍습니다.

**In comparison with** the last version, this newer one is much faster and more lightweight.

❺ AB 마트와 비교했을 때, 우리의 가격은 훨씬 낮습니다.

**In comparison with** AB Mart, our prices are much lower.

---

**Step 2** 도전! 영작문 주어진 우리말을 영어로 써보세요.

❶ _____

(다른 회사들과 비교했을 때, 우리의 고객 서비스는 최고입니다.) Our main goal is to make you, the customer, happy and satisfied with our product by offering excellent customer service 24/7 through our online service, call centers, and monthly email check-ins.

❷ _____

_____ (지난 버전과 비교했을 때, 이 신제품은 훨씬 빠르고 더 가볍습니다.) We replaced the previous screen with a one that is flatter and more touch sensitive, and also incorporated one of the fastest CPU processors currently on the market.

---

**모범 답안**

❶ In comparison with other companies, our customer service is #1. 우리의 주요 목표는 온라인 서비스, 콜 센터, 월별 정기메일을 통해 24시간 일주일 내내 뛰어난 고객 서비스를 제공함으로써 여러분, 즉 고객들을 행복하게 하고 저희 제품에 만족하게 하는 것입니다.

❷ In comparison with the last version, this newer one is much faster and more lightweight. 저희는 이전 화면을 더 납작하고 좀 더 촉각에 예민한 것으로 대체하였고, 또한 현재 시중에서 가장 빠른 CPU 프로세서들 중 하나를 포함시켰습니다.

# Pattern 224   go into detail about...

~에 대해 자세히 말하다

detail은 '세부사항'이라는 뜻으로서 go into detail이라고 하면 '자세히 말하다'라는 뜻이 됩니다. 주제에 대해서 자세한 설명에 들어가기 전에 사용해 보세요.

---

**Step 1  패턴 익히기** 예문을 통해 영작 필수 패턴을 익히세요.

❶ 이 슬라이드에 대해 자세히 말씀드리겠습니다.

I'd like to **go into detail about** this slide.

❷ 사장님께서는 제가 새로운 프로젝트에 대해 자세히 말씀드리길 원하십니다.

My boss wants me to **go into detail about** the new project.

❸ 그녀가 우리 회사의 인턴십 프로그램에 지원하는 방법에 대해 더 자세히 말씀드릴 겁니다.

She will **go into more detail about** how to apply for our company's internship program.

❹ 나중에 저희가 사무실을 어떻게 보수할 것인지에 대해 더 자세히 말씀드리겠습니다.

Later I will **go into more detail about** how we are looking to renovate the new office.

❺ 그는 친절하게도 당신이 이 직업의 적임자일지도 모르는 이유에 대해 아주 자세히 말해 주었습니다.

He was kind enough to **go into great detail about** why you may be the right candidate for this job.

---

**Step 2  도전! 영작문** 주어진 우리말을 영어로 써보세요.

❶ ✎_____

(이 슬라이드에 대해 자세히 말씀드리겠습니다.) This slide shows the productivity of our department in the past 6 months, which as you can see, has risen steadily.

❷ Everyone please give a round of applause for Mr. Yoon. ✎_____

_____

(그는 친절하게도 여러분이 이 직업의 적임자일지도 모르는 이유에 대해 아주 자세히 말해 주었습니다.)

---

**모범 답안**

❶ I'd like to go into detail about this slide. 이 슬라이드는 보시다시피 지난 6개월 간 우리 부서의 생산성이 꾸준히 증가한 것을 보여 줍니다.

❷ 모두 미스터 윤에게 큰 박수를 보내 주십시오. He was kind enough to go into great detail about why you may be the right candidate for this job.

## Pattern 225 A is different from B in many ways

A는 많은 점에서 B와 다릅니다

프레젠테이션에서는 두 가지를 비교하면서 설명할 때가 많습니다. 두 가지의 다른 점을 얘기할 때 활용하면 좋은 패턴입니다. in many ways는 '많은 점에서'라는 뜻입니다.

---

**Step 1** 패턴 익히기 예문을 통해 영작 필수 패턴을 익히세요.

❶ 이 휴대폰은 많은 점에서 이전의 것과 다릅니다.

This cell phone **is different from** the previous one **in many ways**.

❷ 우리의 제품은 많은 점에서 우리의 경쟁사의 것과는 다릅니다.

Our product **is different from** our competitor's **in many ways**.

❸ 이 새로운 모델은 많은 점에서 다른 모델들과 다릅니다.

The new model **is different from** other models **in many ways**.

❹ 이 회사는 많은 점에서 다른 회사들과는 다릅니다.

This company **is different from** other companies **in many ways**.

❺ 제작 회의는 많은 점에서 프로젝트 기획 회의와는 다릅니다.

A production meeting **is different from** a project planning meeting **in many ways**.

---

**Step 2** 도전! 영작문 주어진 우리말을 영어로 써보세요.

❶ ✎ _____

(이 회사는 많은 점에서 다른 회사들과는 다릅니다.) We believe that providing a trial service not only shows the customer that we are confident in our product, but also proves to them that we truly care about their opinion.

❷ ✎ _____

(제작 회의는 많은 점에서 프로젝트 기획 회의와는 다릅니다.) In a production meeting, we go over specific details on production deadlines, management, and materials, whereas in a project planning meeting, we simply go over the basics of current projects.

---

모범 답안

❶ This company is different from other companies in many ways. 저희는 시범서비스를 제공하는 것이 저희가 제품에 대해 자신 있다는 것을 고객들에게 보여줄 뿐만 아니라 고객들의 의견에 진심으로 신경 쓰고 있다는 것을 그들에게 입증해 보이는 것이라고 믿습니다.

❷ A production meeting is different from a project planning meeting in many ways. 제작 회의에서는 생산기한, 운영 및 자재에 관한 구체적인 세부사항들을 검토하는 반면, 프로젝트 기획 회의에서는 현재 프로젝트들의 기본 사항들을 간단하게 검토합니다.

## Pattern 226   Digressing for a moment, 주어+동사

잠시 주제에서 벗어나서 ~하다

계속 같은 주제로만 얘기하면 자칫 지루한 프레젠테이션이 될 수 있습니다. 주제에서 조금 벗어나서 재미있는 얘기를 들려주거나 다른 것을 보여줄 때 사용해 보세요. digress는 '주제에서 벗어나다'는 뜻이에요.

---

**Step 1  패턴 익히기**  예문을 통해 영작 필수 패턴을 익히세요.

❶ 잠시 주제에서 벗어나서 우리의 제품과 관련된 몇 개의 사진을 보여 드리겠습니다.

**Digressing for a moment,** I will show you some pictures related to our product.

❷ 잠시 주제에서 벗어나서 제 개인적인 경험에 대해 말씀 드리겠습니다.

**Digressing for a moment,** I will tell you about my own personal experience.

❸ 잠시 주제에서 벗어나서 제가 전에 들은 이야기를 꺼내고 싶습니다.

**Digressing for a moment,** I would like to bring up a story I once heard.

❹ 잠시 주제에서 벗어나서 방을 둘러보고 궁금해 하시는 질문을 다루도록* 하겠습니다.

**Digressing for a moment,** I will go around the room and address any questions you may have.

❺ 잠시 주제에서 벗어나서 뒤쪽 벽에 있는 추상화* 그림을 주목해 주셨으면 합니다.

**Digressing for a moment,** I would like to direct your attention to the abstract picture on the back wall.

힌트 (문제를) 고심하다, 다루다 address  추상화 abstract picture

---

**Step 2  도전! 영작문**  주어진 우리말을 영어로 써보세요.

❶ _____
(잠시 주제에서 벗어나서 제 개인적인 경험을 말씀 드리겠습니다.) After working for a fashion company for one year, I realized that even though I got paid a large amount of money, I completely hated working in that field because of the long hours and tedious work.

❷ _____
_____ (잠시 주제에서 벗어나서 뒤쪽 벽에 있는 추상화 그림에 주목해 주셨으면 합니다.) That picture was painted in 1903 by an Italian artist.

---

모범 답안

❶ Digressing for a moment, I will tell you about my own personal experience. 의류회사에서 1년 동안 일한 후, 많은 돈을 벌기는 하지만 긴 근무시간과 지루한 일 때문에 제가 그 분야에서 일하는 것을 완전히 싫어한다는 것을 깨달았습니다.

❷ Digressing for a moment, I would like to direct your attention to the abstract picture on the back wall. 저 그림은 1903년에 한 이탈리아 화가가 그렸습니다.

## Pattern 227　Going back to the question, I would say that...

질문으로 다시 돌아가서 ~라고 말하고 싶습니다

얘기를 하다 보면 주제를 벗어나기도 합니다. 본론으로 돌아가서 다시 흐름을 잡을 때 연결어로 Going back to the question을 사용해 보세요. I would say that...(저는 ~라고 말하고 싶습니다)은 자신의 의견을 말할 때 자주 사용됩니다.

---

### Step 1　패턴 익히기　예문을 통해 영작 필수 패턴을 익히세요.

❶ 질문으로 다시 돌아가서 우리는 다른 방법을 찾아야 한다고 말하고 싶습니다.

**Going back to the question, I would say that** we should find another way.

❷ 질문으로 다시 돌아가서 공사를 연기하는 것이 더 낫다고 말하고 싶습니다.

**Going back to the question, I would say that** it's better to delay the construction.

❸ 질문으로 다시 돌아가서 다른 회사와 함께 하는 것이 더 쉬울 수도 있다고 말하고 싶습니다.

**Going back to the question, I would say that** it might be easier to go with another company.

❹ 질문으로 다시 돌아가서 그 장소가 100명을 수용하기에는 너무 작을 수도 있다고 말하고 싶습니다.

**Going back to the question, I would say that** the venue might be too small for 100 people.

❺ 질문으로 다시 돌아가서 소셜 미디어를 사용하는 것이 우리 회사를 세계화하는 데 도움이 될 거라고 말하고 싶습니다.

**Going back to the question, I would say that** using social media will help globalize our company.

---

### Step 2　도전! 영작문　주어진 우리말을 영어로 써보세요.

❶ _____

_____ (질문으로 다시 돌아가서, 다른 회사와 함께 하는 것이 더 쉬울 수도 있다고 말하고 싶습니다.) The company we initially thought to partner with has recently started collaborating with our rival company, so I suggest that we work with AFG Company instead.

❷ _____

_____ (질문으로 다시 돌아가서, 그 장소가 100명을 수용하기에는 너무 작을 수도 있다고 말하고 싶습니다.) It might be better to book a venue that is able to hold at least 150 people, just in case people bring guests.

---

모범 답안

❶ Going back to the question, I would say that it might be easier to go with another company. 우리가 처음에 협력할 거라고 생각했던 그 회사는 최근에 우리 경쟁사와 협력을 시작했습니다. 그래서 저는 대신 AFG 회사와 함께 일할 것을 제안합니다.

❷ Going back to the question, I would say that the venue might be too small for 100 people. 사람들이 손님들을 데리고 올 경우를 대비해서, 적어도 150명은 수용할 수 있는 장소를 예약하는 것이 나을 것 같습니다.

프레젠테이션

## Pattern 228  Back in 년도, 주어+동사

~년 당시, …했다

Back in 2001(2001년 당시)과 같이 과거의 특정 연도를 얘기할 때는 Back in...을 사용합니다. '90년대 초반/중반/후반 당시'라고 하려면 Back in the early/mid/late 90's와 같이 말합니다.

**Step 1**  **패턴 익히기**  예문을 통해 영작 필수 패턴을 익히세요.

❶ 2001년 당시, 회사는 심한 적자였습니다.*

**Back in** 2001, the company was deep in the red.

❷ 1995년 이 회사가 처음 시작했을 당시, 우리 회사와 같은 회사는 없었습니다.

**Back in** 1995, when this company first started, there were no other companies like ours out there.

❸ 2010년 당시, 많은 고객들은 우리가 제공하는 서툰 서비스에 대해 불평했습니다.

**Back in** 2010, many customers complained about the bad service that we provided.

❹ 2000년대 후반 당시, 이 특정 분야의 경기가 나빴습니다.

**Back in** the late 2000's, times were rough in this particular field.

❺ 90년대 중반 당시, 모든 사업체들은 고객보다 판매에 더 집중했습니다.

**Back in** the mid 90's, all businesses focused more on sales than their customers.

힌트 적자인 in the red

**Step 2**  **도전! 영작문**  주어진 우리말을 영어로 써보세요.

❶ _____
_____ (1995년 이 회사가 처음 시작했을 당시, 우리 회사와 같은 회사는 없었습니다.) Unfortunately, nowadays there are many new companies that are much more creative and profitable that we have to compete with.

❷ _____ (2010년 당시, 많은 고객들은 우리가 제공하는 서툰 서비스에 대해 불평했습니다.) Many of our employees were not being trained correctly and did not follow protocol, which resulted in negative customer reviews.

모범 답안

❶ Back in 1995, when this company first started, there were no other companies like ours out there. 안타깝게도, 요즘에는 우리가 경쟁해야 하는 훨씬 더 창의적이고 수익성이 높은 새 회사들이 많이 있습니다.

❷ Back in 2010, many customers complained about the bad service that we provided. 많은 직원들이 제대로 교육 받지 않았고, 규약을 따르지 않아 결과적으로 부정적인 고객 평가를 초래했습니다.

273

## Pattern 229 What is particularly important is...

특히 중요한 것은 ~

프레젠테이션을 하면서 중요한 부분을 강조하고 싶을 때 이 패턴을 사용해 보세요. What is important is...(중요한 것은 ~이다)를 사용해도 되지만, 여기에 particularly(특히)를 넣으면 더욱 강조하는 표현이 됩니다.

---

**Step 1** **패턴 익히기** 예문을 통해 영작 필수 패턴을 익히세요.

❶ 특히 중요한 것은 ABC사 제품들의 가격입니다.

**What is particularly important is** the price of ABC's products.

❷ 특히 중요한 것은 우리가 이 문제를 극복해야 한다는 것입니다.

**What is particularly important is** that we should overcome this problem.

❸ 특히 중요한 것은 우리가 무엇을 파느냐가 아니라 어떻게 파느냐입니다.

**What is particularly important is** not what we are selling, but how we are selling it.

❹ 이 제품에서 특히 중요한 것은 얼마나 쉽게 사용할 수 있는가입니다.

**What is particularly important** about this product **is** how easily you can use it.

❺ 특히 기억해야 할 중요한 것은 우리가 두 나라 간의 협력을 증진시키는 데 집중하고 있다는 것입니다.

**What is particularly important** to remember **is** that we are focusing on improving the cooperation between our two countries.

---

**Step 2** **도전! 영작문** 주어진 우리말을 영어로 써보세요.

❶

_____

_____ (특히 중요한 것은 무엇을 파느냐가 아니라 어떻게 파느냐입니다.) If we have the right sales and marketing tactics, we should have no problem selling our product.

❷

_____

_____ (특히 기억해야 할 중요한 것은 우리가 두 나라 간의 협력을 증진시키는 데 집중하고 있다는 것입니다.) In order to accomplish this, it is important for each of us to directly experience each other's culture and method of doing business.

---

모범 답안

❶ What is particularly important is not what we are selling, but how we are selling it. 만약 우리가 제대로 된 영업과 마케팅 전략들을 갖고 있다면 우리 제품을 판매하는 데 문제가 없을 겁니다.

❷ What is particularly important to remember is that we are focusing on improving the cooperation between our two countries. 이것을 달성하기 위해서, 우리 각자가 서로의 문화와 사업방식을 직접적으로 경험하는 것이 중요합니다.

## Pattern 230　want to lay stress on...

~을 강조하고 싶다

특정 내용을 강조하고 싶을 때 이 패턴을 사용해 보세요. 여기서 stress는 '강조, 역점'이라는 뜻으로서, lay stress 하면 '강조하다'라는 뜻이 됩니다.

### Step 1　패턴 익히기　예문을 통해 영작 필수 패턴을 익히세요.

❶ 저는 저희 회사의 성장을 강조하고 싶습니다.

I **want to lay stress on** the growth of my company.

❷ 그녀는 이 프로젝트의 잠재력을 강조하고 싶어 한다.

She **wants to lay stress on** the potential for this project.

❸ 사장님은 우리가 마감일까지 1주일밖에 안 남았다는 사실을 강조하고 싶어 한다.

My boss **wants to lay stress on** the fact that we only have one week until the deadline.

❹ 저는 지난 캠페인 동안 일어났던 사건을 강조하고 싶습니다.

I **would like to lay stress on** the events that happened during the last campaign.

❺ 저는 각 부서들 간의 협력의 중요성을 강조하고 싶습니다.

I **would like to lay stress upon** the importance of cooperation between each department.

### Step 2　도전! 영작문　주어진 우리말을 영어로 써보세요.

❶

_____

(저는 지난 캠페인 동안 일어났던 사건을 강조하고 싶습니다.) Last year one of our employees accidently gave the wrong information to our investors, resulting in them withdrawing their funding for our campaign.

❷

_____

_____ (저는 각 부서들 간의 협력의 중요성을 강조하고 싶습니다.) Without each other's support and cooperation, we will not be able to finalize our product by the deadline.

모범 답안

❶ I would like to lay stress on the events that happened during the last campaign. 작년에 저희 직원 중 한 명이 실수로 저희 투자자들에게 잘못된 정보를 줬고, 그 결과 그들은 저희 캠페인을 위한 자금을 철회하였습니다.

❷ I would like to lay stress upon the importance of cooperation between each department. 서로의 지원과 협력 없이는 마감기한까지 우리 제품을 마무리 지을 수 없을 것입니다.

## Pattern 231  I strongly suggest that...

~을 강력히 제안합니다

프레젠테이션 후반부에서 여러분의 의견을 강하게 나타낼 때 사용합니다. strongly(강하게)를 통해서 의견을 강하게 제시해 주면 목적성이 분명한 프레젠테이션이 될 수 있습니다.

---

### Step 1  패턴 익히기  예문을 통해 영작 필수 패턴을 익히세요.

❶ 대행사를 설립할 것을 강력히 제안합니다.

**I strongly suggest that** we establish an agency.

❷ 먼저 재정 문제를 해결할 것을 강력히 제안합니다.

**I strongly suggest that** we solve the financial issues first.

❸ 수출 증대에 우선순위를* 둘 것을 강력히 제안합니다.

**I strongly suggest that** priority be put on increasing exports.

❹ 낡은 회사 건물을 보수하는 데 집중할 것을 강력히 제안합니다.

**I strongly suggest that** we focus on renovating our old office building.

❺ 합병에 관한 어떠한 일도* Jones씨에게 보낼 것을 강력히 제안합니다.

**I strongly suggest that** any concerns regarding the merger be sent to Mr. Jones.

힌트 우선 사항 priority  (책임이나 알 권리가 있는) 일 concern

---

### Step 2  도전! 영작문  주어진 우리말을 영어로 써보세요.

❶

_____

(수출 증대에 우선순위를 둘 것을 강력히 제안합니다.) Many of our competitors have started to export their products to other countries, and I think we will fall too far behind in the market if we do not start doing this as well.

❷

_____

_____ (낡은 회사 건물을 보수하는 데 집중할 것을 강력히 제안합니다.) Many of our facilities and pieces of equipment are extremely outdated.

---

모범 답안

❶ I strongly suggest that priority be put on increasing exports. 우리의 많은 경쟁사들이 그들의 제품을 다른 나라에 수출하기 시작했고, 만약 우리도 그렇게 하는 것을 시작하지 않으면, 이 시장에서 한참 뒤떨어질 거라고 생각합니다.

❷ I strongly suggest that we focus on renovating our old office building. 회사의 많은 시설들과 장비들이 상당히 구식입니다.

## Pattern 232 That covers...

여기까지 ~였습니다

하나의 내용이 끝날 때 청중들의 이해를 돕기 위해 정확히 마무리해 주는 것이 좋습니다. cover에 '다루다'라는 뜻이 있습니다. 따라서 That covers... 하면 '그것으로 ~을 다루다', 즉 '이상으로 ~을 마치겠다'는 의미가 됩니다.

---

**Step 1** **패턴 익히기** 예문을 통해 영작 필수 패턴을 익히세요.

❶ 여기까지가 제 프레젠테이션의 첫 번째 파트 였습니다.

**That covers** the first part of my presentation.

❷ 여기까지가 그래프의 첫 번째 두 구간이었습니다.

**That covers** the first two chapters of the graph.

❸ 여기까지 내년 사업계획이었습니다.

**That covers** the business plan set up for next year.

❹ 여기까지 회사 합병에 있어서 우리의 역할 제안이었습니다.

**That covers** the proposal of our role in the company merger.

❺ 여기까지가 저희가 지금까지 준비한 모든 정보였습니다.

**That covers** all of the information that we have prepared so far.

---

**Step 2** **도전! 영작문** 주어진 우리말을 영어로 써보세요.

❶ _____

(여기까지가 제 프레젠테이션의 첫 번째 파트였습니다.) We will continue with the second portion of the presentation after a short 10 minute break.

❷ _____

(여기까지 회사 합병에 있어서 우리의 역할 제안이었습니다.) We hope that you have enjoyed our presentation, and that you will consider collaborating and merging with our company.

---

**모범 답안**

❶ That covers the first part of my presentation. 우리는 10분 간의 짧은 휴식 후에 프레젠테이션의 두 번째 부분을 이어가겠습니다.

❷ That covers the proposal of our role in the company merger. 여러분들이 저희 프레젠테이션을 즐겁게 보셨기를 바라며, 저희 회사와의 협력과 합병을 고려해 주시길 바랍니다.

## Pattern 233  On behalf of ~, I'd like to...

~을 대표해서/대신해서 …하고 싶습니다

프레젠테이션 시작이나 마지막 부분에서 자주 사용할 수 있는 패턴입니다. On behalf of...(~을 대표해서/대신해서)를 통해 많은 사람들 중 대표로, 또는 누군가를 대신해서 의견을 전달하는 것임을 알려줄 수 있습니다.

---

**Step 1** | **패턴 익히기**  예문을 통해 영작 필수 패턴을 익히세요.

❶ 회사를 대표해서, 귀하께 사과드리고 싶습니다.     **On behalf of** my company, **I'd like to** apologize to you.

❷ 저희 부장님을 대신해서, 불편을 끼쳐드린 점 사과드립니다.     **On behalf of** my manager, **I'd like to** apologize for the inconvenience.

❸ 저희 전체 회사를 대표해서, 이 프레젠테이션에 참석해 주셔서 감사드립니다.     **On behalf of** my entire office, **I'd like to** thank you for attending this presentation.

❹ 전 직원을 대표해서, 이곳에서 즐겁게 머물렀다고 말하게 되어 기쁩니다.     **On behalf of** the entire staff, I am pleased to say that we have enjoyed our stay here.

❺ 우리 모두를 대표해서, 와줘서 감사드리고 곧 다시 볼 수 있길 바랍니다.     **On behalf of** all of us, thank you for coming, and we hope to see you soon.

---

**Step 2** | **도전! 영작문**  주어진 우리말을 영어로 써보세요.

❶ _____

_____ (전 직원을 대표해서, 이곳에서 즐겁게 머물렀다고 말하게 되어 기쁩니다.) Thank you all for your kindness, and we hope to do business with you again in the near future.

❷ Originally we had planned to have a short speech by our manager, but unfortunately there was some unexpected business that he needed to take care of. _____

_____

(저희 부장님을 대신해서 불편을 끼쳐드린 점 사과드립니다.)

---

**모범 답안**

❶ On behalf of the entire staff, I am pleased to say that we have enjoyed our stay here. 여러분 모두의 친절에 감사드리며, 조만간 다시 귀사와 함께 거래하게 되기를 바랍니다.

❷ 원래 저희 부장님께서 간단한 연설을 할 계획이었습니다. 그러나 유감스럽게도, 그분이 처리해야 할 일이 갑작스럽게 생겼습니다. On behalf of my manager, I'd like to apologize for the inconvenience.

233개 패턴으로 어떤 글이든 막힘없이 술술 써진다!

# 영작문

# 핵심패턴

# 233

정은순(Esther Chung) 지음

길벗
이지:톡

# 훈련용 소책자 200% 활용법

영작문 핵심패턴 233개를 확실하게 내 것으로 만들고 싶다고요? 그럼 훈련용 소책자와 함께 해 주세요. 출근할 때, 누군가를 기다릴 때 스르륵 새나가는 시간만 잘 활용해도 충분합니다. 하루 5분의 훈련이 여러분을 영작문의 달인으로 만들어 줄 것입니다.

❶ 일단 한번 써 보세요!

우리말 문장을 보면서 해당하는 영어 문장을 직접 써 보세요. 틀려도 좋으니까 부담 없이 도전!

❷ 헷갈릴 땐 확인하세요!

제대로 기억하지 못했거나 틀린 부분은 표시해 두고 해당 표현을 다시 확인합니다.

❸ 반복 또 반복해 주세요!

우리말 표현만 봐도 1초의 고민 없이 문장이 딱 떠오를 때까지 반복하세요!

❹ 다양하게 응용해 보세요!

배운 패턴들을 활용해서 나의 상황에 맞는 다양한 문장을 만들어 보세요.

영작문 핵심패턴 233

# Day 01

우리말을 보면서 해당하는 영어 문장을 써 보세요. 눈으로 봐도 충분할 것 같지만 패턴을 내 것으로 만들려면 직접 써 보는 훈련이 필요합니다. 영작이 잘 안 되는 부분은 표시해 두고 복습하세요.

## Pattern 001   주어 live in 장소

~는 …에 산다

❶ 우리 언니는 서울에 산다.

 

❷ 그는 부산에 살았다.

 

❸ 그들은 시골에서 살았다.

 

❹ 대도시에는 많은 사람들이 산다.

 

❺ 나는 언젠가 미국에서 살 수 있기를 바란다.

 

## Pattern 002   주어 go to 장소

~가 …로 가다

❶ 나는 3년 전에 캐나다에 갔다.

 

❷ 빌은 지난주에 필리핀에 갔다.

 

❸ 우리는 어젯밤에 시내로 나갔다.

 

❹ 제가 오후 3시에 당신의 사무실로 갈게요.

 

❺ 그녀는 자신의 집 가까이에 있는 산에 가고 있어요.

 

## Pattern 003   주어 come to 장소

~가 …로 오다

❶ 그녀가 어제 우리 사무실에 왔다.

 

❷ 그는 버스를 타고 학교에 온다.

 

❸ 나는 선생님을 뵙기 위해 학교에 왔다.

 

❹ 그녀의 친구는 지하철을 타고 도서관에 온다.

 

❺ 내 여동생은 이 병원으로 올 것이다.

 

# Day 02

---

## Pattern 004 주어 walk in 장소
~가 …에서 걷다

❶ 나는 점심식사 후에 정원을 걷는다.

✐ ...........................................................................................................

❷ 그는 매일 숲 속을 걷는다.

✐ ...........................................................................................................

❸ 그녀는 자신의 개들과 함께 공원을 걸었다.

✐ ...........................................................................................................

❹ 우리 부모님은 주로 밤에 집 주변을 걷는다.

✐ ...........................................................................................................

❺ 나는 역에서부터 천천히 걸어갔다.

✐ ...........................................................................................................

---

## Pattern 005 There is 단수 명사 / There are 복수 명사
~이 있다

❶ 그의 책상 위에 편지가 있어요.

✐ ...........................................................................................................

❷ 식탁 위에 음식이 있어요.

✐ ...........................................................................................................

❸ 인터넷에는 많은 정보가 있다.

✐ ...........................................................................................................

❹ 가방이 두 개 있어요.

✐ ...........................................................................................................

❺ 그의 가방에는 많은 책이 있어요.

✐ ...........................................................................................................

---

## Pattern 006 Here is 단수 명사 / Here are 복수 명사
여기 ~이 있다

❶ 여기 메뉴판 있습니다.

✐ ...........................................................................................................

❷ 여기 영수증 있습니다.

✐ ...........................................................................................................

❸ 여기 제 명함입니다.

✐ ...........................................................................................................

❹ 여기 제 이력서와 자기소개서입니다.

✐ ...........................................................................................................

❺ 여기 몇 개의 파일들이 있어요.

✐ ...........................................................................................................

---

**Pattern 007**   **주어＋be동사＋명사**                    ～는 …이다

❶ 이쪽이 저희 선생님이세요.
   ╱ ................................................................................................................................

❷ 그들은 제 반 친구들이에요.
   ╱ ................................................................................................................................

❸ 그는 저의 직장 동료예요.
   ╱ ................................................................................................................................

❹ 그녀는 저의 전 여자 친구예요.
   ╱ ................................................................................................................................

❺ 저분은 현재 저희 사장님입니다.
   ╱ ................................................................................................................................

---

**Pattern 008**   **주어＋be동사＋형용사**                    ～는 …하다

❶ 그는 피곤하다.
   ╱ ................................................................................................................................

❷ 나는 매우 행복하다.
   ╱ ................................................................................................................................

❸ 그녀는 매우 친절하다.
   ╱ ................................................................................................................................

❹ 그녀는 다른 사람들의 의견에 민감하다.
   ╱ ................................................................................................................................

❺ 우리 부장님은 매우 수다스럽다.
   ╱ ................................................................................................................................

---

**Pattern 009**   **주어 seem 형용사**                    ～는 …인 것 같다

❶ 이 상자는 무거운 것 같아.
   ╱ ................................................................................................................................

❷ 그녀는 요즘 바쁜 것 같아.
   ╱ ................................................................................................................................

❸ 그것은 가능할 것 같지 않다.
   ╱ ................................................................................................................................

❹ 이 셔츠는 그에게 잘 어울릴 것 같아.
   ................................................................................................................................

❺ 그는 아주 행복해 보이지는 않았다.
   ╱ ................................................................................................................................

영작문 핵심패턴 233

# Day 04

우리말을 보면서 해당하는 영어 문장을 써 보세요. 눈으로 봐도 충분할 것 같지만 패턴을 내 것으로 만들려면 직접 써 보는 훈련이 필요합니다. 영작이 잘 안 되는 부분은 표시해 두고 복습하세요.

## Pattern 010  주어 look 형용사                    ~는 …해 보인다

❶ 그녀는 바빠 보였다.

✎ ........................................................................................

❷ 그것은 시간낭비처럼 보인다.

✎ ........................................................................................

❸ 면접에 통과하기는 어려워 보인다.

✎ ........................................................................................

❹ 그는 선생님처럼 보인다.

✎ ........................................................................................

❺ 그것들은 선인장처럼 보인다.

✎ ........................................................................................

## Pattern 011  주어 sound 형용사                    ~는 …하게 들린다

❶ 그것은 꽤 어렵게 들린다.

✎ ........................................................................................

❷ 네 제안은 이상하게 들린다.

✎ ........................................................................................

❸ 그가 말한 것이 진실처럼 들리지 않았다.

✎ ........................................................................................

❹ 이건 슬픈 이야기처럼 들리네요.

✎ ........................................................................................

❺ 이건 우리 아이들 소리처럼 들리지 않아요.

✎ ........................................................................................

## Pattern 012  주어 get 형용사                    ~가 (상태)가 되다

❶ 밤에는 추워진다.

✎ ........................................................................................

❷ 그 수업을 들을 때마다, 나는 항상 지루해진다.

✎ ........................................................................................

❸ 우리 아들은 밖에서 놀고 난 후 졸려 한다.

✎ ........................................................................................

❹ 너는 점점 좋아지고 있어.

✎ ........................................................................................

❺ 그녀는 우리가 디즈니랜드에 간다는 것을 듣고 신나 했다.

✎ ........................................................................................

영작문 핵심패턴 233

# Day 05

우리말을 보면서 해당하는 영어 문장을 써 보세요. 눈으로 봐도 충분할 것 같지만 패턴을 내 것으로 만들려면 직접 써 보는 훈련이 필요합니다. 영작이 잘 안 되는 부분은 표시해 두고 복습하세요.

## Pattern 013   주어 turn 색깔                    (색깔이) ~로 변하다

❶ 내 얼굴이 빨개졌다.

✎ .................................................................................................

❷ 그의 치아는 노랗게 변했다.

✎ .................................................................................................

❸ 그녀는 귀신을 본 후 얼굴이 하얘졌다.

✎ .................................................................................................

❹ 나는 나뭇잎이 빨갛고 노랗게 물드는 가을을 좋아한다.

✎ .................................................................................................

❺ 그녀는 술 마실 때마다 얼굴이 항상 빨개진다.

✎ .................................................................................................

## Pattern 014   주어 have 명사                        ~는 …을 갖고 있다

❶ 그는 많은 돈을 갖고 있다.

✎ .................................................................................................

❷ 그녀는 집에 책이 많다.

✎ .................................................................................................

❸ 우리 아들은 친구가 많다.

✎ .................................................................................................

❹ 나는 축구 하는 것에 많은 경험을 가지고 있다.

✎ .................................................................................................

❺ Ella는 매우 성공적인 미래에 대한 잠재력이 있다.

✎ .................................................................................................

## Pattern 015   주어 need 명사                        ~는 …가 필요하다

❶ 우리는 너의 도움이 필요해.

✎ .................................................................................................

❷ 그녀는 그녀의 일을 끝낼 시간이 필요하다.

✎ .................................................................................................

❸ 나는 수업에서 나를 도와줄 누군가가 필요하다.

✎ .................................................................................................

❹ 그들은 높은 점수를 받기 위해 좋은 선생님이 필요하다.

✎ .................................................................................................

❺ 그는 프랑스어 말하기를 연습할 시간이 필요하다.

✎ .................................................................................................

**Pattern 016** 　주어 like 명사　　　　　　　　　~는 …을 좋아한다

❶ 우리 엄마는 꽃을 좋아한다.
　✎...............................................................................................................................

❷ 그녀는 그녀의 직업을 좋아한다.
　✎...............................................................................................................................

❸ 그는 여가시간에 독서하는 것을 좋아한다.
　✎...............................................................................................................................

❹ 내 남자친구는 게임하는 것을 좋아한다.
　✎...............................................................................................................................

❺ 나는 우리 사장님과 얘기하는 것을 좋아하지 않는다.
　✎...............................................................................................................................


**Pattern 017** 　주어 know 명사(절)　　　　　　　　~는 …을 알고 있다

❶ 나는 그의 비밀을 알고 있다.
　✎...............................................................................................................................

❷ 우리 선생님께서는 내 이름을 알고 계셨다.
　✎...............................................................................................................................

❸ 나는 거기에 어떻게 가는지 알고 있다.
　✎...............................................................................................................................

❹ 그는 그의 사장님이 어디에 사는지 알고 있다.
　✎...............................................................................................................................

❺ 우리 엄마는 내가 친구 집에 간 것을 알고 있다.
　✎...............................................................................................................................


**Pattern 018** 　주어 want to 동사원형　　　　　　　~는 …하기를 원한다

❶ 나는 이번 달에 취업하기를 원한다.
　✎...............................................................................................................................

❷ 그녀는 캐나다에 가기를 원한다.
　✎...............................................................................................................................

❸ 그는 영어실력을 향상시키고 싶어 하니?
　✎...............................................................................................................................

❹ 대부분의 사람들은 팀으로 일하는 것을 원한다.
　✎...............................................................................................................................

❺ 학생들은 하루 종일 공부하는 것을 원하지 않는다.
　✎...............................................................................................................................

영작문 핵심패턴 233

# Day 07

우리말을 보면서 해당하는 영어 문장을 써 보세요. 눈으로 봐도 충분할 것 같지만 패턴을 내 것으로 만들려면 직접 써 보는 훈련이 필요합니다. 영작이 잘 안 되는 부분은 표시해 두고 복습하세요.

## Pattern 019   주어 discuss 명사
~는 …에 대해 논의하다

❶ 우리는 우리 회사의 재활용에 대해 의논했다.

❷ 매니저들은 우리의 서비스 태도에 대해 의논했다.

❸ 그들은 오늘 몇 개의 안건을 의논할 필요가 있다.

❹ 나는 내 친구들과 시사에 대해 전혀 논의할 수 없었다.

❺ 내 팀원들은 회의 동안에 사소한 것조차도 의논하기를 원한다.


## Pattern 020   주어 announce 명사(절)
~는 …을 발표하다

❶ 그들은 그들의 결혼을 발표했다.

❷ 그는 새해에 대한 그의 계획들을 발표했다.

❸ 사장님은 우리의 새 프로젝트를 발표할 것이다.

❹ 경찰은 이곳이 출입금지 구역이라고 발표했다.

❺ 우리 사장님은 오늘 우리가 다음 달에 휴가를 갈 거라고 발표했다.


## Pattern 021   주어 introduce 명사 to 사람
~가 …에게 ~를 소개하다

❶ 나는 내 남자 친구를 엄마에게 소개했다.

❷ 그녀는 그녀의 남편을 나에게 소개했다.

❸ 선생님은 그 책을 나에게 소개해 줬다.

❹ 나를 너의 친구에게 소개시켜 줄래?

❺ 나는 너를 내 여동생에게 소개해 주고 싶어.

# Day 08

우리말을 보면서 해당하는 영어 문장을 써 보세요. 눈으로 봐도 충분할 것 같지만 패턴을 내 것으로 만들려면 직접 써 보는 훈련이 필요합니다. 영작이 잘 안 되는 부분은 표시해 두고 복습하세요.

---

**Pattern 022**   주어 **explain** 명사 **to** 사람          ~는 …에게 ~을 설명하다

❶ 나는 그에게 스케줄을 설명했다.

   🖊 ...................................................................................................................

❷ 선생님은 학생들에게 그 과제를 설명했다.

   🖊 ...................................................................................................................

❸ 그는 어떻게 그곳에 가는지 너에게 설명할 수 있다.

   🖊 ...................................................................................................................

❹ 나에게 이 문제를 설명해 줄래?

   🖊 ...................................................................................................................

❺ 내 남동생은 전에 그 이야기를 나에게 설명해 줬다.

   🖊 ...................................................................................................................

---

**Pattern 023**   주어 **give** 사람+사물          ~가 …에게 ~을 주다

❶ 귀사의 제품에 대한 브로슈어를 저에게 보내주세요.

   🖊 ...................................................................................................................

❷ 그녀는 수업시간에 자신의 학생들에게 마실 것을 주었다.

   🖊 ...................................................................................................................

❸ 그는 그 결과를 아직 나에게 주지 않았다.

   🖊 ...................................................................................................................

❹ 저에게 할인해 주실 수 있나요?

   🖊 ...................................................................................................................

❺ 퇴근하기 전까지 너는 그녀에게 정보를 줘야 해.

   🖊 ...................................................................................................................

---

**Pattern 024**   주어 **send** 사람+사물          ~가 …에게 ~을 보내다

❶ 제가 이메일로 당신에게 견적서를 보낼게요.

   🖊 ...................................................................................................................

❷ 내 친구는 그의 청첩장을 나에게 보냈다.

   🖊 ...................................................................................................................

❸ 어제 요청하신 파일을 귀하에게 이메일로 보냈습니다.

   🖊 ...................................................................................................................

❹ 저에게 이번 달 말까지 제 여행일정을 보내주세요.

   🖊 ...................................................................................................................

❺ 제 이력서를 언제까지 보내 드리면 될까요?

   🖊 ...................................................................................................................

# Day 09

---

### Pattern 025    주어 tell 사람 that...        ~가 …에게 ~을 말하다

❶ 선생님은 우리에게 이야기 하나를 들려주었다.

✎ ....................................................................................................................

❷ 그는 나에게 그의 전화번호를 말해 주지 않았다.

✎ ....................................................................................................................

❸ 그는 그가 작년에 결혼했다고 말했다.

✎ ....................................................................................................................

❹ 그가 해고될 거라고 그에게 말하는 것은 나에게는 힘든 일이다.

✎ ....................................................................................................................

❺ 내 친구들 중 한 명은 내년에 해외유학을 갈 거라고 우리에게 말했다.

✎ ....................................................................................................................

---

### Pattern 026    주어 award 사람+사물        ~가 …에게 ~을 주다/수여하다

❶ 우리 선생님께서는 그에게 선물을 주셨다.

✎ ....................................................................................................................

❷ 그녀는 그녀의 학생들에게 선물과 함께 상을 줬다.

✎ ....................................................................................................................

❸ 그는 근무 실적이 가장 좋은 팀에게 상을 수여할 것이다.

✎ ....................................................................................................................

❹ 우리 사장님께서는 올해의 최우수 직원에게 보너스를 수여하실 겁니다.

✎ ....................................................................................................................

❺ 그들은 1,000,000원의 손해 보상금을 받았다.

✎ ....................................................................................................................

---

### Pattern 027    주어 ask 사람+사물        ~가 …에게 ~을 묻다

❶ 그녀는 학생들에게 이름을 물어보았다.

✎ ....................................................................................................................

❷ 나는 선생님에게 몇 가지 질문을 했다.

✎ ....................................................................................................................

❸ 그는 나에게 부탁을 했다.

✎ ....................................................................................................................

❹ 원하는 것은 뭐든지 편하게 질문해 주세요.

✎ ....................................................................................................................

❺ 저는 귀하의 연설과 관련하여 귀하에게 몇 가지 질문을 드리고 싶습니다.

✎ ....................................................................................................................

영작문 핵심패턴 233

# Day 10

우리말을 보면서 해당하는 영어 문장을 써 보세요. 눈으로 봐도 충분할 것 같지만 패턴을 내 것으로 만들려면 직접 써 보는 훈련이 필요합니다. 영작이 잘 안 되는 부분은 표시해 두고 복습하세요.

## Pattern 028 주어 want 사람 to 동사원형     ~는 …가 ~하기를 원하다

❶ 나는 내 여자 친구가 운동을 하면 좋겠다.

   🖊 ................................................................................................

❷ 우리 부모님은 우리 누나가 올해에 결혼하기를 원한다.

   🖊 ................................................................................................

❸ 모든 부모들은 자신의 자녀들이 학교에서 높은 점수를 받기 원한다.

   🖊 ................................................................................................

❹ 우리 사장님은 직원들이 영어를 유창하게 말하기를 원한다.

   🖊 ................................................................................................

❺ 귀하께서는 제가 귀하의 물건을 오늘까지 배달하기를 원하십니까?

   🖊 ................................................................................................


## Pattern 029 주어 allow 사람 to 동사원형     ~는 …가 ~하는 것을 허락하다

❶ 언니는 내가 자기의 노트북을 사용하는 것을 허락했다.

   🖊 ................................................................................................

❷ 우리 부모님께서는 내가 운전하는 것을 허락하시지 않는다.

   🖊 ................................................................................................

❸ 그녀는 그녀의 학생들이 일찍 집에 가는 것을 허락하지 않는다.

   🖊 ................................................................................................

❹ 선생님들은 수업시간에 학생들이 서로 잡담하는 것을 허락하지 않는다.

   🖊 ................................................................................................

❺ 정부는 18세 이하인 사람들이 술이나 담배를 사는 것을 허락하지 않는다.

   🖊 ................................................................................................


## Pattern 030 주어 encourage 명사 to 동사원형     ~는 …가 ~하게 만든다

❶ 그녀는 내가 이 회사에 지원하도록 격려해 줬다.

   🖊 ................................................................................................

❷ 우리 부모님은 내가 내 한계를 극복하도록 격려해 주셨다.

   🖊 ................................................................................................

❸ 아무도 네가 일을 열심히 하라고 부추길 수 없어.

   🖊 ................................................................................................

❹ 누가 너를 열심히 공부하도록 격려해 줬니?

   🖊 ................................................................................................

❺ 무료 샘플들은 고객들이 더 많은 제품을 사도록 부추긴다.

   🖊 ................................................................................................

영작문 핵심패턴 233

# Day 11

우리말을 보면서 해당하는 영어 문장을 써 보세요. 눈으로 봐도 충분할 것 같지만 패턴을 내 것으로 만들려면 직접 써 보는 훈련이 필요합니다. 영작이 잘 안 되는 부분은 표시해 두고 복습하세요.

## Pattern 031    주어 make 사람＋형용사                    ～는 …가 ～하게 만든다

❶ 그녀는 그녀 주변 사람들을 행복하게 만든다.

❷ 내 전 남자 친구는 나를 슬프게 만들었다.

❸ 영어 수업을 듣는 것은 나에게 동기 부여가 된다.

❹ 야근하는 것은 모든 사람들을 피곤하게 만든다.

❺ 이 영화는 결말이 슬퍼서 나를 화나게 했다.

## Pattern 032    주어 call 사람＋명사                      ～는 …를 ～라고 부르다

❶ 모든 이들은 그를 선생님이라고 부른다.

❷ 그는 다른 사람들이 그를 천재라고 불러줬으면 한다.

❸ 그녀는 그를 구두쇠라고 부르곤 했다.

❹ 나는 다른 사람들을 챙기는 것을 좋아하기 때문에 내 친구들은 나를 엄마라고 부른다.

❺ 우리 부서 사람들은 그 신입사원을 정보통이라고 부른다.

## Pattern 033    주어 get 사물 p.p.                       ～는 (사물)을 …되게 하다

❶ 나는 머리를 잘랐다.

❷ 너 어디서 네 머리 파마했니?

❸ 나는 이 수업 후에 손톱 손질을 받고 싶다.

❹ 그녀는 핸드폰을 고치기 위해 서비스 센터에 갔다.

❺ 그는 그의 차를 고치기 위해서 휴가를 낼 예정이다.

## Pattern 034 주어 find 사람+형용사     ~는 …가 ~한 것을 알게 되다

❶ 나는 그가 똑똑하다는 것을 알게 됐다.

  ............................................................................................................................

❷ 너는 그녀가 사려 깊다는 것을 알게 될 거야.

  ............................................................................................................................

❸ 나는 그를 만족시키기 어렵다는 것을 알게 됐다.

  ............................................................................................................................

❹ 나는 그녀의 의견을 듣고 싶지만, 그녀는 다가가기 어려운 사람이라는 것을 알게 됐다.

  ............................................................................................................................

❺ 나는 이웃과 잠깐 이야기를 한 후 그가 사교적이라는 것을 알게 됐다.

  ............................................................................................................................

## Pattern 035 주어 see 사람 -ing     ~는 …가 ~하고 있는 것을 보다

❶ 나는 많은 학생들이 이 책을 읽고 있는 것을 보았다.

  ............................................................................................................................

❷ 그는 많은 사람들이 그쪽으로 가고 있는 것을 보았다.

  ............................................................................................................................

❸ 사장님께서는 많은 직원들이 잠자고 있는 것을 보았다.

  ............................................................................................................................

❹ 나는 그가 벌써 다른 여자와 데이트하고 있는 것을 보고 놀랐다.

  ............................................................................................................................

❺ 나는 사람들이 비행기에 타는 것을 볼 때마다 여행을 가고 싶다.

  ............................................................................................................................

## Pattern 036 usually 현재동사     보통 ~한다

❶ 나는 주로 도서관에 간다.

  ............................................................................................................................

❷ 그녀는 주로 차를 타고 회사에 간다.

  ............................................................................................................................

❸ 나는 주로 오전 7시에 일어난다.

  ............................................................................................................................

❹ 엄마는 주로 아침에 운동을 한다.

  ............................................................................................................................

❺ 오빠는 퇴근 후에 주로 TV를 본다.

  ............................................................................................................................

# Day 13

## Pattern 037    sometimes 현재동사          가끔 ~한다

❶ 우리는 가끔 야근을 해야 한다.

🖊 ...........................................................................................................

❷ 그들은 가끔 회식에 참석한다.

🖊 ...........................................................................................................

❸ 나는 가끔 택시를 타고 집에 간다.

🖊 ...........................................................................................................

❹ 우리 부모님은 가끔 친구들과 모임에 간다.

🖊 ...........................................................................................................

❺ 내 친구들과 나는 가끔 방과 후에 그 식당에 밥을 먹으러 간다.

🖊 ...........................................................................................................

## Pattern 038    always 현재동사          항상 ~한다

❶ 나는 항상 오전 6시에 일어난다.

🖊 ...........................................................................................................

❷ 그녀는 항상 아침을 거른다.

🖊 ...........................................................................................................

❸ 엄마는 항상 너무 많은 음식을 만든다.

🖊 ...........................................................................................................

❹ 나는 항상 출근길에 서점에 들른다.

🖊 ...........................................................................................................

❺ 그는 항상 영어 공부를 하는 동안에 음악을 듣는다.

🖊 ...........................................................................................................

## Pattern 039    현재동사 every morning          매일 아침 ~한다

❶ 나는 매일 아침 조깅을 한다.

🖊 ...........................................................................................................

❷ 그녀는 매일 아침 커피를 마신다.

🖊 ...........................................................................................................

❸ 그는 매일 아침 늦잠을 잔다.

🖊 ...........................................................................................................

❹ 우리는 매일 오후에 회의를 한다.

🖊 ...........................................................................................................

❺ 내 남자 친구는 매일 밤 영어 공부를 한다.

🖊 ...........................................................................................................

영작문 핵심패턴 233

**Day 14**

우리말을 보면서 해당하는 영어 문장을 써 보세요. 눈으로 봐도 충분할 것 같지만 패턴을 내 것으로 만들려면 직접 써 보는 훈련이 필요합니다. 영작이 잘 안 되는 부분은 표시해 두고 복습하세요.

**Pattern 040   am/are/is -ing**                    ～하고 있다

❶ 나는 내가 제일 좋아하는 카페에서 책을 읽는 중이다.
................................................................

❷ 팀은 엄마를 위해서 스웨터를 사고 있다.
................................................................

❸ 그녀는 무엇을 해야 할지 생각 중이다.
................................................................

❹ 그 회사는 경영 문제를 겪고 있다.
................................................................

❺ 삼촌은 우리 아버지와 함께 여행을 하려고 계획 중이다.
................................................................

**Pattern 041   과거동사 yesterday**                    어제 ～했다

❶ 그녀는 어제 실수했다.
................................................................

❷ 나는 어제 저녁으로 케이크를 먹었다.
................................................................

❸ 내 여동생은 어제 하루 종일 집에 있었다.
................................................................

❹ 나는 지난 여름 미국으로 가족여행을 갔다.
................................................................

❺ 내 가장 친한 친구는 지난주에 집으로 돌아갔다.
................................................................

**Pattern 042   was/were -ing**                    ～하고 있었다

❶ 그는 그의 가족을 위해 요리하고 있었다.
................................................................

❷ 나는 새 아파트를 찾고 있었다.
................................................................

❸ 그들은 백화점을 둘러보고 있었다.
................................................................

❹ 내 친구는 남자친구를 찾으려고 노력하고 있었다.
................................................................

❺ 그녀는 파티 하는 동안 통화를 하고 있었다.
................................................................

16

영작문 핵심패턴 233

**Day 15**

우리말을 보면서 해당하는 영어 문장을 써 보세요. 눈으로 봐도 충분할 것 같지만 패턴을 내 것으로 만들려면 직접 써 보는 훈련이 필요합니다. 영작이 잘 안 되는 부분은 표시해 두고 복습하세요.

---

**Pattern 043**   **When I was…, 주어＋과거동사**                 내가 …였을 때, ~했다

❶ 나는 어렸을 때 내성적이었다.

❷ 나는 중학생이었을 때, 프랑스어 수업을 등록했었다.

❸ 저는 대학생이었을 때, 다양한 종류의 아르바이트를 했습니다.

❹ 나는 미국에서 일하고 있을 때, 그를 처음 만났다.

❺ 나는 ABC회사에서 일하고 있을 때, 우리 가족을 부양할 만큼의 충분한 돈을 모을 수 있었다.

---

**Pattern 044**   **used to 동사원형**                              ~하곤 했었다

❶ 나는 주말에 교회에 가곤 했었다.

❷ 우리는 대학생이었을 때, 매일 만나곤 했었다.

❸ 너는 여기 오기 전에는 어디에서 살았었니?

❹ 그는 하루의 대부분을 컴퓨터 게임을 하는 데 시간을 보내곤 했었다.

❺ 우리 사장님은 그가 다른 사람들보다 우월하다고 생각하곤 했었다.

---

**Pattern 045**   **was supposed to 동사원형**                    ~하기로 되어 있었다

❶ 저는 거기에 가기로 되어 있었습니다.

❷ 저는 대학원에 들어가기로 되어 있었어요.

❸ 그는 해외유학을 가기로 되어 있었다.

❹ 그녀는 건강검진을 받기로 되어 있었다.

❺ 우리 사장님은 회의에 참석하기로 되어 있었다.

영작문 핵심패턴 233

**Day 16**

우리말을 보면서 해당하는 영어 문장을 써 보세요. 눈으로 봐도 충분할 것 같지만 패턴을 내 것으로 만들려면 직접 써 보는 훈련이 필요합니다. 영작이 잘 안 되는 부분은 표시해 두고 복습하세요.

---

**Pattern 046  will 동사원형**                                    ~할 것이다

❶ 나는 다음 달에 결혼할 거야.

🖉................................................................................................................

❷ 그는 이것을 한 후 집에 갈 거야.

🖉................................................................................................................

❸ 그녀는 사무실에 들를 거야.

🖉................................................................................................................

❹ 우리는 다음 주에 거기에 갈 거야.

🖉................................................................................................................

❺ 우리 오빠는 계약을 따 낼 거야.

🖉................................................................................................................

---

**Pattern 047  be going to 동사원형**                            ~할 것이다

❶ 그녀는 기사를 쓰느라 밤을 샐 것이다.

🖉................................................................................................................

❷ 우리 엄마는 분명히 나한테 잔소리하실 거야.

🖉................................................................................................................

❸ 나는 페이스북에 정치에 관련한 글을 게시할 것이다.

🖉................................................................................................................

❹ 방문객들은 우리의 서비스에 관련한 설문지를 작성할 것이다.

🖉................................................................................................................

❺ 그 산은 여러 종류의 꽃으로 뒤덮일 것이다.

🖉................................................................................................................

---

**Pattern 048  be planning to 동사원형**                          ~할 계획이다

❶ 그는 조만간 이직할 계획이다.

🖉................................................................................................................

❷ 나는 다른 도시로 이사할 계획이야.

🖉................................................................................................................

❸ 너는 언제 미국으로 여행 갈 계획이니?

🖉................................................................................................................

❹ 우리 사장님께서는 아시아 시장을 조사하실 계획이다.

🖉................................................................................................................

❺ 그녀는 관심을 가져 왔던 그 회사에 지원할 계획이다.

🖉................................................................................................................

영작문 핵심패턴 233

**Day 17**

우리말을 보면서 해당하는 영어 문장을 써 보세요. 눈으로 봐도 충분할 것 같지만 패턴을 내 것으로 만들려면 직접 써 보는 훈련이 필요합니다. 영작이 잘 안 되는 부분은 표시해 두고 복습하세요.

## Pattern 049   **be scheduled to 동사원형**     ~할 예정이다

❶ 저희는 다음 주에 출장을 갈 예정입니다.

❷ 그녀는 오늘 오후에 고객을 만날 예정이 아니다.

❸ 네 책이 미국에서 출판될 예정이니?

❹ 회의는 어디에서 열릴 예정인가요?

❺ 귀하의 물건은 8월 30일 오후 3시 전에 배송될 예정입니다.

## Pattern 050   **If 주어＋현재동사, 주어 will...**     만약 ~하면, …할 거야

❶ 만약 비가 오면, 나는 나가지 않을 거야.

❷ 만약 그녀가 우리 파티에 오면, 그녀는 많은 친구들을 사귈 거야.

❸ 만약 네가 부모님 말씀을 안 들으면, 넌 게임을 못할 거야.

❹ 만약 일이 잘 안 풀리면, 우리 사장님께서는 실망하실 거야.

❺ 만약 네가 창가 쪽 자리에 앉으면, 너는 경치를 즐기면서 동시에 음식을 먹을 수 있을 거야.

## Pattern 051   **When 주어＋현재동사, 주어 will...**     ~할 때, …할 거야

❶ 네가 담배를 끊으면, 네 건강은 좋아질 거야.

❷ 그가 여행에서 돌아오면, 우리는 술 마시러 갈 거야.

❸ 내 동생이 대학에 들어갈 때 나는 28살일 거야.

❹ 내가 그와 더 친해지면, 나는 그에게 내 비밀을 말할 거야.

❺ 아이들이 그 남자에게 숙제를 도와달라고 부탁하면, 그는 흔쾌히 도와줄 것이다.

# Day 18

우리말을 보면서 해당하는 영어 문장을 써 보세요. 눈으로 봐도 충분할 것 같지만 패턴을 내 것으로 만들려면 직접 써 보는 훈련이 필요합니다. 영작이 잘 안 되는 부분은 표시해 두고 복습하세요.

## Pattern 052 will be able to 동사원형　　　　　　~할 수 있을 것이다

❶ 그녀는 해외근무를 할 수 있을 것이다.

❷ 우리는 이번 주 금요일에 등산을 갈 수 있을 것이다.

❸ 오늘 저녁에 저희 사무실에 들를 수 있어요?

❹ 저는 가족 문제로 인하여 회의에 참석하지 못할 것 같습니다.

❺ 당신은 〈Path〉의 저자인 Jack씨와 악수를 할 수 있을 겁니다.

## Pattern 053 have been to 장소　　　　　　~에 가본 적이 있다

❶ 저는 런던에 가본 적이 있어요.

❷ 저는 해외에 가본 적이 없어요.

❸ 뉴욕에 가본 적 있어요?

❹ 그녀는 워킹홀리데이 비자로 호주에 가본 적 있어.

❺ 저희 엄마는 출장 차 캐나다에 있는 본사에 가본 적이 있어요.

## Pattern 054 has gone to 장소　　　　　　~에 가고 없다, ~로 떠났다

❶ 그는 미국에 가고 없어요.

❷ 배송 담당자는 집에 가고 없습니다.

❸ 그녀는 아직 사무실로 가지 않았다.

❹ 피터는 그의 고향으로 돌아갔니?

❺ 네 부모님은 할머니 댁에 가고 안 계시니?

# Day 19

우리말을 보면서 해당하는 영어 문장을 써 보세요. 눈으로 봐도 충분할 것 같지만 패턴을 내 것으로 만들려면 직접 써 보는 훈련이 필요합니다. 영작이 잘 안 되는 부분은 표시해 두고 복습하세요.

---

**Pattern 055**  **have never p.p.**　　　　　～한 적이 전혀 없다

❶ 나는 그녀에게 조언을 부탁한 적이 전혀 없다.

❷ 그녀는 영어로 일기를 써 본 적이 전혀 없다.

❸ 우리 부모님께서는 외국인과 대화를 해 본 적이 전혀 없다.

❹ 내 남자 친구는 어느 누구와도 언쟁을 벌인 적이 한 번도 없다.

❺ 당신은 인터넷을 통한 원격 학습을 들어본 적이 한 번도 없나요?

---

**Pattern 056**  **have p.p. since 과거**　　　　　～한 이래로 계속 …했다

❶ 우리 아빠는 작년부터 계속 아프셨다.

❷ 대학시절 이래로 저는 이 직무에 계속 관심이 있었습니다.

❸ 그녀는 지난달부터 계속 자신의 미래를 걱정하고 있다.

❹ 요즘 나는 동료 두 명이 그만둔 이후로 계속 눈코 뜰 새 없이 바쁘다.

❺ 예상치 못한 문제가 발생한 이후로 우리는 문제를 해결하느라 계속 바빴다.

---

**Pattern 057**  **It's been 기간 since 주어＋과거동사**　　　　　～가 …한 지 ～됐다

❶ 내가 그녀에게 이메일을 보낸 지 1년이 됐다.

❷ 나는 영화관에 간 지 꽤 됐다.

❸ 그녀는 남자 친구와 만난 지 5년이 됐다.

❹ 우리 오빠는 지금 직장을 다닌 지 10년이 됐다.

❺ 우리가 만난 게 3년만인가?

영작문 핵심패턴 233

**Day 20**

우리말을 보면서 해당하는 영어 문장을 써 보세요. 눈으로 봐도 충분할 것 같지만 패턴을 내 것으로 만들려면 직접 써 보는 훈련이 필요합니다. 영작이 잘 안 되는 부분은 표시해 두고 복습하세요.

---

**Pattern 058** **have been -ing for/since...**  ~동안/이후로 계속 …해 오고 있다

❶ 나는 10년째 영어공부를 하고 있는 중이다.

❷ 그는 수업을 5년째 듣고 있는 중이다.

❸ 그녀는 ABC회사에 두 달 째 다니고 있는 중이다.

❹ 그는 Ella와 그들이 20살 때부터 사귀고 있다.

❺ 우리는 내가 태어나서부터 계속 이 도시에서 살고 있다.

---

**Pattern 059** **should have p.p.**  ~했어야 했다

❶ 우리는 음식을 더 준비했어야 했다.

❷ 나는 어렸을 때 영어를 더 열심히 공부했어야 했다.

❸ 그녀는 저녁식사에 그를 초대했어야 했어.

❹ 그는 직장을 구하는 동안 운전면허를 땄어야 했다.

❺ 되돌아보면 나는 그때 그것이 내 잘못이라고 인정했어야 했다.

---

**Pattern 060** **By the time 과거, 주어 had already p.p.**  ~할 때쯤에 이미 …했었다

❶ 그가 공지사항을 읽었을 때는 이미 회의가 시작했었다.

❷ 그가 나한테 전화했을 때, 난 이미 점심을 먹은 상태였다.

❸ 그녀가 파티에 도착했을 때, 이미 모두 가고 없었다.

❹ 내가 이력서를 제출했을 때는 그 회사는 이미 누군가를 뽑았었다.

❺ 내가 핸드폰을 확인했을 때는 배터리가 이미 나가 있었다.

# Day 21

---

**Pattern 061**　**go to work**　　　　　　　　　　　　출근하다

❶ 나는 출근할 때 지하철을 탄다.

✎ ...................................................................................................

❷ 나는 이번 주말에 출근해야 한다.

✎ ...................................................................................................

❸ 나는 출근할 때마다 중간에 커피와 머핀을 산다.

✎ ...................................................................................................

❹ 나는 어제 늦잠을 자서 늦게 출근했다.

✎ ...................................................................................................

❺ 모든 사람들이 출근을 하기 때문에, 아침에 교통은 끔찍하다.

✎ ...................................................................................................

---

**Pattern 062**　**get off work**　　　　　　　　　　　　퇴근하다

❶ 나는 퇴근 후에 주로 친구들을 만난다.

✎ ...................................................................................................

❷ 요즘 우리는 할 일이 너무 많아서 밤 11시에 퇴근한다.

✎ ...................................................................................................

❸ 우리 아빠는 퇴근할 때 항상 지쳐 보이신다.

✎ ...................................................................................................

❹ 나는 어제 퇴근할 때, 친구 집에 잠깐 들렀다.

✎ ...................................................................................................

❺ 나는 다음 주에 우리가 몇 시에 퇴근할지 궁금하다.

✎ ...................................................................................................

---

**Pattern 063**　**have lunch**　　　　　　　　　　　　점심을 먹다

❶ 나는 주로 오후 1시쯤에 점심을 먹는다.

✎ ...................................................................................................

❷ 어제 나는 내 오랜 고등학교 친구와 점심을 먹었다.

✎ ...................................................................................................

❸ 오늘 나는 점심을 먹을 시간조차 없었다.

✎ ...................................................................................................

❹ 엄마는 매일 아침 내가 꼭 든든한 아침을 먹도록 한다.

✎ ...................................................................................................

❺ 그는 아침을 먹지 않고 바로 이곳으로 왔다.

✎ ...................................................................................................

영작문 핵심패턴 233

**Day 22**

우리말을 보면서 해당하는 영어 문장을 써 보세요. 눈으로 봐도 충분할 것 같지만 패턴을 내 것으로 만들려면 직접 써 보는 훈련이 필요합니다. 영작이 잘 안 되는 부분은 표시해 두고 복습하세요.

---

**Pattern 064**   **fall asleep**                                            잠이 들다

❶ 그는 수업시간에 잠이 들었다.

  🖉 ......................................................................................................

❷ 그녀는 잠들지 않으려고 노력했다.

  🖉 ......................................................................................................

❸ 그녀는 잠이 든 아기를 돌보고 있다.

  🖉 ......................................................................................................

❹ 사람들은 운전하는 동안 잠들면 안 된다.

  🖉 ......................................................................................................

❺ 나는 밤에 잠드는 게 힘들다.

  🖉 ......................................................................................................

---

**Pattern 065**   **go for 명사**                                            ~하러 가다

❶ 오늘 밤 Jack과 나는 술을 마시러 갈 것이다.

  🖉 ......................................................................................................

❷ 저녁을 먹고 난 후, 우리는 산책을 하러 갔다.

  🖉 ......................................................................................................

❸ 드라이브를 가는 것은 내가 스트레스를 없애기 위해 좋아하는 한 방법이다.

  🖉 ......................................................................................................

❹ 이번 주말에 나는 소풍을 갈 계획이다.

  🖉 ......................................................................................................

❺ 남자 친구와 나는 부산으로 당일치기 여행을 갈 것이다.

  🖉 ......................................................................................................

---

**Pattern 066**   **get used to 명사/-ing**                                  ~에 익숙해지다

❶ 나는 책 읽는 것에 적응이 안 된다.

  🖉 ......................................................................................................

❷ 그는 이 학교에 적응을 못한다.

  🖉 ......................................................................................................

❸ 나는 새로운 곳에 적응하고 싶다.

  🖉 ......................................................................................................

❹ 그녀는 이 수업에 적응하려고 노력중이다.

  🖉 ......................................................................................................

❺ 난 아침에 영어 공부 하는 것에 적응하고 있는 중이다.

  🖉 ......................................................................................................

영작문 핵심패턴 233

# Day 23

우리말을 보면서 해당하는 영어 문장을 써 보세요. 눈으로 봐도 충분할 것 같지만 패턴을 내 것으로 만들려면 직접 써 보는 훈련이 필요합니다. 영작이 잘 안 되는 부분은 표시해 두고 복습하세요.

## Pattern 067　stay up all night -ing　～하느라 밤새다

❶ 우리는 미래에 대해 이야기하느라 밤을 샜다.

...................................................................................................

❷ 우리는 기말고사 공부를 하느라 밤을 샜다.

...................................................................................................

❸ 그녀는 이력서를 쓰느라 밤새우지는 않았다.

...................................................................................................

❹ 우리 부장님은 프레젠테이션을 준비하느라 밤을 샜다.

...................................................................................................

❺ 우리 팀원들은 고객들의 요청을 처리하느라 밤을 샜다.

...................................................................................................

## Pattern 068　be sick and tired of 명사/-ing　～가 너무 지겹다

❶ 나는 이 더운 여름이 너무 지겹다.

...................................................................................................

❷ 나는 야근하는 게 너무 지겹다.

...................................................................................................

❸ 그녀는 자기 엄마한테 야단맞는 것을 너무 지겨워한다.

...................................................................................................

❹ 난 남자 친구랑 말다툼하는 것이 너무 지겹다.

...................................................................................................

❺ 내 친구들은 모두 구직활동을 지겨워한다.

...................................................................................................

## Pattern 069　regret -ing　～한 것을 후회하다

❶ 그녀는 자신의 비밀을 말한 것을 후회한다.

...................................................................................................

❷ 우리는 그 수업에 빠진 것을 후회한다.

...................................................................................................

❸ 그는 어학연수에 많은 돈을 쓴 것을 후회한다.

...................................................................................................

❹ 나는 그녀에게 사과하지 않은 것을 후회한다.

...................................................................................................

❺ 어렸을 때 어학연수를 가지 않은 것을 후회한다.

...................................................................................................

# Day 24

우리말을 보면서 해당하는 영어 문장을 써 보세요. 눈으로 봐도 충분할 것 같지만 패턴을 내 것으로 만들려면 직접 써 보는 훈련이 필요합니다. 영작이 잘 안 되는 부분은 표시해 두고 복습하세요.

## Pattern 070  Looking back, 주어＋동사

(과거를) 되돌아보면 ～하다

❶ 되돌아보면, 그가 실수했다.

..................................................................

❷ 되돌아보면, 나는 피곤했다.

..................................................................

❸ 되돌아보면, 그에게 미안하다.

..................................................................

❹ 되돌아보면, 학창시절이 가장 행복했었다.

..................................................................

❺ 되돌아보면, 그것은 좋은 추억이었다.

..................................................................

## Pattern 071  I don't know if 주어＋동사

나는 ～인지 잘 모르겠다

❶ 나는 그게 좋은 생각인지 잘 모르겠다.

..................................................................

❷ 나는 그가 잘 지내는지 잘 모르겠다.

..................................................................

❸ 나는 그가 숫기가 없는지 잘 모르겠다.

..................................................................

❹ 나는 오늘 소포를 받을 수 있는지 잘 모르겠다.

..................................................................

❺ 나는 복권에 1등으로 당첨될 수 있는지 잘 모르겠다.

..................................................................

## Pattern 072  made a decision to 동사원형

～하기로 결정했다

❶ 나는 매일 영어일기를 쓰기로 결심했다.

..................................................................

❷ 그녀는 한 학기 휴학을 하기로 결정했다.

..................................................................

❸ 그는 올해에 입대하기로 결정했다.

..................................................................

❹ 그는 학원에서 영어를 배우기로 결정했다.

..................................................................

❺ Esther는 일을 그만두기로 결정했다.

..................................................................

영작문 핵심패턴 233

**Day 25**

우리말을 보면서 해당하는 영어 문장을 써 보세요. 눈으로 봐도 충분할 것 같지만 패턴을 내 것으로 만들려면 직접 써 보는 훈련이 필요합니다. 영작이 잘 안 되는 부분은 표시해 두고 복습하세요.

---

**Pattern 073**   **sign up for...**                             ~에 등록하다

❶ 나는 영작수업에 등록할 것이다.

*✎* .......................................................................................

❷ 그녀는 요가수업에 등록했다.

*✎* .......................................................................................

❸ 우리는 다음 학기 수강신청을 했다.

*✎* .......................................................................................

❹ 나는 영어회화 수업을 등록했다.

*✎* .......................................................................................

❺ 나는 온라인 비즈니스 수업을 등록할까 생각중이다.

*✎* .......................................................................................

---

**Pattern 074**   **remind me of...**                       나에게 ~을 상기시키다

❶ 이 노래를 들으면 나는 그 시절이 떠오른다.

*✎* .......................................................................................

❷ 우리 선생님을 보면 나는 우리 고모가 생각난다.

*✎* .......................................................................................

❸ 이 셔츠를 보면 나는 내 전 남자친구가 생각난다.

*✎* .......................................................................................

❹ 그의 웃음을 들으면 나는 우리 아빠가 생각난다.

*✎* .......................................................................................

❺ 그 책들을 보면 나는 학창시절이 떠오른다.

*✎* .......................................................................................

---

**Pattern 075**   **There is nothing to 동사원형**         ~할 게 아무것도 없다

❶ 겁먹을 거 하나도 없어.

*✎* .......................................................................................

❷ 그것은 무료이기 때문에 잃을 것이 아무것도 없다.

*✎* .......................................................................................

❸ 오늘은 특별히 할 게 아무것도 없다.

*✎* .......................................................................................

❹ 여기에는 살 게 아무것도 없었다.

*✎* .......................................................................................

❺ 그 식당에는 먹을 게 아무것도 없었다.

*✎* .......................................................................................

27

영작문 핵심패턴 233

**Day 26**

우리말을 보면서 해당하는 영어 문장을 써 보세요. 눈으로 봐도 충분할 것 같지만 패턴을 내 것으로 만들려면 직접 써 보는 훈련이 필요합니다. 영작이 잘 안 되는 부분은 표시해 두고 복습하세요.

---

**Pattern 076** **There is no use -ing** ~해도 소용없다

❶ 승진해도 소용없다.

✎ .................................................................................................

❷ 면접을 준비해도 소용없다.

✎ .................................................................................................

❸ 해외에서 유학해도 소용없다.

✎ .................................................................................................

❹ 그에게 잘해봤자 소용없다.

✎ .................................................................................................

❺ 인턴으로 ABC회사에서 일을 해도 소용없다.

✎ .................................................................................................

---

**Pattern 077** **There is no harm -ing** ~해도 손해 볼 건 없다

❶ 소개팅해서 손해 볼 건 없잖아.

✎ .................................................................................................

❷ 영어공부 해서 손해 볼 건 없잖아.

✎ .................................................................................................

❸ 이직해서 손해 볼 건 없다.

✎ .................................................................................................

❹ 마케팅에 많은 돈을 투자해도 손해 볼 건 없다.

✎ .................................................................................................

❺ 파티를 위해 음식을 더 만들어도 손해 볼 건 없다.

✎ .................................................................................................

---

**Pattern 078** **have no choice but to 동사원형** ~할 수밖에 없다

❶ 나는 회의에 참석할 수밖에 없다.

✎ .................................................................................................

❷ 우리 엄마는 병원에 갈 수밖에 없다.

✎ .................................................................................................

❸ 우리는 그를 걱정할 수밖에 없었다.

✎ .................................................................................................

❹ 방문객들은 이 빌딩을 지나갈 수밖에 없다.

✎ .................................................................................................

❺ 감기에 걸린 사람은 충분한 물을 마시는 것 외에는 달리 방법이 없다.

✎ .................................................................................................

| Pattern 079 | **managed to 동사원형** | 가까스로 ~했다, 용케 ~했다 |
|---|---|---|

❶ 그녀는 회의에 가까스로 제시간에 도착했다.

🖉 ..................................................................................................................................

❷ 그는 가족을 위해 어렵게 시간을 냈다.

🖉 ..................................................................................................................................

❸ 나는 줄을 설 곳을 겨우 찾았다.

🖉 ..................................................................................................................................

❹ Peter는 네 요청을 가까스로 처리했다.

🖉 ..................................................................................................................................

❺ 그는 가까스로 축구 경기의 시작을 놓치지 않았다.

🖉 ..................................................................................................................................

| Pattern 080 | **too 형용사/부사 to 동사원형** | 너무 ~해서 …할 수 없는 |
|---|---|---|

❶ 나의 진실한 감정을 보여 주기엔 너무 늦었다.

🖉 ..................................................................................................................................

❷ 그 반지는 너무 커서 내가 낄 수가 없다.

🖉 ..................................................................................................................................

❸ 그 가방은 너무 비싸서 그녀가 살 수 없었다.

🖉 ..................................................................................................................................

❹ 그 수업은 너무 어려워서 내 동생이 들을 수 없다.

🖉 ..................................................................................................................................

❺ 이 음식은 너무 매워서 외국인들이 먹을 수 없다.

🖉 ..................................................................................................................................

| Pattern 081 | **never want to 동사원형** | 절대 ~하고 싶지 않다 |
|---|---|---|

❶ 나는 절대 그와 다시는 데이트하고 싶지 않았다.

🖉 ..................................................................................................................................

❷ 그녀는 절대 어학연수를 가고 싶어 하지 않는다.

🖉 ..................................................................................................................................

❸ 난 결코 회사를 그만 두고 싶지 않았다.

🖉 ..................................................................................................................................

❹ 그는 결코 이런 일이 일어나길 원하지 않았다.

🖉 ..................................................................................................................................

❺ Jack은 결코 너를 슬프게 만들지 않을 것이다.

🖉 ..................................................................................................................................

**Pattern 082** **would rather A than B**  B 하느니 A 하는 게 낫다

❶ 대학원에 들어가느니 노는 게 낫다.

❷ 집에서 아무것도 안 하느니 운동하는 게 낫다.

❸ 피하는 것보다 이 상황에 도전하는 게 낫다.

❹ 계속 재채기를 하느니 진찰을 받는 게 낫겠다.

❺ 동창회에 안 가느니 서두르는 게 낫다.


**Pattern 083** **would be the last person to 동사원형**  ~할 사람이 절대 아니다

❶ 우리 엄마는 울 사람이 절대 아니다.

❷ 내 남자 친구는 거짓말할 사람이 절대 아니다.

❸ 내 여동생은 명품 가방을 살 사람이 절대 아니다.

❹ 그녀는 쉽게 이직할 사람이 절대 아니다.

❺ 우리 부장님은 우리에게 점심을 살 사람이 절대 아니다.


**Pattern 084** **No matter how 형용사+주어+동사**  ~가 아무리 …해도

❶ 그게 아무리 어려워도 시도해 봐.

❷ 그는 아무리 피곤해도 퇴근 후에 영어공부를 한다.

❸ 친환경 제품들이 아무리 비싸도 그것은 살 만한 가치가 있다.

❹ 뭐가 할인중이든 나는 뭔가를 사고 싶다.

❺ 어떤 일이 벌어져도 우리 사장님은 중립적인 태도를 취할 수 있다.

영작문 핵심패턴 233

**Day 29**

우리말을 보면서 해당하는 영어 문장을 써 보세요. 눈으로 봐도 충분할 것 같지만 패턴을 내 것으로 만들려면 직접 써 보는 훈련이 필요합니다. 영작이 잘 안 되는 부분은 표시해 두고 복습하세요.

## Pattern 085 How are things with...?　　　～와는 잘돼 가요?

❶ 남자 친구랑은 잘돼 가?

✎ ....................................................................................................

❷ 네 프로젝트는 잘돼 가?

✎ ....................................................................................................

❸ 상사와의 관계는 잘돼 가?

✎ ....................................................................................................

❹ 서울 생활은 잘돼 가?

✎ ....................................................................................................

❺ 회사는 잘돼 가요?

✎ ....................................................................................................

## Pattern 086 Let me know...　　　～을 알려줘

❶ 그의 휴대폰 번호를 알려줘.

✎ ....................................................................................................

❷ 네 주소를 알려줘.

✎ ....................................................................................................

❸ 거기에 어떻게 가는지 알려줘.

✎ ....................................................................................................

❹ 너를 어디서 만날지 알려줘.

✎ ....................................................................................................

❺ 네가 어떻게 했는지 알려줘.

✎ ....................................................................................................

## Pattern 087 Thank you for 이유　　　～해 줘서 고마워

❶ 집에 데려다 줘서 고마워요.

✎ ....................................................................................................

❷ 날 챙겨 줘서 고마워.

✎ ....................................................................................................

❸ 내 얘기를 들어 줘서 고마워

✎ ....................................................................................................

❹ 내 졸업을 축하해 줘서 고마워.

✎ ....................................................................................................

❺ 나에게 소개팅을 주선해 줘서 고마워.

✎ ....................................................................................................

영작문 핵심패턴 233

**Day 30**

우리말을 보면서 해당하는 영어 문장을 써 보세요. 눈으로 봐도 충분할 것 같지만 패턴을 내 것으로 만들려면 직접 써 보는 훈련이 필요합니다. 영작이 잘 안 되는 부분은 표시해 두고 복습하세요.

---

**Pattern 088**    **Don't forget to 동사원형**                    ~하는 것을 잊지 마

❶ 내일 나에게 전화하는 거 잊지 마.

   /..................................................................................................................

❷ 우산 가져가는 거 잊지 마.

   /..................................................................................................................

❸ 오늘 밤 나한테 그 파일 보내는 거 잊지 마.

   /..................................................................................................................

❹ 네 블로그에 내 사진 올리는 것 잊지 마.

   /..................................................................................................................

❺ 네가 늦어지면 나한테 전화하는 거 잊지 마.

   /..................................................................................................................

---

**Pattern 089**    **I've got to 동사원형**                    나는 ~해야 한다

❶ 나는 오늘 학교에 가야 해.

   /..................................................................................................................

❷ 그녀는 숙제를 해야 해.

   /..................................................................................................................

❸ 너는 돈을 저축해야 해.

   /..................................................................................................................

❹ 우리는 프로젝트 작업을 시작해야 해요.

   /..................................................................................................................

❺ 그는 내일 있을 면접을 준비해야 해.

   /..................................................................................................................

---

**Pattern 090**    **had better 동사원형**                    ~하는 게 낫겠다

❶ 그는 집에 가서 쉬는 게 낫겠다.

   /..................................................................................................................

❷ 그녀는 달리기를 포기하는 게 낫겠어.

   /..................................................................................................................

❸ 너는 밤에는 나가지 않는 게 좋겠다.

   /..................................................................................................................

❹ 돈을 모으기 위해서 나는 쇼핑을 가지 않는 게 좋겠어.

   /..................................................................................................................

❺ 내 남자 친구는 건강을 위해서 흡연을 하지 않는 게 좋겠어.

   /..................................................................................................................

영작문 핵심패턴 233

**Day 31**

우리말을 보면서 해당하는 영어 문장을 써 보세요. 눈으로 봐도 충분할 것 같지만 패턴을 내 것으로 만들려면 직접 써 보는 훈련이 필요합니다. 영작이 잘 안 되는 부분은 표시해 두고 복습하세요.

---

**Pattern 091  come over to 장소**                          ~로 오다

❶ 네가 내 송별회에 와 줬으면 해.

❷ 사장님께서는 나에게 회식에 오라고 하셨어.

❸ 가능한 빨리 책 가지고 우리 교실로 와.

❹ 우리가 너희 집에 가도 되겠니?

❺ 지금 여기로 올 수 있어?

---

**Pattern 092  make it (to 장소)**                          가다, 참석하다

❶ 미안하지만 난 못 갈 것 같아.

❷ 그녀는 이번 주 금요일에 못 가.

❸ 무슨 일이 있어도 우리는 회의에 참석해야만 한다.

❹ 그는 네 송별회에 못 간다고 말했어.

❺ 초대해줘서 고맙지만 못 갈 것 같아.

---

**Pattern 093  Do you have... in mind?**                  ~하고 싶은 것 있니?

❶ 가고 싶은 식당 있니?

❷ 보고 싶은 영화 있어?

❸ 어떤 색깔을 생각하고 있나요?

❹ ABC 가게에서 사고 싶은 것 있니?

❺ 네 선물은 정확히 내가 갖고 싶었던 거야.

영작문 핵심패턴 233

**Day 32**

우리말을 보면서 해당하는 영어 문장을 써 보세요. 눈으로 봐도 충분할 것 같지만 패턴을 내 것으로 만들려면 직접 써 보는 훈련이 필요합니다. 영작이 잘 안 되는 부분은 표시해 두고 복습하세요.

---

**Pattern 094**  **I hope that...**    나는 ~하기를 바란다

❶ 조만간 우리가 다시 만나길 바랄게.

❷ 조만간 네가 취직하길 바랄게.

❸ 내일 비가 안 오면 좋겠어.

❹ 네가 한국에서 좋은 시간을 보냈기를 바라.

❺ 모든 게 잘 되기를 바랄게.

---

**Pattern 095**  **I'll help you 동사원형**    나는 네가 ~하는 것을 도울 것이다

❶ 네가 숙제하는 걸 도와줄게.

❷ 네가 성공하도록 도와줄게.

❸ 네가 견디기 위한 방법을 찾도록 도와줄게.

❹ 너의 프로젝트를 도와줄게.

❺ 그거 먼저 도와줄게.

---

**Pattern 096**  **can't wait to 동사원형**    너무 ~하고 싶다

❶ 네가 너무 보고 싶다.

❷ 나는 너와 빨리 저녁을 먹고 싶다.

❸ 빨리 집에 가고 싶어.

❹ 그는 여자 친구와 빨리 결혼하고 싶어 한다.

❺ 그녀는 퇴근 후에 빨리 드라이브를 가고 싶어 한다.

영작문 핵심패턴 233

# Day 33

우리말을 보면서 해당하는 영어 문장을 써 보세요. 눈으로 봐도 충분할 것 같지만 패턴을 내 것으로 만들려면 직접 써 보는 훈련이 필요합니다. 영작이 잘 안 되는 부분은 표시해 두고 복습하세요.

---

**Pattern 097**  **be crazy about...**                           ~에 열광하다

❶ 그녀는 명품 가방을 몹시 좋아한다.
  ......................................................................................................

❷ 그는 야구경기에 열광한다.
  ......................................................................................................

❸ 내 친구들은 모두 클럽을 좋아한다.
  ......................................................................................................

❹ 너는 어떤 것에 열광하니?
  ......................................................................................................

❺ 나는 사람들이 왜 그 영화배우한테 열광하는지 이해를 못하겠어.
  ......................................................................................................

---

**Pattern 098**  **whether... or not**                          ~인지 아닌지

❶ 그녀는 그가 거짓말을 했는지 안 했는지 알고 싶어 한다.
  ......................................................................................................

❷ 나는 그 수업이 좋은지 아닌지 알고 싶어.
  ......................................................................................................

❸ 우리 교수님이 거기 오셨는지 아닌지 모르겠어.
  ......................................................................................................

❹ 내가 나중에 다시 올 수 있을지 아닐지 잘 모르겠어.
  ......................................................................................................

❺ 그녀가 네 파티에 올지 안 올지 알고 싶어.
  ......................................................................................................

---

**Pattern 099**  **deserve to 동사원형**                       ~할 만하다

❶ 당신은 승진할 만해요.
  ......................................................................................................

❷ 그녀는 인터뷰에 합격할 만해.
  ......................................................................................................

❸ 그 팀은 시합에서 이길 만했어.
  ......................................................................................................

❹ 그는 토익에서 높은 점수를 받을 만해.
  ......................................................................................................

❺ 제 동료는 최고의 직원으로 인정을 받을 만해요.
  ......................................................................................................

35

영작문 핵심패턴 233

**Day 34**

우리말을 보면서 해당하는 영어 문장을 써 보세요. 눈으로 봐도 충분할 것 같지만 패턴을 내 것으로 만들려면 직접 써 보는 훈련이 필요합니다. 영작이 잘 안 되는 부분은 표시해 두고 복습하세요.

## Pattern 100  treat 사람 to...                    ~에게 …을 대접하다

❶ 내가 너에게 점심 살게.

✎ ....................................................................................................................

❷ 그가 너에게 저녁을 대접했니?

✎ ....................................................................................................................

❸ 점심 후에 커피 살게.

✎ ....................................................................................................................

❹ 우리 사장님은 나에게 아무 것도 사 주신 적이 없어.

✎ ....................................................................................................................

❺ 저녁 사 주셔서 고마워요.

✎ ....................................................................................................................


## Pattern 101  It doesn't make sense to 동사원형        ~하는 건 말도 안 돼

❶ 포기하는 건 말도 안 돼.

✎ ....................................................................................................................

❷ 공부하느라 밤을 샌다는 건 말도 안 돼.

✎ ....................................................................................................................

❸ 세계 일주를 하는 건 말도 안 돼.

✎ ....................................................................................................................

❹ 허락 없이 수업을 빠지는 것은 말도 안 돼.

✎ ....................................................................................................................

❺ 아무 도움 없이 박스를 4개 이상 가져오는 건 말도 안 돼.

✎ ....................................................................................................................


## Pattern 102  Rumor has it that...                    ~라는 소문이 있다

❶ 그가 이직을 원한다는 소문이 있어.

✎ ....................................................................................................................

❷ 우리 사장님이 이혼했다는 소문이 있더라.

✎ ....................................................................................................................

❸ 그가 여자 친구를 두고 바람을 피우고 있다는 소문이 있어.

✎ ....................................................................................................................

❹ 지난 주말에 네가 남자 친구와 헤어졌다는 소문이 있어.

✎ ....................................................................................................................

❺ 오늘 우리한테 새로운 선생님이 생길 거라는 소문이 있어.

✎ ....................................................................................................................

| Pattern 103 | **Why don't you 동사원형?** | ~하는 게 어때요? |
|---|---|---|

❶ 채식을 준비하는 게 어때요?

❷ 2층을 사용하는 게 어때?

❸ Peter를 위한 은퇴 날짜를 연기하는 게 어때요?

❹ 무료 조식을 제공하는 건 어떨까요?

❺ 다른 호텔과 얘기해서 다른 옵션이 있는지 물어보는 게 어때요?

| Pattern 104 | **It would be a good idea to 동사원형** | ~하는 건 좋은 생각인 것 같아요 |
|---|---|---|

❶ 화상 회의를 하는 건 좋은 생각인 것 같아요.

❷ 셔틀버스를 운행하는 건 좋은 생각인 것 같아요.

❸ 고정된 회의 날짜를 갖는 건 좋은 생각인 것 같아요.

❹ 경력직 사원들을 채용하는 건 좋은 생각인 것 같습니다.

❺ 전단지를 만들어서 배포하는 건 좋은 생각인 것 같아요.

| Pattern 105 | **I recommend you 동사원형** | 나는 당신이 ~하기를 권합니다 |
|---|---|---|

❶ 장비를 더 살 것을 권합니다.

❷ 빠진 페이지들을 복사할 것을 권합니다.

❸ 우리 직원들로부터 아이디어를 모으는 것을 권해요.

❹ 엘리베이터에 공지를 붙이는 것을 권해요.

❺ 고객들에게 전화해서 그들에게 사과하고 우리의 문제에 대해 설명할 것을 권합니다.

영작문 핵심패턴 233

# Day 36

우리말을 보면서 해당하는 영어 문장을 써 보세요. 눈으로 봐도 충분할 것 같지만 패턴을 내 것으로 만들려면 직접 써 보는 훈련이 필요합니다. 영작이 잘 안 되는 부분은 표시해 두고 복습하세요.

## Pattern 106   conduct a survey of...                    ~에게 설문조사를 실시하다

❶ 대학생들에게 설문조사를 하는 게 어때요?

_✎_ ......................................................................................................

❷ 우리는 20대에게 설문조사를 해야 한다.

_✎_ ......................................................................................................

❸ 귀사의 직원들에게 설문조사 하는 것은 좋은 의견인 것 같아요.

_✎_ ......................................................................................................

❹ 내 생각에는 우리 고객들이 돈을 지불할 때 그들에게 설문조사를 해야 할 것 같아.

_✎_ ......................................................................................................

❺ 학부모와 선생님들에게 설문조사를 하는 게 어때?

_✎_ ......................................................................................................


## Pattern 107   post an announcement that/of...           ~에 대한 공지를 띄우다

❶ 이벤트가 연기되었다고 공지를 띄우는 것이 어때?

_✎_ ......................................................................................................

❷ 우리가 민박 가족이 필요하다는 공지를 띄우는 것이 어때요?

_✎_ ......................................................................................................

❸ 너는 우리 인트라넷에 다가오는 행사에 대해 공지를 띄워야 해.

_✎_ ......................................................................................................

❹ 채용 사이트들에 구인 공지를 띄우는 것은 좋은 생각인 것 같다.

_✎_ ......................................................................................................

❺ 우리는 우리 정책의 변경사항을 상세히 알리는 공지를 띄워야 해.

_✎_ ......................................................................................................


## Pattern 108   place an advertisement on/in...             ~에 광고하다

❶ 광고하는 데 돈이 많이 들어요.

_✎_ ......................................................................................................

❷ 인터넷에 광고하는 것을 추천해요.

_✎_ ......................................................................................................

❸ 지역 신문에 광고를 하는 건 어때요?

_✎_ ......................................................................................................

❹ 우리는 라디오방송을 통해 광고를 해야 합니다.

_✎_ ......................................................................................................

❺ 사람들에게 우리의 신제품을 알리기 위해 광고를 하는 것은 좋은 생각인 것 같습니다.

_✎_ ......................................................................................................

영작문 핵심패턴 233
**Day 37**

우리말을 보면서 해당하는 영어 문장을 써 보세요. 눈으로 봐도 충분할 것 같지만 패턴을 내 것으로 만들려면 직접 써 보는 훈련이 필요합니다. 영작이 잘 안 되는 부분은 표시해 두고 복습하세요.

## Pattern 109   send... by express mail
특급 배송으로 ~을 보내다

❶ 너는 특급 배송으로 올바른 물건을 보내야 해.

❷ 우리는 기꺼이 당신에게 특급 배송으로 빠진 부품을 보내드리도록 하겠습니다.

❸ 당신의 신용카드를 지금 바로 특급 배송으로 보내겠습니다.

❹ 우리 이벤트에 대한 소식지를 지역 주민들에게 특급 배송으로 보낼 것을 권합니다.

❺ 무료 선물을 못 받은 고객들에게 특급 배송으로 그것을 보내는 것은 좋은 생각인 것 같다.

## Pattern 110   check if 주어＋동사
~인지 확인하다

❶ 귀하의 물건이 발송되고 있는지 확인해 보겠습니다.

❷ Peter가 신입직원들을 교육시킬 시간이 있는지 확인해 볼게.

❸ 사장님께서 마감일을 연장해 주실 수 있는지 확인해 보는 건 어때?

❹ 내 생각에 너는 빈방이 있는지 다시 확인해 봐야 해.

❺ 이중 주차를 한 사람들이 있는지 확인해 보는 것은 좋은 생각인 것 같다.

## Pattern 111   give a reward for 성과물
~에 대한 보상을 주다

❶ 사장님께서는 직원들의 좋은 결과에 대해 보상을 하실 겁니다.

❷ 선생님은 좋은 태도에 대해 상을 주셨다.

❸ Peter는 그의 아이들의 좋은 성적에 대해 상을 주려고 노력한다.

❹ 계약을 성사시킨 것에 대해 보상을 할 방법이 많이 있습니다.

❺ 우리 엄마는 저에게 대학교를 졸업한 것에 대한 상을 주실 거예요.

# Day 38

---

## Pattern 112  **will be held in/at 장소 on 날짜**　　〜이 (언제) (어디서) 열릴 것이다

❶ 그것은 6월 4일 ABC 빌딩에서 열릴 겁니다.

🖉 ............................................................................................................

❷ 환영회는 3월 25일 중앙홀에서 열릴 겁니다.

🖉 ............................................................................................................

❸ 기술 전시회는 10월 12일 Brown 회사에서 열릴 겁니다.

🖉 ............................................................................................................

❹ 컨퍼런스는 12월 23일 SKY 회사에서 열릴 겁니다.

🖉 ............................................................................................................

❺ 연례회의는 1월 6일 우리 본사 2층 회의실에서 열릴 겁니다.

🖉 ............................................................................................................

---

## Pattern 113  **will start at 시간 and end at 시간**　　〜에 시작하고 …에 끝날 것이다

❶ 회의는 오전 10시에 시작해서 12시에 끝날 것입니다.

🖉 ............................................................................................................

❷ 요가 수업은 오후 8시에 시작해서 9시 30분에 끝날 것입니다.

🖉 ............................................................................................................

❸ 버스 투어는 오전 10시에 시작해서 오후 4시에 끝날 겁니다.

🖉 ............................................................................................................

❹ 오찬은 Premium 식당에서 12시에 시작해서 오후 2시에 끝날 겁니다.

🖉 ............................................................................................................

❺ PI 회사 CEO인 Park씨가 발표하는 프레젠테이션은 오후 3시에 시작해서 5시에 끝날 겁니다.

🖉 ............................................................................................................

---

## Pattern 114  **be located in/on 장소**　　〜에 위치해 있다

❶ ABC 회사는 LA에 위치해 있습니다.

🖉 ............................................................................................................

❷ 저희 학교는 Bloor Street에 위치해 있습니다.

🖉 ............................................................................................................

❸ 컨퍼런스 센터는 Lawrence Avenue에 위치해 있요습니다.

🖉 ............................................................................................................

❹ 저희 가게는 King Street 123번지에 위치해 있습니다.

🖉 ............................................................................................................

❺ 호텔은 Toronto의 College Avenue에 위치해 있습니다.

🖉 ............................................................................................................

영작문 핵심패턴 233

**Day 39**

우리말을 보면서 해당하는 영어 문장을 써 보세요. 눈으로 봐도 충분할 것 같지만 패턴을 내 것으로 만들려면 직접 써 보는 훈련이 필요합니다. 영작이 잘 안 되는 부분은 표시해 두고 복습하세요.

---

**Pattern 115** **You will depart from 장소 at 시간**　　　당신은 ~를 …에 떠날 겁니다

❶ 당신은 오전 10시에 서울을 떠날 겁니다.
🖉................................................................................................................

❷ 당신은 오후 2시에 Toronto를 떠날 겁니다.
🖉................................................................................................................

❸ 당신은 오후 12시 30분에 ABC역에서 출발할 겁니다.
🖉................................................................................................................

❹ 당신은 6월 8일 일요일 오후 7시에 La Guardia 공항에서 출발할 겁니다.
🖉................................................................................................................

❺ 귀하의 여행 일정표에 따르면, 당신은 오후 4시에 Chitose 공항에서 출발할 겁니다.
🖉................................................................................................................

---

**Pattern 116** **You will arrive at/in 장소**　　　당신은 ~에 도착할 겁니다

❶ 당신은 오후 6시에 Seattle에 도착할 겁니다.
🖉................................................................................................................

❷ 당신은 5월 25일 오후 2시 30분에 Washington D.C.에 도착할 겁니다.
🖉................................................................................................................

❸ 귀하의 여행 일정표에 따르면, 당신은 4월 30일에 Montreal에 도착할 겁니다.
🖉................................................................................................................

❹ Mandy씨는 7월 3일에 Pearson 국제공항에 도착할 겁니다.
🖉................................................................................................................

❺ 신입사원들은 공장견학을 가기 위해 오후 2시에 A 공장에 도착할 겁니다.
🖉................................................................................................................

---

**Pattern 117** **There will be a session on...**　　　~에 대한 시간이 있겠습니다

❶ 건강식에 대한 시간이 있겠습니다.
🖉................................................................................................................

❷ 1분기 매출에 대한 시간이 있을 겁니다.
🖉................................................................................................................

❸ 직장생활에서 성공하는 방법에 대한 시간이 있겠습니다.
🖉................................................................................................................

❹ James씨가 이끄는 회사 복리후생에 대한 시간이 있겠습니다.
🖉................................................................................................................

❺ 마케팅 부장인 Peter씨가 이끄는 아시아 시장에 대한 시간이 있겠습니다.
🖉................................................................................................................

# Day 40

## Pattern 118  will last for 시간 ~동안 진행될 겁니다

❶ 회의는 8시간 동안 진행될 겁니다.

❷ 교육 세션은 5시간 동안 진행될 겁니다.

❸ 그의 발표는 한 시간 동안 진행될 겁니다.

❹ 채용 박람회는 8시간 동안 진행되고 ABC센터에서 열릴 겁니다.

❺ 컴퓨터 수업은 매주 월요일에 3시간 동안 진행될 겁니다.

## Pattern 119  participate in... ~에 참여하다

❶ 때때로 학생들은 게임에 참여해야 한다.

❷ 아이들은 다양한 종류의 활동들에 참여해야 한다.

❸ 당신은 내일 저녁에 팀 프로젝트에 참여해야 합니다.

❹ 사람들은 동아리에 참여함으로써 인맥을 쌓을 수 있다.

❺ 이번 회식에 참석하는 것은 좋은 생각인 것 같습니다.

## Pattern 120  It will be... 그것은 ~일 것이다

❶ 그건 도움이 될 겁니다.

❷ 그건 효과적일 겁니다.

❸ 그건 가능할 겁니다.

❹ 그건 참고가 될 겁니다.

❺ 그곳은 200명 이상을 수용하기에 충분히 넓을 겁니다.

영작문 핵심패턴 233

**Day 41**

우리말을 보면서 해당하는 영어 문장을 써 보세요. 눈으로 봐도 충분할 것 같지만 패턴을 내 것으로 만들려면 직접 써 보는 훈련이 필요합니다. 영작이 잘 안 되는 부분은 표시해 두고 복습하세요.

---

**Pattern 121**    **I agree with/that...**      나는 ~에 동의한다

❶ 저는 이 의견에 동의합니다.

  🖉 ....................................................................................................................................

❷ 광고가 소비자들에게 큰 영향을 준다는 것에 동의합니다.

  🖉 ....................................................................................................................................

❸ 학생들이 대학을 고를 때 교수진이 가장 중요한 요소라는 것에 동의해요.

  🖉 ....................................................................................................................................

❹ 부모님이 그들의 자녀들에게 최고의 선생님이 될 수 있다는 것에 동의하지 않아요.

  🖉 ....................................................................................................................................

❺ 자녀들이 결혼할 때까지 부모들이 그들을 부양해야 한다는 것에 나는 동의하지 않는다.

  🖉 ....................................................................................................................................

---

**Pattern 122**    **In my case, 주어+동사**      내 경우에는 ~한다

❶ 내 경우에는 혼자 사는 것이 힘들다.

  🖉 ....................................................................................................................................

❷ 내 경우에는 매일 야근하는 것은 나를 피곤하게 했다.

  🖉 ....................................................................................................................................

❸ 내 경우에는 우리 부모님이 내 생활에 간섭하는 것은 안 좋았다.

  🖉 ....................................................................................................................................

❹ 내 경우에는 돈을 현명하게 관리하는 법을 아는 것이 중요하다고 느꼈다.

  🖉 ....................................................................................................................................

❺ 내 경우에는 대학생 때 공부하는 것이 취업을 하기 위해서 가장 중요한 요소라고 생각했다.

  🖉 ....................................................................................................................................

---

**Pattern 123**    **Thanks to..., 주어+동사**      ~ 덕분에 …하다

❶ 인터넷 덕분에 사람들은 세계에서 무슨 일이 일어나고 있는지 압니다.

  🖉 ....................................................................................................................................

❷ 기술 발전 덕분에 사람들은 먼 곳에 있는 사랑하는 사람들과 수다를 떨 수 있습니다.

  🖉 ....................................................................................................................................

❸ 스마트폰 덕분에 사람들은 언제 어디서든 유용한 정보를 얻을 수 있습니다.

  🖉 ....................................................................................................................................

❹ 부모님의 지원 덕분에 저는 제가 시도하고 싶었던 것은 모두 시도해 볼 수 있었습니다.

  🖉 ....................................................................................................................................

❺ 인터넷 덕택에, 동네에 수준 높은 기관이 없는 학생들이 온라인 강의를 들을 수 있습니다.

  🖉 ....................................................................................................................................

영작문 핵심패턴 233

**Day 42**

우리말을 보면서 해당하는 영어 문장을 써 보세요. 눈으로 봐도 충분할 것 같지만 패턴을 내 것으로 만들려면 직접 써 보는 훈련이 필요합니다. 영작이 잘 안 되는 부분은 표시해 두고 복습하세요.

---

**Pattern 124**   **on weekdays/weekends**                    주중에는/주말마다

❶ 나는 주말마다 교회에 갑니다.

   🖉 ................................................................................................

❷ 나는 주말마다 가족들과 외식을 합니다.

   🖉 ................................................................................................

❸ 나는 주중에는 영어 학원에 갑니다.

   🖉 ................................................................................................

❹ 나는 주중에는 아르바이트를 합니다.

   🖉 ................................................................................................

❺ 대부분의 친구들은 일 때문에 주중에 만날 시간이 없습니다.

   🖉 ................................................................................................

---

**Pattern 125**   **It costs 돈 for 물건**                    ~은 …의 돈이 든다

❶ 명품 가방은 많은 돈이 듭니다.

   🖉 ................................................................................................

❷ 그 박물관 입장료는 적은 돈이 듭니다.

   🖉 ................................................................................................

❸ 그 자켓은 약 500달러의 돈이 들었습니다.

   🖉 ................................................................................................

❹ 수리 비용으로 50달러 이상의 돈이 들었습니다.

   🖉 ................................................................................................

❺ 전망탑에 들어가는 데 약간의 돈이 들었습니다.

   🖉 ................................................................................................

---

**Pattern 126**   **I consider... when -ing**                    나는 ~할 때 …을 고려한다

❶ 저는 집을 빌릴 때 가격을 고려합니다.

   🖉 ................................................................................................

❷ 나는 옷을 살 때 질을 고려해요.

   🖉 ................................................................................................

❸ 저는 일을 구할 때 안정성을 고려합니다.

   🖉 ................................................................................................

❹ 나는 어떤 영화를 볼지 고를 때 리뷰를 고려한다.

   🖉 ................................................................................................

❺ 나는 여행을 갈 때 얼마나 많은 활동들이 있는지 고려해요.

   🖉 ................................................................................................

---

**Pattern 127** **graduate from...**  ~를 졸업하다

❶ 저는 작년에 대학교를 졸업했습니다.

_✎_.............................................................................

❷ 저는 아직 학교를 졸업하지 않았습니다.

_✎_.............................................................................

❸ 저는 학교를 졸업하기 싫습니다.

_✎_.............................................................................

❹ 저는 이번 여름에 대학교를 졸업할 예정입니다.

_✎_.............................................................................

❺ 제 친구들은 모두 이미 학교를 졸업했습니다.

_✎_.............................................................................

---

**Pattern 128** **major in...**  ~을 전공하다

❶ 저는 기계공학을 전공하고 있습니다.

_✎_.............................................................................

❷ 제 친구들은 대부분 영어영문을 전공하고 있습니다.

_✎_.............................................................................

❸ 대학 시절 저는 경영학을 전공했습니다.

_✎_.............................................................................

❹ 고등학교 때 저는 건축공학을 전공하고 싶었습니다.

_✎_.............................................................................

❺ 저는 정치학과 법학을 복수전공 했습니다.

_✎_.............................................................................

---

**Pattern 129** **work for/in...**  ~에서 일하다

❶ 저는 SKY 회사에 다닙니다.

_✎_.............................................................................

❷ 저는 회사에 다니지 않습니다.

_✎_.............................................................................

❸ 저는 5년째 회사에 다니고 있습니다.

_✎_.............................................................................

❹ 마케팅부에서 일하고 싶습니다.

_✎_.............................................................................

❺ 저는 영업부에서 인턴으로 6개월째 일하고 있습니다.

_✎_.............................................................................

영작문 핵심패턴 233

**Day 44**

우리말을 보면서 해당하는 영어 문장을 써 보세요. 눈으로 봐도 충분할 것 같지만 패턴을 내 것으로 만들려면 직접 써 보는 훈련이 필요합니다. 영작이 잘 안 되는 부분은 표시해 두고 복습하세요.

## Pattern 130 · I have experience -ing · 나는 ~한 경험이 있다

❶ 저는 회사에서 일한 경험이 있습니다.

❷ 저는 인턴으로 일한 경험이 있습니다.

❸ 저는 많은 봉사활동을 한 경험이 있습니다.

❹ 저는 외국생활을 한 경험이 없습니다.

❺ 저는 아이디어 공모전을 위해 팀으로 작업한 경험이 있습니다.

## Pattern 131 · I have been living in 장소 for 기간 · 나는 ~에 …동안 살고 있는 중이다

❶ 저는 아파트에서 10년 동안 살고 있습니다.

❷ 저는 부산에서 5년 동안 살고 있습니다.

❸ 저는 20년 동안 서울 부근에 살고 있습니다.

❹ 저는 대학교에 입학한 이래로 서울에서 5년 동안 살고 있습니다.

❺ 제 친구 중 한 명은 미국에서 3년 동안 살고 있습니다.

## Pattern 132 · I used to 동사원형 when I was young · 나는 어렸을 때 ~하곤 했다

❶ 저는 어렸을 때 서울에 살았습니다.

❷ 저는 어렸을 때 강아지를 길렀습니다.

❸ 저는 어렸을 때 수업을 전혀 빼먹지 않았습니다.

❹ 저는 어렸을 때 가족과 함께 소풍을 가곤 했습니다.

❺ 제가 어렸을 때 저희 엄마는 건강하셨습니다.

영작문 핵심패턴 233

**Day 45**

우리말을 보면서 해당하는 영어 문장을 써 보세요. 눈으로 봐도 충분할 것 같지만 패턴을 내 것으로 만들려면 직접 써 보는 훈련이 필요합니다. 영작이 잘 안 되는 부분은 표시해 두고 복습하세요.

| Pattern 133 | **I enjoy -ing** | 나는 ~하는 것을 즐긴다 |
| --- | --- | --- |

❶ 저는 해외여행 가는 것을 즐깁니다.

🖉 ..............................................................................................

❷ 저는 테라스에서 커피 마시는 것을 즐깁니다.

🖉 ..............................................................................................

❸ 저는 친구들과 야구하는 것을 즐깁니다.

🖉 ..............................................................................................

❹ 저는 운전하면서 음악을 크게 듣는 것을 즐깁니다.

🖉 ..............................................................................................

❺ 저는 집 근처 공원에서 강아지와 산책하는 것을 즐깁니다.

🖉 ..............................................................................................


| Pattern 134 | **I like... more than~** | 나는 ~보다 …을 더 좋아한다 |
| --- | --- | --- |

❶ 저는 다른 음료보다 커피를 더 좋아합니다.

🖉 ..............................................................................................

❷ 저는 다른 운동보다 춤추는 것을 더 좋아합니다.

🖉 ..............................................................................................

❸ 저는 다른 사람들보다 제 주위 사람들을 더 좋아합니다.

🖉 ..............................................................................................

❹ 저는 다른 색깔보다 검은색 옷을 사는 것을 더 좋아합니다.

🖉 ..............................................................................................

❺ 저는 재미있는 직장보다는 돈을 많이 주는 직장을 더 좋아합니다.

🖉 ..............................................................................................


| Pattern 135 | **I have/lose interest in...** | 나는 ~에 흥미를 갖다/잃다 |
| --- | --- | --- |

❶ 저는 자선 행사에 관심이 있습니다.

🖉 ..............................................................................................

❷ 저는 온라인 쇼핑에 흥미가 있습니다.

🖉 ..............................................................................................

❸ 저는 제 친구 때문에 홍차에 흥미를 갖게 되었습니다.

🖉 ..............................................................................................

❹ 저는 낚시하러 가는 것에 흥미를 잃었습니다.

🖉 ..............................................................................................

❺ 저는 운동에 흥미를 잃어가고 있습니다.

🖉 ..............................................................................................

---

**Pattern 136**   **I have trouble -ing**      나는 ~하느라 어려움을 겪는다

❶ 저는 밤에 잠을 자는 데 어려움을 겪습니다.

❷ 요새 눈 때문에 출퇴근하는 데 어려움을 겪습니다.

❸ 저는 학교에서 새로운 반 친구들과 잘 지내는 데 어려움을 겪었습니다.

❹ 저는 처음 시작했을 때 일에 적응하느라 어려움을 겪었습니다.

❺ 어렸을 때 젓가락을 사용하느라 어려움을 겪곤 했습니다.

---

**Pattern 137**   **on a regular basis**      정기적으로

❶ 저는 정기적으로 운동을 하려고 노력합니다.

❷ 저는 이웃 주민들과 정기적으로 만납니다.

❸ 저는 서점에 정기적으로 갑니다.

❹ 저희 부모님께서는 건강을 유지하기 위해서 정기적으로 건강검진을 받습니다.

❺ 저는 영어실력을 향상시키기 위해서 규칙적으로 영어일기를 쓰기로 결심했습니다.

---

**Pattern 138**   **get rid of stress**      스트레스를 풀다

❶ 저는 스트레스를 풀기 위해서 친구들과 술을 마십니다.

❷ 저는 게임을 하면서 스트레스를 풀 수 있습니다.

❸ 저는 스트레스를 풀기 위해서 친구들과 노래방에서 노래 부르는 것을 좋아합니다.

❹ 어떤 여자들은 스트레스를 풀기 위해 단 것을 먹습니다.

❺ 저는 운동이 스트레스를 푸는 데 가장 좋은 방법이라고 생각합니다.

영작문 핵심패턴 233

**Day 47**

우리말을 보면서 해당하는 영어 문장을 써 보세요. 눈으로 봐도 충분할 것 같지만 패턴을 내 것으로 만들려면 직접 써 보는 훈련이 필요합니다. 영작이 잘 안 되는 부분은 표시해 두고 복습하세요.

---

| Pattern 139 | **I wasted time/money -ing** | 나는 ~하느라 시간/돈을 낭비했다 |

❶ 저는 잘못된 길로 가느라 시간을 낭비했습니다.

✎ ......................................................................................................................

❷ 저는 과거를 후회하느라 시간을 낭비했습니다.

✎ ......................................................................................................................

❸ 저는 쓸데없는 것들을 사느라 돈을 낭비했습니다.

✎ ......................................................................................................................

❹ 저는 온라인 게임에서 아이템들을 사느라 돈을 낭비했습니다.

✎ ......................................................................................................................

❺ 저는 시간과 돈을 낭비하는 것을 피하려고 항상 계획을 세웁니다.

✎ ......................................................................................................................

---

| Pattern 140 | **be worth -ing** | ~할 가치가 있다 |

❶ 영어는 공부할 가치가 있습니다.

✎ ......................................................................................................................

❷ 그 책은 읽을 만한 가치가 있습니다.

✎ ......................................................................................................................

❸ 그의 노래들은 들을 만한 가치가 있습니다.

✎ ......................................................................................................................

❹ 그 옷은 살 만한 가치가 있었습니다.

✎ ......................................................................................................................

❺ 그 수업은 들을 만한 가치가 있었습니다.

✎ ......................................................................................................................

---

| Pattern 141 | **be well-known among 사람** | ~에게 잘 알려져 있다 |

❶ 그 식당은 관광객들에게 잘 알려져 있습니다.

✎ ......................................................................................................................

❷ 그 요가 수업은 주민들에게 잘 알려져 있습니다.

✎ ......................................................................................................................

❸ 그 도서관은 사람들에게 잘 알려져 있습니다.

✎ ......................................................................................................................

❹ 그 공원은 우리나라에서 가장 큰 것으로 사람들에게 잘 알려져 있습니다.

✎ ......................................................................................................................

❺ 우리 대학교는 학생들에게 잘 알려져 있지 않습니다.

✎ ......................................................................................................................

영작문 핵심패턴 233

**Day 48**

우리말을 보면서 해당하는 영어 문장을 써 보세요. 눈으로 봐도 충분할 것 같지만 패턴을 내 것으로 만들려면 직접 써 보는 훈련이 필요합니다. 영작이 잘 안 되는 부분은 표시해 두고 복습하세요.

---

**Pattern 142**  **be good/poor at**                              ~을 잘하다/못하다

❶ 저 배우는 춤도 노래도 잘합니다.

🖉 ................................................................................................................

❷ 제 회사 동료는 고객들의 불만 처리를 잘합니다.

🖉 ................................................................................................................

❸ 수영을 잘하는 친구가 나에게 수영하는 법을 가르쳐 주었습니다.

🖉 ................................................................................................................

❹ 저는 격투기를 잘하고 싶었습니다.

🖉 ................................................................................................................

❺ 저는 어렸을 때 스케이팅을 못 탔습니다.

🖉 ................................................................................................................

---

**Pattern 143**  **decide to 동사원형**                              ~하기로 결심하다

❶ 저는 다이어트를 하기로 결심했습니다.

🖉 ................................................................................................................

❷ 퇴근 후에 컴퓨터 수업을 듣기로 결심했습니다.

🖉 ................................................................................................................

❸ 저는 일주일에 최소한 한 권의 책을 읽기로 결심했습니다.

🖉 ................................................................................................................

❹ 살을 빼기 위해서 한 시간 동안 걷기로 결심했습니다.

🖉 ................................................................................................................

❺ 저는 군것질하지 않기로 결심했습니다.

🖉 ................................................................................................................

---

**Pattern 144**  **instead of...**                              ~ 대신에

❶ 저는 패스트푸드 대신 밥을 먹기로 결정했습니다.

🖉 ................................................................................................................

❷ 저는 흰색 대신에 베이지색 벽지를 제 방에 붙였습니다.

🖉 ................................................................................................................

❸ 저는 버스를 타는 대신에 학원에서 집까지 걸어갑니다.

🖉 ................................................................................................................

❹ 꽃샘추위 때문에 봄옷 대신에 겨울옷을 입었습니다.

🖉 ................................................................................................................

❺ 저는 아르바이트를 하는 대신에 집안일을 하면서 돈을 벌었습니다.

🖉 ................................................................................................................

영작문 핵심패턴 233

**Day 49**

우리말을 보면서 해당하는 영어 문장을 써 보세요. 눈으로 봐도 충분할 것 같지만 패턴을 내 것으로 만들려면 직접 써 보는 훈련이 필요합니다. 영작이 잘 안 되는 부분은 표시해 두고 복습하세요.

---

**Pattern 145**　**Whenever 주어＋동사, I always 동사**　～할 때마다, 나는 항상 …한다

❶ 산책할 때마다 저는 항상 신나는 노래를 듣습니다.

❷ 시장에 갈 때마다 저는 항상 싼 가격에 제가 원하는 것을 삽니다.

❸ 술을 마실 때마다 제 얼굴은 항상 빨개집니다.

❹ 친구들을 집에 초대할 때마다 저는 항상 그들이 좋아하는 것들을 준비합니다.

❺ 자전거를 탈 때마다 저는 항상 넘어질까 봐 걱정합니다.

---

**Pattern 146**　**Before going to 장소, 주어＋동사**　～로 가기 전에, …하다

❶ 공원으로 가기 전에 저는 소풍 준비하는 것을 좋아합니다.

❷ 야구장에 가기 전에 나는 치킨과 맥주를 산다.

❸ 영화관에 가기 전에 저는 항상 영화 리뷰를 확인합니다.

❹ 상점에 가기 전에 저는 할인을 받기 위해 회원카드를 가져갑니다.

❺ 헬스장에 가기 전에 저는 물 한 병을 사기 위해 편의점에 들릅니다.

---

**Pattern 147**　**It's the place where I can...**　그곳은 내가 ～할 수 있는 공간이다

❶ 그곳은 제가 쉴 수 있는 공간입니다.

❷ 그곳은 제가 강아지와 산책할 수 있는 곳입니다.

❸ 그곳은 제가 원하는 만큼 크게 음악을 들을 수 있는 공간입니다.

❹ 그곳은 잎이 알록달록 물든 나무들을 많이 볼 수 있는 곳입니다.

❺ 그곳은 방해 받지 않고 제가 원하는 건 뭐든지 할 수 있는 공간입니다.

영작문 핵심패턴 233

**Day 50**

우리말을 보면서 해당하는 영어 문장을 써 보세요. 눈으로 봐도 충분할 것 같지만 패턴을 내 것으로 만들려면 직접 써 보는 훈련이 필요합니다. 영작이 잘 안 되는 부분은 표시해 두고 복습하세요.

**Pattern 148**  **It is the most 형용사＋명사 that I've ever p.p.**

그것은 내가 ~한 것 중에 가장 …하다

❶ 그것은 제가 봤던 것 중에 가장 지루한 영화입니다.

❷ 그것은 제가 작업했던 것 중 가장 어려운 프로젝트입니다.

❸ 그곳은 제가 가 본 곳 중에 가장 기억에 남는 장소입니다.

❹ 그것은 제가 봤던 것 중에 가장 흥미진진한 게임이었습니다.

❺ 그곳은 제가 수영했던 곳 중 가장 깨끗한 해변입니다.

**Pattern 149**  **be looking at...**

~을 보고 있다

❶ 사람들은 메뉴판을 보고 있다.

❷ 두 남자는 모니터를 보고 있다.

❸ 남자와 여자는 서로 바라보고 있다.

❹ 그들은 공사를 안전하게 마치기 위해서 지도를 보고 있다.

❺ 몇몇의 여행객들이 관광을 하면서 그 건물을 보고 있다.

**Pattern 150**  **be showing 사물 to 사람**

~에게 …을 보여주고 있다

❶ 한 남자가 상사에게 서류를 보여주고 있다.

❷ 그녀는 손님들에게 스케줄을 보여주면서 그것을 설명하고 있다.

❸ 발표자는 회의실에서 청중들에게 차트를 보여주고 있다.

❹ 선생님처럼 보이는 여자가 학생들에게 몇몇 사진을 보여주고 있다.

❺ 아빠처럼 보이는 남자가 딸에게 자동차의 엔진을 보여주고 있다.

영작문 핵심패턴 233

**Day 51**

우리말을 보면서 해당하는 영어 문장을 써 보세요. 눈으로 봐도 충분할 것 같지만 패턴을 내 것으로 만들려면 직접 써 보는 훈련이 필요합니다. 영작이 잘 안 되는 부분은 표시해 두고 복습하세요.

---

**Pattern 151** **사물+수동태 on the street**     길에 ~이 …되어 있다

❶ 공연을 위해 꽃들이 거리에 전시되어 있다.

❷ 안전을 위해서 거리에 가로등들이 설치돼 있다.

❸ 그 남자가 팔고 싶어 하는 신발이 거리에 진열되어 있다.

❹ 콘서트 후에 많은 쓰레기가 거리에 쌓여 있었다.

❺ 출퇴근 시간이어서 많은 차들이 도로에 줄지어 있다.

---

**Pattern 152** **so that 주어 can 동사원형**     ~하기 위해서

❶ 한 남자가 프레젠테이션을 하기 위해서 위층으로 가고 있다.

❷ 한 커플이 날씨를 즐기기 위해서 산책을 하고 있다.

❸ 사람들은 집에 가기 위해서 짐을 기다리고 있는 중이다.

❹ 한 여자가 전화 건 사람이 말하는 것을 기억하기 위해서 메모를 하고 있다.

❺ 몇몇 예술가들이 사람들의 주위를 끌기 위해서 길거리에서 공연을 하고 있다.

---

**Pattern 153** **As long as 주어+동사, 주어 can...**     ~하는 한, …할 수 있다

❶ 상자가 가볍기만 하다면, 그 남자는 아무 도움 없이 그것을 옮길 수 있다.

❷ 휴일이기만 하면, 아이들은 밤까지 놀 수 있다.

❸ 그 사람들이 좋은 해결책을 가지고 있기만 하다면, 그들은 그 문제를 해결할 수 있다.

❹ 그 차가 그렇게 비싸지만 않다면, 그 커플은 그것을 살 수 있다.

❺ 발표자가 주제를 명확히 설명하기만 한다면, 청중들은 그것을 완벽하게 이해할 수 있다.

영작문 핵심패턴 233

**Day 52**

우리말을 보면서 해당하는 영어 문장을 써 보세요. 눈으로 봐도 충분할 것 같지만 패턴을 내 것으로 만들려면 직접 써 보는 훈련이 필요합니다. 영작이 잘 안 되는 부분은 표시해 두고 복습하세요.

## Pattern 154    This is in response to 명사      ~에 대한 답장입니다

❶ 귀하의 이메일에 대한 답장입니다.

❷ 수리에 관한 귀하의 이메일에 대한 답장입니다.

❸ 7월 12일에 보낸 귀하의 이메일에 대한 답장입니다.

❹ 은퇴식에 관한 귀하의 이메일에 대한 답장입니다.

❺ 새로운 스케줄에 대한 귀하의 이메일에 대한 답장입니다.

## Pattern 155    I have a few 복수명사 about...      ~에 관해 몇 가지 …가 있습니다

❶ 주문에 관해 몇 가지 요청사항이 있습니다.

❷ 회사 행사에 관해 몇 가지 제안사항이 있습니다.

❸ 호텔 시설과 관련해서 몇 가지 불만사항이 있습니다.

❹ 귀사의 가족여행 패키지에 관해 몇 가지 질문이 있습니다.

❺ 회의에 관해 물어볼 게 몇 가지 있습니다.

## Pattern 156    be interested in...      ~에 관심이 있습니다

❶ 귀사의 서비스에 관심이 있습니다.

❷ 귀사에서 최근에 출시한 책에 관심이 있습니다.

❸ 귀사의 케이터링 서비스에 계속 관심을 가져 왔습니다.

❹ 지난해부터 귀사의 상품들에 계속 관심을 가져 왔습니다.

❺ 저희 가족은 뉴욕 여행에 계속 관심이 있었습니다.

영작문 핵심패턴 233

# Day 53

우리말을 보면서 해당하는 영어 문장을 써 보세요. 눈으로 봐도 충분할 것 같지만 패턴을 내 것으로 만들려면 직접 써 보는 훈련이 필요합니다. 영작이 잘 안 되는 부분은 표시해 두고 복습하세요.

## Pattern 157    I don't know why 주어+동사      왜 ~인지 모르겠어요

❶ 그것이 왜 작동을 안 하는지 모르겠어요.

❷ 인터넷 연결이 왜 안 되는지 모르겠어요.

❸ 귀사의 사이트에서 물건 주문이 왜 안 되는지 모르겠어요.

❹ 제 물건이 왜 아직까지 도착하지 않았는지 모르겠네요.

❺ 그가 왜 당신에게 피드백을 주지 않았는지 모르겠네요.

## Pattern 158    There is something wrong with...      ~에 이상이 있습니다

❶ 제 컴퓨터에 이상이 있습니다.

❷ 저희 배송 시스템에 이상이 있습니다.

❸ 저희 웹사이트에 이상이 있습니다.

❹ 제 핸드폰의 볼륨을 조절하는 데 이상이 있습니다.

❺ 팩스에 이상이 있었습니다.

## Pattern 159    How about -ing?      ~하는 게 어때요?

❶ 귀사의 헬스장을 확장하는 게 어떨까요?

❷ 남자와 여자 휴게실을 분리하는 건 어떤가요?

❸ 믿을 만한 청소업체를 고용하는 게 어때요?

❹ ABC 호텔을 예약하는 건 어떨까요?

❺ Peter의 일을 누가 인계할지 의논하는 게 어때요?

# Day 54

## Pattern 160　Would it be possible to 동사원형?　　~하는 게 가능할까요?

❶ 할인 받는 게 가능할까요?

✎ ........................................................................................................

❷ 프레젠테이션을 취소하는 게 가능할까요?

✎ ........................................................................................................

❸ 귀하의 신상품에 대해 더 자세한 정보를 좀 얻을 수 있을까요?

✎ ........................................................................................................

❹ 귀하가 채식을 준비하는 게 가능할까요?

✎ ........................................................................................................

❺ 제가 오늘 그 수업을 등록하는 게 가능할까요?

✎ ........................................................................................................

## Pattern 161　Could you please tell me 의문사절?　　~을 알려 주시겠어요?

❶ 거기에 어떻게 가야 하는지 좀 알려 주시겠어요?

✎ ........................................................................................................

❷ 제가 몇 시에 그곳에 가야 하는지 좀 알려 주시겠어요?

✎ ........................................................................................................

❸ 회의가 얼마나 걸릴지 좀 알려 주시겠어요?

✎ ........................................................................................................

❹ 얼마나 많은 참석자가 회의에 올지 좀 알려 주시겠어요?

✎ ........................................................................................................

❺ 얼마나 할인해 주실 수 있는지 좀 알려 주시겠어요?

✎ ........................................................................................................

## Pattern 162　I am sorry to say that...　　유감스럽게도 ~을 말씀드립니다

❶ 유감스럽게도 저는 프레젠테이션에 갈 수 없습니다.

✎ ........................................................................................................

❷ 유감스럽게도 그 회의가 취소되었습니다.

✎ ........................................................................................................

❸ 유감스럽게도 저희는 귀사와 더 이상 일을 할 수 없습니다.

✎ ........................................................................................................

❹ 유감스럽게도 그 제품이 품절입니다.

✎ ........................................................................................................

❺ 유감스럽게도 저희는 아무도 채용하지 않기로 결정했습니다.

✎ ........................................................................................................

| Pattern 163 | **Many people think that...** | 많은 사람들은 ~라고 생각한다 |
|---|---|---|

❶ 많은 사람들은 좋은 리더는 사려 깊어야 한다고 생각한다.

❷ 많은 사람들은 십대들은 그들의 미래를 위해서 대학교에 입학해야 한다고 생각한다.

❸ 많은 사람들은 온라인 쇼핑이 가장 편한 방법이라고 생각한다.

❹ 많은 사람들은 미래에 사람들은 더 이상 신문을 읽지 않을 거라고 생각한다.

❺ 많은 사람들은 탄력 근무제가 직원들을 더 열심히 일하게 만들 수 있다고 생각한다.

| Pattern 164 | **However, there are others who believe that...** |
|---|---|
| | 하지만 ~라고 생각하는 사람들이 있다 |

❶ 하지만 인터넷이 정보를 얻는 데 가장 좋은 방법이라고 생각하는 사람들이 있다.

❷ 하지만 십대들이 운전면허를 따기에 충분한 나이라고 생각하는 사람들이 있다.

❸ 하지만 학생들이 교실에서 수업을 듣지 않아도 된다고 생각하는 사람들이 있다.

❹ 하지만 아이들이 집안일을 할 때 돈을 받아야 한다고 생각하는 사람들이 있다.

❺ 하지만 직업을 찾을 때 높은 급여가 유일한 고려사항이라고 생각하는 사람들이 있다.

| Pattern 165 | **In addition, 주어+동사** | 또한 ~하다 |
|---|---|---|

❶ 또한 더 좋은 해결책이 나올 수도 있다.

❷ 또한 사람들은 서로 더 친해질 수도 있다.

❸ 또한 그들은 다른 사람들과 협동하는 방법을 배울 수도 있다.

❹ 또한 학생들은 책을 통해 간접경험을 얻을 수도 있다.

❺ 또한 유머감각 있는 직원은 직장에서 좋은 분위기를 만들 수도 있다.

영작문 핵심패턴 233

**Day 56**

우리말을 보면서 해당하는 영어 문장을 써 보세요. 눈으로 봐도 충분할 것 같지만 패턴을 내 것으로 만들려면 직접 써 보는 훈련이 필요합니다. 영작이 잘 안 되는 부분은 표시해 두고 복습하세요.

---

**Pattern 166** **People tend to 동사원형**　　　　　　　　사람들은 ~하는 경향이 있다

❶ 사람들은 어학연수를 가려는 경향이 있다.

❷ 사람들은 잘 알려진 물건을 사려는 경향이 있다.

❸ 사람들은 문제에 처했을 때, 도움을 받으려는 경향이 있다.

❹ 사람들은 자신의 블로그에 어떤 물건이 좋은지 안 좋은지 공유하려는 경향이 있다.

❺ 사람들은 그들이 필요한 모든 것을 한 번에 사기 위해 큰 가게에 가려는 경향이 있다.

---

**Pattern 167** **On one hand, people can...**　　　　한편으로는 사람들은 ~할 수 있다

❶ 한편으로는 사람들은 경력을 쌓을 수 있다.

❷ 한편으로는 사람들은 회사에 더욱 만족할 수 있다.

❸ 한편으로는 사람들은 자기 자신에게 동기부여를 할 수 있다.

❹ 한편으로는 사람들은 가족 및 친구들과 함께 충분한 시간을 보낼 수 있다.

❺ 한편으로는 사람들은 돈으로 그들이 원하는 건 뭐든지 할 수 있다.

---

**Pattern 168** **On the other hand, it's not good to 동사원형**
　　　　　　　　　　　　　　　　　　　　반면에 ~하는 것은 좋지 않다

❶ 반면에 자주 이직하는 것은 좋지 않다.

❷ 반면에 혼자 결정하는 것은 좋지 않다.

❸ 반면에 모험을 하는 것은 좋지 않다.

❹ 반면에 밤늦게까지 일하는 것은 좋지 않다.

❺ 반면에 학생들이 학교 교과과정만 듣도록 하는 것은 좋지 않다.

영작문 핵심패턴 233
**Day 57**

우리말을 보면서 해당하는 영어 문장을 써 보세요. 눈으로 봐도 충분할 것 같지만 패턴을 내 것으로 만들려면 직접 써 보는 훈련이 필요합니다. 영작이 잘 안 되는 부분은 표시해 두고 복습하세요.

---

**Pattern 169**   **It is possible for 사람 to 동사원형**   ~가 …하는 것이 가능하다

❶ 사람들이 이직하는 것은 가능하다.
   _____

❷ 학생들이 건강을 유지하는 것이 가능하다.
   _____

❸ 학생들이 보수가 더 좋은 일자리를 얻는 게 가능하다.
   _____

❹ 직원들이 시간을 더욱 건설적으로 쓰는 게 가능하다.
   _____

❺ 사람들이 언제 어디서든 물건을 사는 게 가능하다.
   _____

---

**Pattern 170**   **In this regard, people should...**   다시 말하면 사람들은 ~해야 한다

❶ 다시 말하면, 사람들은 그들의 경력을 고려해야 한다.
   _____

❷ 다시 말하면, 사람들은 좋은 점수를 받아야 한다.
   _____

❸ 다시 말하면, 사람들은 다른 사람들과 협동하는 방법을 배워야 한다.
   _____

❹ 다시 말하면, 기업들은 그들의 이미지에 많은 시간과 돈을 투자해야 한다.
   _____

❺ 다시 말하면, 학교들은 학생들에게 수업을 선택할 권리를 줘야 한다.
   _____

---

**Pattern 071**   **For these reasons, I agree/disagree that...**
이러한 이유로 나는 ~에 동의한다/동의하지 않는다

❶ 이러한 이유로 나는 모든 기업이 탄력 근무제를 시행해야 한다는 것에 동의한다.
   _____

❷ 이러한 이유로 나는 야간 근무를 하는 사람들이 급여를 더 받아야 한다는 것에 동의한다.
   _____

❸ 이러한 이유로 나는 학생들이 무엇을 입을지 선택하도록 허락해야 한다는 것에 동의하지 않는다.
   _____

❹ 이러한 이유로 나는 하루 종일 공부하는 것이 학생의 미래에 유익하다는 것에 동의하지 않는다.
   _____

❺ 이러한 이유로 나는 좋은 리더는 직원들의 말에 귀 기울여야 한다는 것에 동의한다.
   _____

영작문 핵심패턴 233

**Day 58**

우리말을 보면서 해당하는 영어 문장을 써 보세요. 눈으로 봐도 충분할 것 같지만 패턴을 내 것으로 만들려면 직접 써 보는 훈련이 필요합니다. 영작이 잘 안 되는 부분은 표시해 두고 복습하세요.

## Pattern 172   The graph/chart illustrates...     그래프/차트는 ~을 나타낸다

❶ 차트는 노인들의 수를 나타낸다.

✎ ................................................................................................................

❷ 차트는 도쿄에 있는 남자 대학생들의 수를 나타낸다.

✎ ................................................................................................................

❸ 그래프는 2000년부터 2010년까지 서울의 전기 생산을 나타낸다.

✎ ................................................................................................................

❹ 그래프는 1990년도와 2010년도 사이의 결혼율과 이혼율을 나타낸다.

✎ ................................................................................................................

❺ 그래프는 A국가와 B국가의 농업용 물 소비의 차이를 나타낸다.

✎ ................................................................................................................

## Pattern 173   As clearly seen from the chart,...     차트에서 분명하게 볼 수 있듯이, ~

❶ 차트에서 분명하게 볼 수 있듯이 근로자들의 수가 증가했다.

✎ ................................................................................................................

❷ 차트에서 분명하게 볼 수 있듯이 설탕 소비는 줄어들었다.

✎ ................................................................................................................

❸ 차트에서 분명하게 볼 수 있듯이 농작물의 가격은 5% 증가했다.

✎ ................................................................................................................

❹ 차트에서 분명하게 볼 수 있듯이 인구수는 2010년도에 최고점에 도달했다.

✎ ................................................................................................................

❺ 차트에서 분명하게 볼 수 있듯이 비율은 1997년부터 2003년까지 지속적으로 감소했다.

✎ ................................................................................................................

## Pattern 174   There was a gradual growth/decline in...     ~은 점진적인 증가/하락했다

❶ 식비가 점진적으로 증가했다.

✎ ................................................................................................................

❷ 불법 이민자의 수가 점진적으로 증가했다.

✎ ................................................................................................................

❸ 호주의 결혼율이 점진적으로 하락했다.

✎ ................................................................................................................

❹ 교통사고 수가 점진적으로 하락했다.

✎ ................................................................................................................

❺ 4년 내에 졸업하는 학생들의 비율이 점진적으로 하락했다.

✎ ................................................................................................................

영작문 핵심패턴 233

**Day 59**

우리말을 보면서 해당하는 영어 문장을 써 보세요. 눈으로 봐도 충분할 것 같지만 패턴을 내 것으로 만들려면 직접 써 보는 훈련이 필요합니다. 영작이 잘 안 되는 부분은 표시해 두고 복습하세요.

**Pattern 175** **There was a dramatic downturn in...** ~은 급격히 하락했다

❶ 고기 소비는 급격히 하락했다.

❷ 컴퓨터 판매는 급격히 하락했다.

❸ 건설은 급격히 하락했다.

❹ 호텔 예약은 급격히 하락했다.

❺ 시장 가격은 급격히 하락했다.

**Pattern 176** **significantly increase** 상당히 증가하다

❶ 대학교에 입학하는 학생들의 수가 상당히 증가했다.

❷ 2013년도 전기 사용량이 상당히 증가했다.

❸ 50세에 접어드는 사람들의 수가 상당히 증가해 왔다.

❹ 리콜된 상품의 양이 지난 5년 동안 급격히 감소했다.

❺ 이 특정 도시에서 인구가 1989년에서 2000년 사이에 급격히 감소했다.

**Pattern 177** **went up by A percent between 년도 and 년도**
~년도와 …년도 사이에 A퍼센트까지 증가했다

❶ 농작물 생산은 1990년도와 2010년도 사이에 13퍼센트까지 증가했다.

❷ 마케팅 분야의 초봉은 2008년과 2013년 사이에 3퍼센트까지 증가했다.

❸ 온라인 쇼핑의 사용은 1995년도와 2010년도 사이에 52퍼센트 증가했다.

❹ 자기 소유의 자동차를 가지고 있는 사람들의 수는 1980년과 2000년 사이에 29퍼센트까지 증가했다.

❺ 혼자 살기를 원하는 여자들의 수는 1990년과 2005년 사이에 18퍼센트 증가했다.

영작문 핵심패턴 233

# Day 60

우리말을 보면서 해당하는 영어 문장을 써 보세요. 눈으로 봐도 충분할 것 같지만 패턴을 내 것으로 만들려면 직접 써 보는 훈련이 필요합니다. 영작이 잘 안 되는 부분은 표시해 두고 복습하세요.

## Pattern 178    for 숫자 consecutive years     ~년 연속

❶ 버스 사용량은 3년 연속 여전히 높았다.

❷ ABC 회사의 직원 이직률은 10년 연속 증가했다.

❸ 한국의 자동차 생산율은 10년 연속 올랐다.

❹ 런던의 범죄율은 5년 연속 안정적이었다.

❺ 한국과 일본의 출산율은 3년 연속 감소했다.

## Pattern 179    remained stable at A percent     A퍼센트로 안정을 유지했다

❶ 스위스의 취업률은 49퍼센트로 안정을 유지했다.

❷ 런던의 주택 가격은 56퍼센트로 안정을 유지했다.

❸ 차로 출퇴근하는 사람들의 수는 33퍼센트로 안정을 유지했다.

❹ 주식매매는 2009년부터 2012년까지 13%로 안정을 유지했다.

❺ 도시 인구는 2000년부터 2010년까지 57%로 안정을 유지했다.

## Pattern 180    The number of 복수 명사+단수 동사     ~의 수는 …하다

❶ 회사 직원들의 수는 지난 10년 동안 감소해 왔다.

❷ 이 대학에 다니는 학생들의 수는 작년부터 증가해 왔다.

❸ 올해 출시된 제품의 수는 하락한 것 같다.

❹ 우리 회사에 지원하는 남자들의 수는 작년보다 20% 낮다.

❺ 한국을 찾는 관광객들의 수는 지난 몇 년 사이 크게 증가했다.

영작문 핵심패턴 233

**Day 61**

우리말을 보면서 해당하는 영어 문장을 써 보세요. 눈으로 봐도 충분할 것 같지만 패턴을 내 것으로 만들려면 직접 써 보는 훈련이 필요합니다. 영작이 잘 안 되는 부분은 표시해 두고 복습하세요.

## Pattern 181    be A percent lower/higher than...    ~보다 A퍼센트 더 낮다/높다

❶ 2000년도의 범죄율은 1995년도의 범죄율보다 8퍼센트 낮았다.

❷ 육류 소비량은 야채 소비량보다 18퍼센트 높았다.

❸ 한국에서, 1980년도 문맹률은 1950년도 문맹률보다 31퍼센트 낮았다.

❹ 2011년에 미성년자 음주 비율이 그 전년보다 5퍼센트 높았다.

❺ 1970년 25~30세 사이의 운전자들의 충돌 사고율은 1985년보다 10퍼센트 낮았다.

## Pattern 182    From the figures above, we can draw the conclusion that...    위의 수치들로부터 ~라고 결론 내릴 수 있다

❶ 위의 수치들을 통해 한국의 많은 학생들이 해외 연수를 다녀왔다고 결론 내릴 수 있다.

❷ 위의 수치들을 통해 5개 중에 배드민턴이 가장 인기가 없다고 결론 내릴 수 있다.

❸ 위의 수치들을 통해 부모님들은 평균적으로 하루 3~4시간을 자녀와 보냈다고 결론 내릴 수 있다.

❹ 위의 수치들을 통해 그해 가장 공부를 많이 한 전공은 경영과 관리라고 결론 내릴 수 있다.

## Pattern 183    From the diagram, it can be safely concluded that...    도표를 통해 ~라고 결론지어도 무방하다

❶ 도표를 통해 스마트폰이 훨씬 더 빠르게 발전했다고 결론지어도 무방하다.

❷ 도표를 통해 TY 회사의 고용이 점진적으로 증가했다고 결론지어도 무방하다.

❸ 도표를 통해 오직 한 연령대만 성형수술 이용에 반대한다고 결론지어도 무방하다.

❹ 도표로부터 2010~2011년에 모든 나라가 건강과 운동에 관심을 가졌다고 결론지어도 무방하다.

영작문 핵심패턴 233

## Day 62

우리말을 보면서 해당하는 영어 문장을 써 보세요. 눈으로 봐도 충분할 것 같지만 패턴을 내 것으로 만들려면 직접 써 보는 훈련이 필요합니다. 영작이 잘 안 되는 부분은 표시해 두고 복습하세요.

---

**Pattern 184** | **In the A to B age group,...**      A에서 B 연령대에서 ~

❶ 10~20대까지는 60%가 스마트폰을 사용했다.

..............................................................................................................................

❷ 21~30세 연령대에서 사람들은 카드와 가방을 가장 많이 분실했다.

..............................................................................................................................

❸ 25~35세 연령대에서는 30%가 결혼할 의사가 없다고 말했다.

..............................................................................................................................

❹ 10~15세 연령대에서 70%가 방과 후 프로그램에 참여했다.

..............................................................................................................................

❺ 60~75세 연령대에서 사람들은 다양하게 제시된 일과외 활동 중 골프를 가장 많이 했다.

..............................................................................................................................

---

**Pattern 185** | **have the highest percentage of people who... while... have the lowest number of...**    ~하는 사람들의 비율이 가장 높은 반면, …인 사람들의 수가 가장 적다

❶ 아르헨티나는 기혼자 비율이 가장 높은 반면, 미국은 성공적인 결혼의 수가 가장 적다.

..............................................................................................................................

❷ 서울은 일주일에 6~7일 일하는 사람들의 비율이 가장 높은 반면, 영국은 야근하는 사람들의 수가 가장 적다.

..............................................................................................................................

❸ AE 회사는 55세에 은퇴하는 사람들의 비율이 가장 높은 반면, PR 회사는 60세 이하 은퇴자들의 수가 가장 적다.

..............................................................................................................................

❹ 한국은 대중교통을 이용하는 사람들의 비율이 가장 높은 반면, 미국은 자동차가 없는 사람들의 수가 가장 적다.

..............................................................................................................................

---

**Pattern 186** | **brought about 결과**      ~을 초래했다

❶ 이 시스템이 더 좋은 생산성이라는 결과를 가져왔다.

..............................................................................................................................

❷ 최근 스캔들이 우리 회사에 재앙을 초래했다.

..............................................................................................................................

❸ 폭염이 에어컨 사용의 급격한 증가를 초래했다.

..............................................................................................................................

❹ 우리 회사의 새로운 본사 공사가 언론의 많은 관심을 불러일으켰다.

..............................................................................................................................

❺ HG 회사와의 합병이 두 회사 모두 이익 증가라는 결과를 가져왔다.

..............................................................................................................................

영작문 핵심패턴 233

**Day 63**

우리말을 보면서 해당하는 영어 문장을 써 보세요. 눈으로 봐도 충분할 것 같지만 패턴을 내 것으로 만들려면 직접 써 보는 훈련이 필요합니다. 영작이 잘 안 되는 부분은 표시해 두고 복습하세요.

## Pattern 187    owing to 이유         ~ 때문에

❶ TV 광고 때문에 판매가 증가했다.

❷ 개선된 품질 관리 때문에 결함비율이 감소했다.

❸ 이 새로운 안전 위험요소 정책 때문에 리콜이 증가했다.

❹ 우리의 새로운 마케팅 캠페인 덕분에, 판매 수량이 급증했다.

❺ 최근 주주의 감소 때문에, 시장에서 회사의 평판이 150위에서 300위로 떨어졌다.

## Pattern 188    Regardless of..., 주어+동사      ~에 상관없이 …하다

❶ 나이에 상관없이 혼자 사는 것은 힘들다.

❷ 직책에 상관없이 아무도 야근하는 것을 좋아하지 않는다.

❸ 비용에 상관없이 그는 원하는 것을 뭐든 할 수 있다.

❹ 성별과 나이에 상관없이 TV광고는 사람들이 상품을 살 때 큰 영향을 준다.

❺ 연봉이 얼마나 높은지 상관없이 나는 내 기량을 최대한 활용할 수 있는 회사에서 일하고 싶다.

## Pattern 189    It's obvious that...         ~은 분명하다

❶ 자식들이 어릴 때 부모들이 그들을 부양해야 하는 것은 분명하다.

❷ 기업들이 가능한 많은 이익을 추구하는 것은 분명하다.

❸ 학생들이 자신의 친구들로부터 영향을 받는 것은 분명하다.

❹ 규칙적으로 운동하는 것이 모든 사람들에게 중요하다는 것은 분명하다.

❺ 그의 이전 경험이 그가 일에 빨리 적응하도록 도왔다는 것은 분명하다.

## Pattern 190　It seems clear to me that...　~인 것은 내게 분명한 것 같다

❶ 불량식품을 먹는 것에 찬성하는 사람이 없는 것은 내게 분명한 것 같다.

❷ 운전 중에는 휴대폰을 사용해서는 안 된다는 것은 내게 분명한 것 같다.

❸ 사람들이 학교나 직장을 조사하기 위해 인터넷 그 이상을 사용해야 하는 것은 내게 분명한 것 같다.

❹ 어린 나이에 언어를 공부하는 사람들이 유창해질 기회가 더 많은 것은 내게 분명한 것 같다.

❺ 집을 구매하기 전에 고려해야 할 사항이 많은 것은 내게 분명한 것 같다.

## Pattern 191　I think A is much more convenient than B
나는 A가 B보다 훨씬 더 편리하다고 생각한다

❶ 나는 우리 삶이 조부모님들의 삶보다 훨씬 더 편하다고 생각한다.

❷ 나는 집을 소유하는 것은 대여하는 것보다 훨씬 더 편하다고 생각한다.

❸ 나는 대중교통이 차를 소유하는 것보다 훨씬 더 편리하다고 생각한다.

❹ 나는 ABC사의 스마트폰이 SKY사의 것보다 훨씬 더 편리하다고 생각한다.

❺ 나는 컴퓨터로 TV 프로그램을 시청하는 것이 일반 TV로 시청하는 것보다 훨씬 더 편리하다고 생각한다.

## Pattern 192　Despite what some people say, 주어+동사
일부 사람들이 말하는 것과 달리 ~하다

❶ 일부 사람들이 말하는 것과 달리, 인터넷은 부정적인 측면이 많다.

❷ 일부 사람들이 말하는 것과 달리, 여자와 남자는 직장에서 여전히 평등하지 않다.

❸ 일부 사람들이 말하는 것과 달리, 부모들은 더 이상 자녀들을 학교에 보낼 형편이 안 된다.

❹ 일부 사람들이 말하는 것과 달리, 집에서보다 도서관에서 공부하는 것이 훨씬 더 편리하다.

❺ 일부 사람들이 말하는 것과 달리, 돈이 많다고 해서 행복을 살 수는 없다.

# Day 65

## Pattern 193  This is 이름 from the 부서                 ~부서의 …입니다

❶ 구매부의 조혜진입니다.

............................................................................................................................

❷ 재무부의 김영미입니다.

............................................................................................................................

❸ 회계부의 이현수입니다.

............................................................................................................................

❹ SKY 회사 영업부의 김민수입니다.

............................................................................................................................

❺ ABC 회사 홍보부의 김하나입니다.

............................................................................................................................

## Pattern 194  I'm in charge of...                 저는 ~을 담당하고 있습니다

❶ 저는 마케팅 부서를 담당하고 있습니다.

............................................................................................................................

❷ 저는 해외영업을 담당하고 있습니다.

............................................................................................................................

❸ 저는 신제품 생산라인을 담당하고 있습니다.

............................................................................................................................

❹ 저희 팀은 유튜브 광고를 담당하고 있습니다.

............................................................................................................................

❺ 법인영업을 담당하고 계신가요?

............................................................................................................................

## Pattern 195  I'm writing to 동사원형                 ~하기 위해서 씁니다

❶ 귀사의 신제품에 대해 문의하고자 이메일을 씁니다.

............................................................................................................................

❷ 미팅 날짜를 잡고 싶어서 이메일을 드립니다.

............................................................................................................................

❸ 추가 정보를 요청하기 위해서 이메일을 씁니다.

............................................................................................................................

❹ 귀사의 새로운 서비스에 대해 몇 가지 질문을 하려고 이메일을 드립니다.

............................................................................................................................

❺ 저희 서비스로 인한 불편에 대해 사과드리기 위해서 이메일을 씁니다.

............................................................................................................................

영작문 핵심패턴 233

**Day 66**

우리말을 보면서 해당하는 영어 문장을 써 보세요. 눈으로 봐도 충분할 것 같지만 패턴을 내 것으로 만들려면 직접 써 보는 훈련이 필요합니다. 영작이 잘 안 되는 부분은 표시해 두고 복습하세요.

**Pattern 196**  **I received your email regarding 주제**

저는 ~에 관한 귀하의 이메일을 받았습니다

❶ 저는 컨퍼런스에 관한 귀하의 이메일을 받았습니다.

❷ 저는 판촉행사에 관한 귀하의 이메일을 받았습니다.

❸ 추가 주문 요청에 관한 귀하의 이메일을 받았습니다.

❹ 저는 2월 26일에 보내신 귀하의 이메일을 받았습니다.

❺ 할인에 관련한 3월 10일자 메일 잘 받았습니다.

**Pattern 197**  **I'd like to know...**

~을 알고 싶습니다

❶ 귀사의 사이트 주소를 알고 싶습니다.

❷ 대략적인 견적을 알고 싶습니다.

❸ 우리 계약과 관한 상세 내역을 알고 싶습니다.

❹ 지불이 언제까지 되어야 하는지 알고 싶습니다.

❺ 귀사의 공장에 어떻게 가야 하는지 알고 싶습니다.

**Pattern 198**  **We appreciate your...**

귀하의 ~에 감사드립니다

❶ 귀사의 거래에 감사드립니다.

❷ 귀사의 관심에 감사드립니다.

❸ 저희 서비스에 관련한 귀하의 소중한 피드백에 감사드립니다.

❹ 시간 내서 저희 제안서를 읽어 주셔서 감사드립니다.

❺ 시간 내서 그 가게에서 일어난 일을 저희에게 알려 주셔서 감사드립니다.

# Day 67

---

**Pattern 199**  **I'd like to inform you of...**  ~을 알려 드리고 싶습니다

❶ 저희의 신제품을 알려 드리고 싶습니다.

❷ 선적 날짜를 알려 드리고 싶습니다.

❸ 계약이 종료되었다는 것을 알려 드리고 싶습니다.

❹ 저희 네트워크 시스템의 업데이트를 알려 드리고 싶습니다.

❺ 결제 방식에 관한 저희의 새로운 정책을 알려 드리고 싶습니다.

---

**Pattern 200**  **I'm wondering if...**  ~인지 궁금합니다

❶ 귀하의 제품을 온라인으로 주문할 수 있는지 궁금합니다.

❷ 세금이 이미 포함되었는지 궁금합니다.

❸ 컴퓨터를 새것으로 교환할 수 있는지 궁금합니다.

❹ 제 소포를 특정 시간에 배송 받을 수 있는지 궁금합니다.

❺ 어제 넣은 주문을 변경해도 되는지 궁금합니다.

---

**Pattern 201**  **I'd appreciate it if you could...**  당신이 ~해 주시면 감사하겠습니다

❶ 그 파일을 다시 보내 주시면 감사하겠습니다.

❷ 이메일로 회의 내용을 보내 주시면 감사하겠습니다.

❸ 저에게 약도를 팩스로 보내 주시면 감사하겠습니다.

❹ 제 컴퓨터를 고쳐줄 사람을 보내 주신다면 감사하겠습니다.

❺ 귀하의 신상품에 대한 자세한 정보를 보내 주시면 감사하겠습니다.

영작문 핵심패턴 233

**Day 68**

우리말을 보면서 해당하는 영어 문장을 써 보세요. 눈으로 봐도 충분할 것 같지만 패턴을 내 것으로 만들려면 직접 써 보는 훈련이 필요합니다. 영작이 잘 안 되는 부분은 표시해 두고 복습하세요.

---

**Pattern 202**  **We will be happy to 동사원형**  기꺼이 ~해 드리겠습니다

❶ 귀하께 기꺼이 할인을 제공해 드리겠습니다.

❷ 귀하께 기꺼이 브로슈어를 보내 드리겠습니다.

❸ 기꺼이 귀하의 요청사항을 곧 처리해 드리겠습니다.

❹ 다음 달 귀사의 행사를 기꺼이 준비해 드리겠습니다.

❺ 기꺼이 사람을 보내 귀하의 제품을 무료로 고쳐 드리겠습니다.

---

**Pattern 203**  **As you requested, 주어+동사**  요청하신 대로 ~합니다

❶ 요청하신 대로 제 이력서를 보냈습니다.

❷ 요청하신 대로 제 팀원들에게 이 문제를 처리하라고 했습니다.

❸ 요청하신 대로 그 샘플의 사진 3개를 첨부했습니다.

❹ 요청하신 대로 귀하의 예약이 취소되었습니다.

❺ 요청하신대로 당신의 지시를 제 상사에게 전달해 드렸습니다.

---

**Pattern 204**  **Attached is...**  ~을 첨부합니다

❶ 청구서를 첨부합니다.

❷ 회의 내용을 첨부합니다.

❸ 최종 후보자 명단을 첨부합니다.

❹ 컨퍼런스에 대한 브로슈어를 첨부합니다.

❺ 귀하께서 8월 2일에 요청하신 파일을 첨부합니다.

---

**Pattern 205**  **I regret to say that...**  유감스럽게도 ~합니다

❶ 유감스럽게도 회의에 참석 못하게 됐습니다.

❷ 유감스럽게도 귀하의 주문이 지연됐습니다.

❸ 유감스럽게도 저희 경영진이 계약 해지를 결정하셨습니다.

❹ 유감스럽게도 미지불된 대출금이 있습니다.

❺ 유감스럽게도 귀하께서 주문하신 제품이 현재 품절이어서 보내 드릴 수가 없습니다.

---

**Pattern 206**  **Unfortunately, I won't be able to 동사원형**
아쉽게도 ~할 수 없을 것 같습니다

❶ 아쉽게도 저는 가족 일 때문에 당신의 결혼식에 참석할 수 없을 것 같습니다.

❷ 아쉽게도 저는 출장 때문에 내일 당신에게 파일을 보낼 수 없을 것 같습니다.

❸ 아쉽게도 저는 내부 회의 때문에 당신을 만날 수 없을 것 같습니다.

❹ 아쉽게도 저는 선약 때문에 귀하의 사무실에 방문할 수 없을 것 같습니다.

❺ 아쉽게도 저는 개인적인 급한 일 때문에 프레젠테이션에 갈 수 없을 것 같습니다.

---

**Pattern 207**  **How long...?**  얼마나/얼마 동안 ~?

❶ 회의가 얼마나 걸리나요?

❷ 거기까지 가는 데 버스로 얼마나 걸리나요?

❸ $100를 내면 귀사의 서비스를 얼마 동안 이용할 수 있나요?

❹ 보증기간이 얼마나 되는지 알고 싶습니다.

❺ 공사가 얼마나 지속될지 알고 싶습니다.

영작문 핵심패턴 233

**Day 70**

우리말을 보면서 해당하는 영어 문장을 써 보세요. 눈으로 봐도 충분할 것 같지만 패턴을 내 것으로 만들려면 직접 써 보는 훈련이 필요합니다. 영작이 잘 안 되는 부분은 표시해 두고 복습하세요.

---

**Pattern 208** **When do you expect A to...?** A가 ~하는 것이 언제라고 예상하시나요?

❶ 사장님께서 언제 돌아올 거라고 예상하시나요?

🖉 ........................................................................................

❷ 물건이 언제 도착할 거라고 예상하시나요?

🖉 ........................................................................................

❸ 교육 과정이 언제 시작할 거라고 예상하시나요?

🖉 ........................................................................................

❹ 신입사원들이 언제 일을 시작할 거라고 예상하시나요?

🖉 ........................................................................................

❺ 제 요청사항이 언제 처리될 거라고 예상하시나요?

🖉 ........................................................................................

---

**Pattern 209** **behind schedule** 예정보다 늦은

❶ 귀하의 배달은 지연되고 있습니다.

🖉 ........................................................................................

❷ 프로젝트는 예정보다 늦으면 안 된다.

🖉 ........................................................................................

❸ 경영진 회의는 3일간 지연되고 있습니다.

🖉 ........................................................................................

❹ 보안장치에 대한 유지보수 작업은 한 주간 지연되고 있습니다.

🖉 ........................................................................................

❺ 합병이 두 달 지연되고 있습니다.

🖉 ........................................................................................

---

**Pattern 210** **In my opinion, 주어+동사** 제 견해로는 ~입니다

❶ 제 견해로는 이 제품은 비용 면에서 효율적입니다.

🖉 ........................................................................................

❷ 제 견해로는 당신은 가격을 낮춰야 합니다.

🖉 ........................................................................................

❸ 제 견해로는 우리 제품의 질은 다른 것들보다 훨씬 더 좋습니다.

🖉 ........................................................................................

❹ 제 견해로는 주요한 장애물은 가격처럼 보입니다.

🖉 ........................................................................................

❺ 제 견해로는 그는 일에서 오는 스트레스를 잘 대처할 수 없습니다.

🖉 ........................................................................................

영작문 핵심패턴 233
**Day 71**

우리말을 보면서 해당하는 영어 문장을 써 보세요. 눈으로 봐도 충분할 것 같지만 패턴을 내 것으로 만들려면 직접 써 보는 훈련이 필요합니다. 영작이 잘 안 되는 부분은 표시해 두고 복습하세요.

---

**Pattern 211**     **Does 시간 work for 사람?**        (시간)이 ~한테 괜찮나요?

❶ 이번 주 월요일이 괜찮으신지요?

✎ ..............................................................................................................................

❷ 오후 2시 괜찮아요?

✎ ..............................................................................................................................

❸ 이 방이 괜찮으십니까?

✎ ..............................................................................................................................

❹ 귀사의 사장님께서는 이 스케줄이 괜찮으신지요?

✎ ..............................................................................................................................

❺ 그분은 다음 주에 시간이 괜찮나요?

✎ ..............................................................................................................................

---

**Pattern 212**     **look forward to 명사/-ing**        ~을 기다리겠습니다

❶ 귀하의 답장을 기다리겠습니다.

✎ ..............................................................................................................................

❷ 귀하의 빠른 답장을 기다리겠습니다.

✎ ..............................................................................................................................

❸ 곧 뵙기를 바랍니다.

✎ ..............................................................................................................................

❹ 컨퍼런스에서 만나기를 기대합니다.

✎ ..............................................................................................................................

❺ 귀사와 일하기를 기대합니다.

✎ ..............................................................................................................................

---

**Pattern 213**     **There are three main points I'd like to... regarding~**

저는 ~에 관해서 세 가지 사항을 …하고 싶습니다

❶ 최근 프로젝트에 대해 세 가지 사항을 얘기하고 싶습니다.

✎ ..............................................................................................................................

❷ 효과적인 커뮤니케이션에 대해서 여러분에게 세 가지 사항을 말씀드리고자 합니다.

✎ ..............................................................................................................................

❸ 우리 회사의 세계화에 대해서 여러분에게 세 가지 사항을 소개하고 싶습니다.

✎ ..............................................................................................................................

❹ 우리 부서를 축소하는 것에 대해서 여러분과 세 가지 사항을 의논하고 싶습니다.

✎ ..............................................................................................................................

❺ 우리 회사에서 일하는 것의 이점에 대해서 당신과 세 가지 사항을 논의하고 싶습니다.

✎ ..............................................................................................................................

영작문 핵심패턴 233

**Day 72**

우리말을 보면서 해당하는 영어 문장을 써 보세요. 눈으로 봐도 충분할 것 같지만 패턴을 내 것으로 만들려면 직접 써 보는 훈련이 필요합니다. 영작이 잘 안 되는 부분은 표시해 두고 복습하세요.

---

**Pattern 214**  **My presentation will take 시간**  제 프레젠테이션은 ~ 걸릴 겁니다

❶ 제 프레젠테이션은 두 시간 걸릴 겁니다.

❷ 제 프레젠테이션은 30분밖에 안 걸릴 겁니다.

❸ 제 프레젠테이션은 한 시간 정도 걸릴 겁니다.

❹ 제 프레젠테이션은 대략 15분 정도 소요될 것이고, 이어서 10분간의 질문시간이 있을 겁니다.

❺ 제 프레젠테이션은 20분 소요될 것이며, 이어서 Mr. Smith의 또 다른 프레젠테이션이 있겠습니다.

---

**Pattern 215**  **The purpose of my presentation is to 동사원형**  제 프레젠테이션의 목적은 ~입니다

❶ 제 프레젠테이션의 목적은 이번 달의 결과를 보여주는 것입니다.

❷ 제 프레젠테이션의 목적은 여러분에게 우리의 새로운 사업계획을 소개하는 것입니다.

❸ 제 프레젠테이션의 목적은 여러분에게 새로운 사업 기회를 몇 가지 추천하는 것입니다.

❹ 제 프레젠테이션의 목적은 왜 우리 회사가 이 프로젝트를 위한 최고의 선택인지 설명하는 것입니다.

❺ 제 프레젠테이션의 목적은 FUTURE Inc. 신상품의 혜택에 대한 예를 보여주는 것입니다.

---

**Pattern 216**  **How many people here 동사?**  여러분 중에 몇 명이나 ~하시나요?

❶ 여러분 중에 몇 명이나 이 스마트폰을 사용하시나요?

❷ 여러분 중에 몇 명이나 이 의견에 동의하시나요?

❸ 여러분 중에 몇 명이나 우리가 캠페인 방식을 바꿔야 한다고 생각하시나요?

❹ 여러분 중에 몇 명이나 이 새로운 시스템을 사용해 보셨나요?

❺ 그곳의 몇 명이나 신문에서 우리의 광고를 봤을까요?

영작문 핵심패턴 233

**Day 73**

우리말을 보면서 해당하는 영어 문장을 써 보세요. 눈으로 봐도 충분할 것 같지만 패턴을 내 것으로 만들려면 직접 써 보는 훈련이 필요합니다. 영작이 잘 안 되는 부분은 표시해 두고 복습하세요.

**Pattern 217** **Have you ever wondered why 주어+동사?**

왜 ~인지 생각해 본 적 있습니까?

❶ 왜 사람들이 스마트폰에 흥분하는지 생각해 본 적이 있습니까?

❷ 왜 그렇게 많은 사람들이 그 코스에 관심이 있는지 생각해 본 적이 있습니까?

❸ 왜 사람들이 이와 같은 제품에 더 많이 투자하지 않는지 생각해 본 적이 있습니까?

❹ 왜 우리가 이 분야에서 선도 기업 중 하나인지 생각해 본 적이 있습니까?

❺ 왜 우리 중 아무도 그 계약을 마무리 짓지 못했는지 생각해 본 적이 있습니까?

**Pattern 218** **What should we do to 동사원형?** ~하기 위해 무엇을 해야 할까요?

❶ 이 문제를 해결하기 위해 무엇을 해야 할까요?

❷ 우리의 매출을 증진하기 위해 무엇을 해야 할까요?

❸ 우리 마케팅부를 축소하기 위해서 무엇을 해야 할까요?

❹ 우리의 이윤을 극대화하기 위해 무엇을 해야 할까요?

❺ 우리의 고객층을 넓히기 위해서 무엇을 해야 할까요?

**Pattern 219** **Let's take... for example** ~을 예로 들어 봅시다

❶ 우리의 경쟁사들을 예로 들어 봅시다.

❷ 우리의 작년 이윤 폭을 예로 들어 봅시다.

❸ 영업부를 예로 들어 봅시다.

❹ 우리의 최근 제품을 예로 들어 봅시다.

❺ 회사의 현재 고객층을 예로 들어 봅시다.

영작문 핵심패턴 233

**Day 74**

우리말을 보면서 해당하는 영어 문장을 써 보세요. 눈으로 봐도 충분할 것 같지만 패턴을 내 것으로 만들려면 직접 써 보는 훈련이 필요합니다. 영작이 잘 안 되는 부분은 표시해 두고 복습하세요.

## Pattern 220    draw your attention to 명사      ~에 주목하다/주의를 기울이다

❶ 최근 기사를 주목해 주셨으면 합니다.

❷ 제 오른쪽 그래프를 주목해 주셨으면 합니다.

❸ Mr. Kim에게 주목해 주시면, 그가 이제 우리의 상황을 좀 더 자세히 설명할 겁니다.

❹ 앞에 있는 유인물을 주의 깊게 보시면, 중요 항목 리스트가 보일 겁니다.

❺ 파워포인트 프레젠테이션을 주의해서 보시면, 이번 년도 판매 개요가 포함된 것이 보일 겁니다.

## Pattern 221    give... some thought      ~에 대해서 생각해 보다

❶ 후자를 생각해 보세요.

❷ 우리는 이 주제에 대해서 생각해 봐야 합니다.

❸ 우리 이 문제에 대해 생각해 보는 게 어떨까요?

❹ 이전의 정보들에 대해 생각해 보기 위해서 우리는 잠시 쉬어야 할 것 같습니다.

❺ 이 프로젝트에 참여하고 싶은지 아닌지에 대해 생각해 본 적이 있습니까?

## Pattern 222    Moving on to..., 주어+동사      ~으로 넘어가서 …하다

❶ 이 시장의 문제로 넘어가서, 저는 예산을 줄이는 것을 제안하고 싶습니다.

❷ 온라인 홍보의 주제로 넘어가서, 저는 HYT 온라인을 이용할 것을 제안하고 싶습니다.

❸ 저희 제품의 디자인으로 넘어가서, 개발팀이 공유하고 싶은 훌륭한 아이디어가 있습니다.

❹ 다음 처리해야 할 문제로 넘어가서, 현재 제품의 진행상황에 대해 얘기해 봅시다.

❺ 이번 분기의 예산으로 넘어가서, 약간의 실수가 있는 것 같네요.

영작문 핵심패턴 233

**Day 75**

우리말을 보면서 해당하는 영어 문장을 써 보세요. 눈으로 봐도 충분할 것 같지만 패턴을 내 것으로 만들려면 직접 써 보는 훈련이 필요합니다. 영작이 잘 안 되는 부분은 표시해 두고 복습하세요.

---

**Pattern 223** | **In comparison with..., 주어+동사** ~과 비교했을 때 …하다

❶ 시장의 다른 제품들과 비교했을 때, 우리는 가격을 낮춰야 합니다.

_🖊_

❷ 연초와 비교했을 때, 이윤이 20% 증가했습니다.

_🖊_

❸ 다른 회사들과 비교했을 때, 우리의 고객 서비스는 최고입니다.

_🖊_

❹ 지난 버전과 비교했을 때, 이 신제품은 훨씬 빠르고 더 가볍습니다.

_🖊_

❺ AB 마트와 비교했을 때, 우리의 가격은 훨씬 낮습니다.

_🖊_

---

**Pattern 224** | **go into detail about...** ~에 대해 자세히 말하다

❶ 이 슬라이드에 대해 자세히 말씀드리겠습니다.

_🖊_

❷ 사장님께서는 제가 새로운 프로젝트에 대해 자세히 말씀드리길 원하십니다.

_🖊_

❸ 그녀가 우리 회사의 인턴십 프로그램에 지원하는 방법에 대해 더 자세히 말씀드릴 겁니다.

_🖊_

❹ 나중에 저희가 사무실을 어떻게 보수할 것인지에 대해 더 자세히 말씀드리겠습니다.

_🖊_

❺ 그는 친절하게도 당신이 이 직업의 적임자일지도 모르는 이유에 대해 아주 자세히 말해 주었습니다.

_🖊_

---

**Pattern 225** | **A is different from B in many ways** A는 많은 점에서 B와 다릅니다

❶ 이 휴대폰은 많은 점에서 이전의 것과 다릅니다.

_🖊_

❷ 우리의 제품은 많은 점에서 우리의 경쟁사의 것과는 다릅니다.

_🖊_

❸ 이 새로운 모델은 많은 점에서 다른 모델들과 다릅니다.

_🖊_

❹ 이 회사는 많은 점에서 다른 회사들과는 다릅니다.

_🖊_

❺ 제작 회의는 많은 점에서 프로젝트 기획 회의와는 다릅니다.

_🖊_

---

**Pattern 226**　**Digressing for a moment, 주어+동사**　잠시 주제에서 벗어나서 ~하다

❶ 잠시 주제에서 벗어나서 우리의 제품과 관련된 몇 개의 사진을 보여 드리겠습니다.

..............................................................................................

❷ 잠시 주제에서 벗어나서 제 개인적인 경험에 대해 말씀 드리겠습니다.

..............................................................................................

❸ 잠시 주제에서 벗어나서 제가 전에 들은 이야기를 꺼내고 싶습니다.

..............................................................................................

❹ 잠시 주제에서 벗어나서 방을 둘러보고 궁금해 하시는 질문을 다루도록 드리겠습니다.

..............................................................................................

❺ 잠시 주제에서 벗어나서 뒤쪽 벽에 있는 추상화 그림을 주목해 주셨으면 합니다.

..............................................................................................

---

**Pattern 227**　**Going back to the question, I would say that...**
질문으로 다시 돌아가서 ~라고 말하고 싶습니다

❶ 질문으로 다시 돌아가서 우리는 다른 방법을 찾아야 한다고 말하고 싶습니다.

..............................................................................................

❷ 질문으로 다시 돌아가서 공사를 연기하는 것이 더 낫다고 말하고 싶습니다.

..............................................................................................

❸ 질문으로 다시 돌아가서 다른 회사와 함께 하는 것이 더 쉬울 수도 있다고 말하고 싶습니다.

..............................................................................................

❹ 질문으로 다시 돌아가서 그 장소가 100명을 수용하기에는 너무 작을 수도 있다고 말하고 싶습니다.

..............................................................................................

❺ 질문으로 다시 돌아가서 소셜 미디어를 사용하는 것이 우리 회사를 세계화하는 데 도움이 될 거라고 말하고 싶습니다.

..............................................................................................

---

**Pattern 228**　**Back in 년도, 주어+동사**　~년 당시, …했다

❶ 2001년 당시, 회사는 심한 적자였습니다.

..............................................................................................

❷ 1995년 이 회사가 처음 시작했을 당시, 우리 회사와 같은 회사는 없었습니다.

..............................................................................................

❸ 2010년 당시, 많은 고객들은 우리가 제공하는 서툰 서비스에 대해 불평했습니다.

..............................................................................................

❹ 2000년대 후반 당시, 이 특정 분야의 경기가 나빴습니다.

..............................................................................................

❺ 90년대 중반 당시, 모든 사업체들은 고객보다 판매에 더 집중했습니다.

..............................................................................................

## Pattern 229 What is particularly important is... 특히 중요한 것은 ~

❶ 특히 중요한 것은 ABC사 제품들의 가격입니다.

❷ 특히 중요한 것은 우리가 이 문제를 극복해야 한다는 것입니다.

❸ 특히 중요한 것은 우리가 무엇을 파느냐가 아니라 어떻게 파느냐 입니다.

❹ 이 제품에서 특히 중요한 것은 얼마나 쉽게 사용할 수 있는가 입니다.

❺ 특히 기억해야 할 중요한 것은 우리가 두 나라 간의 협력을 증진시키는 데 집중하고 있다는 것입니다.

## Pattern 230 want to lay stress on... ~을 강조하고 싶다

❶ 저는 저희 회사의 성장을 강조하고 싶습니다.

❷ 그녀는 이 프로젝트의 잠재력을 강조하고 싶어 한다.

❸ 사장님은 우리가 마감일까지 1주일밖에 안 남았다는 사실을 강조하고 싶어 한다.

❹ 저는 지난 캠페인 동안 일어났던 사건을 강조하고 싶습니다.

❺ 저는 각 부서들 간의 협력의 중요성을 강조하고 싶습니다.

## Pattern 231 I strongly suggest that... ~을 강력히 제안합니다

❶ 대행사를 설립할 것을 강력히 제안합니다.

❷ 먼저 재정 문제를 해결할 것을 강력히 제안합니다.

❸ 수출 증대에 우선순위를 둘 것을 강력히 제안합니다.

❹ 낡은 회사 건물을 보수하는 데 집중할 것을 강력히 제안합니다.

❺ 합병에 관한 어떠한 일도 Jones씨에게 보낼 것을 강력히 제안합니다.

영작문 핵심패턴 233

**Day 78**

우리말을 보면서 해당하는 영어 문장을 써 보세요. 눈으로 봐도 충분할 것 같지만 패턴을 내 것으로 만들려면 직접 써 보는 훈련이 필요합니다. 영작이 잘 안 되는 부분은 표시해 두고 복습하세요.

---

**Pattern 232**  **That covers 명사**  여기까지 ~였습니다

❶ 여기까지가 제 프레젠테이션의 첫 번째 파트였습니다.
...................................................................................

❷ 여기까지가 그래프의 첫 번째 두 구간이었습니다.
...................................................................................

❸ 여기까지 내년 사업계획이었습니다.
...................................................................................

❹ 여기까지 회사 합병에 있어서 우리의 역할 제안이었습니다.
...................................................................................

❺ 여기까지가 저희가 지금까지 준비한 모든 정보였습니다.
...................................................................................

---

**Pattern 233**  **On behalf of~, I'd like to...**  ~을 대신해서/대표해서 …하고 싶습니다

❶ 회사를 대표해서, 귀하께 사과드리고 싶습니다.
...................................................................................

❷ 저희 부장님을 대신해서, 불편을 끼쳐드린 점 사과드립니다.
...................................................................................

❸ 저희 전체 회사를 대표해서, 이 프레젠테이션에 참석해 주셔서 감사드립니다.
...................................................................................

❹ 전 직원을 대표해서, 이곳에서 즐겁게 머물렀다고 말하게 되어 기쁩니다.
...................................................................................

❺ 우리 모두를 대표해서, 와줘서 감사드리고 곧 다시 볼 수 있길 바랍니다.
...................................................................................